KARIN GREINER | DR. ANGELIKA WEBER

Kräuter

Das neue Standardwerk
mit über *200* beliebten
Kräutern im Porträt

KARIN GREINER | DR. ANGELIKA WEBER

Kräuter

Das neue Standardwerk
mit über *200* beliebten
Kräutern im Porträt

Mit Fotos von Ursel Borstell, Manfred Jahreiß und Eva Wunderlich, Manfred Pforr, Hans Reinhard, Friedrich Strauß und anderen bekannten Gartenfotografen

Kräuter

Mit Würze, Duft und wertvollen Inhaltsstoffen sind Kräuter wahre Multitalente im Pflanzenreich. Vielseitig in der Anwendung und unkompliziert in der Pflege bereichern sie unsere Gärten mit einer Arten- und Sortenvielfalt, die ihresgleichen sucht.

Von traditionell bis trendy 6

Von traditionell bis trendy

Gärten voller Kräuter

• • • Die heimlichen Stars im Garten sind richtige Alleskönner. Kräuter beleben die Sinne in jeder erdenklichen Form: anmutig in ihrer Gestalt, betörend im Duft, würzig für den Gaumen, wohltuend für Körper und Geist. Was kann schöner sein, als sich von diesen Multitalenten verwöhnen zu lassen?

Plakative Blütenfarben sind genauso reizvoll wie die würzigen Inhaltsstoffe.

Kräuter faszinieren die Menschen seit Urzeiten. Schon früh hat man die wertvollen Inhaltsstoffe erkannt, sie zu nutzen gewusst und pfeffrige Kresse, vitaminreiche Petersilie, beruhigende Melisse, nasenschmeichelnden Lavendel, streichelweichen Salbei oder die fröhlich-bunte Ringelblume in Gärten kultiviert. Eine der ältesten Aufzeichnungen über Kräuter stammt aus dem Jahr 3000 v. Chr. – medizinische Rezepturen und Auflistungen über Kräuterimporte, festgehalten auf babylonischen Tontafeln.
Doch was sind überhaupt Kräuter, was macht diese Pflanzen so einzigartig? Während darunter botanisch gesehen nur Gewächse zu verstehen sind, die zeitlebens krautig bleiben, also nicht verholzen und nach jeder Vegetationsperiode komplett oder bis auf ihre unterirdischen Teile absterben, fasst man den Begriff im Alltagsleben viel weiter und zählt auch eine Reihe von Sträuchern und Halbsträuchern dazu.

Für jeden etwas

Letztlich ist es der Nutzen, der all diese Gewächse unter dem Begriff Kräuter vereint: Dank vielfältiger Eigenschaften und wertvoller Inhaltsstoffe sind sie nicht nur für ihre würzende und heilende Wirkung bekannt. Sie erfreuen sie uns auch mit Duft, dekorativer Ausstrahlung und erweisen sich als nützliche Helfer im Alltag. Kräutern wohnt ein einzigartiger Zauber inne, der ihnen fast magische Kräfte zu verleihen scheint. Entdecken Sie den unwiderstehlichen Reiz dieser einzigartigen Pflanzen, tauchen Sie ein in das große Reich der Kräuter und holen Sie sich die Schätze der Natur in Ihren Garten oder auf die Fensterbank.

Kräuter begeistern durch Anmut, vielfältige Farben und Formen und ihren Wohlgeruch.

Gemäß historischem Vorbild gedeihen die Kräuter in diesem Garten in strikt abgegrenzten Abteilen.

Historische Kräutergärten: der Geschichte auf der Spur

Seit der Mensch sesshaft wurde, hegt und pflegt er Pflanzen in Gärten. Kräuter spielten dabei von Anfang an eine wichtige Rolle.

Schon in der Frühzeit nutzten Menschen gesammelte Kräuter aus ihrer Umgebung nicht nur als Nahrung, sondern auch als Würze und um damit Leiden zu lindern. Bei Ausgrabungen in Pfahlbausiedlungen am Bodensee, die etwa 4000 Jahre alt sind, fand man Kümmelsamen, schon damals bekannt für schmackhafte Würze und ihre Wirkung auf die Verdauung. Auch die alten Hochkulturen in China, Indien, Persien und Ägypten besaßen bereits umfangreiche Kenntnisse in der Kräuterheilkunde. Als eines der ältesten Schriftstücke gilt das Heilpflanzenbuch des chinesischen Kaisers Shinnong aus dem Jahr 3700 v. Chr.

Kräuterväter der Antike

Einen Höhepunkt erlebte die Kräuterheilkunde in der griechischen und römischen Antike. Medizinische Gelehrte wie Hippokrates (460–370 v. Chr.) brachten ihren Schülern die Heilkraft der Pflanzen näher. Einer der bedeutendsten Kräuterexperten jener Epoche war Pedanios Dioskurides, der um die Mitte des ersten Jahrhunderts nach Christus lebte. In seinem Werk „De materia medica“ beschrieb er etwa 600 Heilpflanzen – eine grundlegende Arbeit, die bis in die Neuzeit das Kräuterwissen des Abendlandes repräsentierte. Im alten Ägypten wusste schon Königin Kleopatra deren Inhaltsstoffe, z. B. das kühlende Gel von *Aloe vera*, als Schönheitsmittel wirkungsvoll einzusetzen. Auch im Römischen Reich waren die aromatischen Kräuter hochgeschätzt, wie man aus den Schriften von Plinius dem Älteren (23–79 n. Chr.) weiß. Und bei den üppigen Festmahlen des durch seine Genussfreudigkeit sprichwörtlich gewordenen Lukullus standen Kräuter natürlich als unverzichtbare Würze ganz oben in der Gunst der Gourmets.

Heilpflanzen der Klostergärten

Mit dem Wissen um die würz- und heilkräftigen Pflanzen kamen viele Arten im Zuge der römischen Expansion nach Mitteleuropa. Seit dem 8. Jahrhundert sorgten vor allem Benediktinermönche für die Verbreitung: Sie nahmen Ableger von Bohnenkraut, Rosmarin oder Thymian aus ihrem Stammkloster Monte Cassino in Italien mit und pflanzten sie in die Gärten der neu gegründeten Klöster nördlich der Alpen. Die Mönche waren es auch, die dank ihrer Latein- und Griechisch-Kenntnisse das antike Wissen über Heilpflanzen bewahrten. Viele Klöster waren stolz auf ihre Heilkräutergärten. Berühmt sind bis heute vor allem die Klostergärten von St. Gallen in der Schweiz und Reichenau am Bodensee – hier gedeihen die Kräuter aus dem Süden wegen des milden Klimas besonders gut. Neben dem mit Gemüse und Obst reich bestückten Nutzgarten, dem „hortus", wuchsen die Kräuter in sorgsam gepflegten, nach strengen, geradlinigen Mustern angelegten Beeten im Kräutergarten, dem „herbularius". In jedes Beet wurde gewöhnlich nur eine Art gepflanzt. So blieb deren Reinheit bewahrt, und die Verwechslungsgefahr war gering.
Ende des 8. Jahrhunderts wurde das Wirtschaften mit Kräutern sogar ausdrücklich angeordnet: In der Verordnung für seine Landgüter (Capitulare de villis) schrieb Kaiser Karl der Große den Pächtern ganz genau vor, was sie anzubauen hatten, darunter so würzige Pflanzen wie Liebstöckel, Melisse, Minze, Kerbel, Majoran, Salbei und Thymian.

Der Apothekergarten

Im späten Mittelalter gingen die Kenntnisse auf die Apotheker über, sodass der Anbau der Heilpflanzen sich aus den Kloster- in die Apothekergärten verlagerte. Hier zog man in säuberlich von kleinen Hecken umgebenen Beeten stets Kräuter mit gleichem Anwendungsgebiet heran, also etwa Arten gegen Magen-Darm-Beschwerden. Das Sammeln wilder Kräuter gehörte indes zum Alltag der Landbevölkerung. Die „Kräuterweiblein" belieferten Apotheken mit Wildkräutern; sie heilten damit die Leiden der armen Leute, nutzten die vermeintlich magischen Kräfte der Kräuter, um daraus Liebestränke zu mixen und setzten sie bei rituellen Handlungen ein – mit fatalen Folgen, denn dafür wurden sie als Hexen verfolgt.

Vom Hexenkraut zum Heilmittel

Mit der Erfindung des Buchdrucks im 15. Jahrhundert wurde die Kräuterkunde populär. Berühmte Kräuterbücher dieser Zeit stammen von Hieronymus Bock (1539), Leonhard Fuchs (1543), Petrus Andreas Matthiolus (1544) und Jacobus Theodorus Tabernaemontanus (1588). Kräuter fanden aufgrund ihres Aromas und der heilkräftigen Wirkung auch außerhalb der Klostermauern immer mehr Liebhaber und somit Eingang in die Bauerngärten und häuslichen Beete – in bewährter Mischkultur mit Gemüse und Zierpflanzen.
Mit der Entwicklung der Homöopathie und Naturheilkunde im 18. und 19. Jahrhundert erlangte die Kräuterkunde nochmals eine hohe Popularität. Samuel Hahnemann, Sebastian Kneipp oder Johann Künzle waren bedeutende Mediziner ihrer Zeit, welche die Heilkraft der Kräuter wirkungsvoll einzusetzen verstanden.
Im technologischen Zeitalter des 20. Jahrhunderts galten Kräuter und ihre Verwendung zusehends als unzeitgemäß – das alte überlieferte Wissen drohte in Vergessenheit zu geraten.
Heute erinnert man sich wieder gerne an die lange Tradition und entdeckt das uralte Wissen neu. Viele Kräutergärten werden als historische Anlagen gepflegt bzw. kunstvoll restauriert oder nach alten Vorbildern neu angelegt.

Häufig zog man Kräuter früher in einem solchen Kastenbeet, einem aus schlichten Brettern gefügten Hochbeet.

Traditionelle Kräutergärten – ein Spiegel ihrer Zeit

Kräutergärten unterliegen einem stetigen Wandel. Über die Jahrhunderte wurden sie immer wieder zeitgemäß umgestaltet.

AUF MITTELALTERLICHEN Darstellungen findet man Kräuterbeete oft in Form erhöhter Kästen, umgrenzt mit Holzbrettern oder Weidengeflecht. Dort pflanzte man verschiedene Gewürzpflanzen übersichtlich hinein. Auch war zu jener Zeit die Topfkultur schon üblich.

Kastenbeete des Mittelalters

Ein mittelalterliches Kastenbeet ähnelt einem niedrigen Hochbeet. Mehrere dieser länglich rechteckigen Beete, akkurat in einem schachbrettartigen Muster und umfriedet von hohen Mauern oder Klostergebäuden angelegt, fassten eine Fülle an verschiedenen Würz- und vor allem Heilpflanzen, mit welchen Küche und Krankenstation des Klosters versorgt wurden. Mit seiner strikten Ordnung, belebt durch vielfältige Gewächse, die anmutig blühten und anregend dufteten (→ Tab.), war der Klosterkräutergarten stets auch eine Oase der Ruhe und Erholung – für geistige Labsal. Er wurde also gleichermaßen zur Erbauung des Körpers, des Geistes wie auch der Seele genutzt. Der heutige Wellness-Gedanke geht also scheinbar schon auf eine lange Tradition zurück.

Umrahmt von Buchs wirkt dieses Kräuterabteil hübsch ordentlich, obwohl es eine Fülle von Arten beherbergt.

Die Ornamentgärten der Renaissance

Im Zeitalter der Renaissance (15. und 16. Jahrhundert) betrachtete man Pflanzen mit neuem, wissenschaftlichem Interesse. Im Zuge des entfachten Forschergeistes wurden an einigen Universitäten Zier- und Nutzpflanzen in Vorläufern der späteren botanischen Gärten kultiviert. Ärzte und Botaniker fühlten sich besonders von den Gärten Italiens angezogen, die eine besonders große Vielfalt an Pflanzen verschiedenster Provenienz aufboten. Mit Begeisterung sammelten sie heimische, mediterrane wie exotische Kräuter und Heilpflanzen in eigens dafür angelegten Beeten.

Bald wurde daraus eine Mode, und jeder, der es sich leisten konnte, kultivierte die nützlichen Pflanzen. In den „Wurtz- und Lustgärten" der reichen Bürger wuchsen neben Lilien, Türkenbund und Ringelblume auch Kräuter wie Rosmarin, Lavendel, Melisse, Salbei und Löffelkraut. Großflächig wurden Fenchel, Schnittlauch, Knoblauch und Petersilie angebaut und auf kleineren Beeten auch Majoran, Koriander, Borretsch und Poleiminze.

„Musterhaft" gestaltet ist dieses Kräuterbeet mit Hilfe von Steinplatten und Kräutern in diversen Farben und Formen.

Flechtmuster aus Buchs

Die Lebens- und Sinnenfreude der Renaissance drückte sich auch in den Gartenanlagen aus: Die Beete waren zwar geometrisch angelegt, aber in verspielten Mustern bepflanzt. Als typisch englische Gartenform der Renaissance gilt der so genannte Flechtmuster- oder Knotengarten (knotgarden). Dabei überzieht die Beete ein kompliziertes Muster niedriger Schnitthecken aus Buchs, Heiligenkraut oder Wermut, zwischen denen die anderen Kräuter wachsen. Die Heckenlinien entsprachen z. B. stilisierten Holzvertäfelungen, Fliesenbemalungen, Wappenemblemen oder auch den Initialen der Eigentümer.

Heutige, diesem historischen Vorbild nachempfundene Kräutergärten zeigen sich immer von ganz besonderem Reiz. Oft dienen eine alte Tapete, ein edler Stoff, eine Brosche oder auch ein abstraktes Dekor als Vorlage. Die Linien werden mithilfe von Pflöcken, Schnüren, Sand oder Gesteinsmehl auf eine Beetfläche übertragen und mit niedrigen Heckenkräutern nachgepflanzt. Geeignete Kräuter finden Sie unter den oben bereits genannten Arten, bzw. in der nebenstehenden Tabelle.

Spiegelbilder im Barock

Im Barock wurden Geometrie und Symmetrie schließlich auf die Spitze getrieben: Zwischen den zu niedrigen Hecken getrimmten und in exakten ornamentalen Mustern gesetzten Pflanzen bildeten Stilmittel wie akkurat zu Kugeln oder Pyramiden geformte Gehölze einen Blickpunkt. Die formale Strenge wurde zusätzlich durch weißen Kies, farbigen Sand oder gebrochene Muschelschalen auf den Beetflächen betont.

Vielfalt traditioneller Bauerngärten

Manche Elemente, wie die mit Buchs umrahmten Beete, finden sich später im traditionellen Bauerngarten wieder. Die Bäuerinnen fassten der Ordnung halber Beete und Wege mit geschnittenen Einfassungen aus Buchs, Basilikum, Eberraute oder Ysop ein. Der Garten durfte nicht zu viel Zeit in Anspruch nehmen und musste den Bedürfnissen der bäuerlichen Familie gerecht werden. Gemüse, Kräuter und Blumen, darunter viele Heilpflanzen, bildeten traditionell eine bunte Einheit. Das war nicht nur schön und praktisch – die Pflanzen gediehen in dieser Mischkultur besonders gut und lieferten alles, was die Familie in ihrem täglichen Bedarf benötigte. Trotz aller Vielfalt wurde im Bauerngarten jedoch nie einfach nur wild durcheinander gepflanzt, sondern der Beetbestand nach praktischen wie ästhetischen Aspekten zusammengefügt.

Vorbild Natur

Im Zeitalter der Aufklärung (18. Jahrhundert) kamen Landschaftsgärten in Mode. Dort sollte alles möglichst ohne Beschränkung wachsen können – der freien Natur nachempfunden. Nach diesem Vorbild wurden jetzt auch die Kräutergärten angelegt. Die Hand des Gärtners sollte kaum zu spüren sein, der Landhaus- oder Cottagegarten wurde en vogue. Geschwungene Formen und nicht zu grelle, verhaltene Farben waren gefragt, wobei die Pflanzen in üppiger Großzügigkeit nebeneinander wachsen und sich gegenseitig harmonisch durchdringen durften. Dieser Stil ist heute noch sehr beliebt. Kräuter als wichtige Nutzpflanzen für Küche, Gesundheit, aber auch für praktische Zwecke im Haushalt standen dabei stets im Vordergrund.

FORMBAR & SCHNITTFEST
Buchs *(Buxus sempervirens)*
Currykraut *(Helichrysum italicum)*
Heiligenkraut *(Santolina chamaecyparissus)*
Lavendel *(Lavandula angustifolia)*
Majoran *(Origanum majorana)*
Salbei *(Salvia officinalis)*
Weinraute *(Ruta graveolens)*
Winterbohnenkraut *(Satureja montana ssp. montana)*
Ysop *(Hyssopus officinalis)*

Moderne Kräutergärten: Erlaubt ist, was Spaß macht

• • • Kräuter liegen heutzutage absolut im Trend. Mit einem Minimum an Aufwand bringen sie ein Maximum an Nutzen.

• • • Elegant in Gelb, Grün und Purpur umschmeicheln Oregano, Thymian und Purpursalbei die erhabene Grünlilie im Topf.

TIPP

SCHMÜCKENDE KRÄUTER

Viele Kräuter eignen sich wunderbar zum Dekorieren. Neben wohlriechenden, mit einem zierlichen Band zusammengehaltenen Lavendelsträußchen werden auch plakative Blüten (z. B. von Kapuzinerkresse, Ringelblumen, Kornblumen oder Malven) zum Blickfang auf dem sommerlich gedeckten Tisch. Und eine festliche Tafel erhält durch Sträuße aus edel schimmerndem Currykraut mit blauen Ysopblüten noch mehr Glanz. Wenn Basilikum nicht nur das Essen würzt, sondern im roten Übertopf beim italienischen Abend auch als Tischschmuck dient, stiehlt das Styling jedem Blumenstrauß die Schau. Dazu legen Sie duftende Serviettenringe – Kräuter, die mit Bindedraht zu kleinen Kränzen gewunden sind.

GÄRTEN DER GEGENWART dienen hauptsächlich der Erholung und der Repräsentation, von ihrer einst vorrangigen Bedeutung als Anbauflächen für Selbstversorger haben sie viel eingebüßt. Doch neben einem samtigen Rasenteppich, einer bunten Staudenrabatte oder einer abschirmenden Hecke zieht man sich Radieschen und Schnittlauch selbst, baut Tomaten und Basilikum an und nascht gerne frische Himbeeren. Selbst gezogen schmecken Gemüse, Kräuter und Obst eben beträchtlich besser – und es macht einfach Spaß, den Pflanzen beim Wachsen zuzusehen.

Ideal für den Garten von heute

Natur ist Trumpf! Gesunde Pflanzenkost, ohne Kunstdünger und Pflanzenschutzmittel gezogen, bekommt einen immer höheren Stellenwert. Gartenarbeit wird nicht mehr als lästig, sondern als willkommener Ausgleich zum Arbeitsalltag, als meditative Tätigkeit und als gesunde Bewegung an frischer Luft angesehen. Gerade Kräuter erfüllen diese Wünsche heutiger Gartenbesitzer aufs Beste. Sie sind eine wahre Augenweide, unkompliziert in der Pflege und beanspruchen wenig Raum. Dafür liefern sie eine bemerkenswerte Variationsbreite an Nutzungsmöglichkeiten. Sie machen Speisen zu einem kulinarischen Erlebnis, fördern die Gesundheit, dienen der Pflege von Körper und Geist und tragen damit in erheblichem Maße zum Wohlbefinden bei. Nicht zuletzt bereichern sie mit ihrem Wohlgeruch und ihren dekorativen Blüten und Blättern unsere Gärten.

Wohlbefinden aus dem Garten

Viele wohlriechende Pflanzen helfen dabei, die Anstrengungen des Alltags zu vergessen und Ruhe und Entspannung zu finden. Aus dem Wellness-Bereich (→ auch Seite 86–89) sind sie daher nicht mehr wegzudenken, etwa in Form von Badezusätzen, Cremes oder Körperöl. Dies

ist übrigens keine Erfindung des herrschenden Zeitgeistes – Kräuter werden schon seit Jahrtausenden zur Schönheitspflege und zur Steigerung des Wohlbefindens genutzt. Viele der alten Rezepturen und Hausmittel haben sich bis heute bewährt.
Kräuter wie Zitronenmelisse oder Lavendel wirken physisch wie psychisch entspannend und ausgleichend. Allein ihr Duft lässt Stress verfliegen und hellt die Stimmung auf – nicht umsonst werden Kräuterdüfte erfolgreich in der Aromatherapie eingesetzt. Eine Tasse Melissentee vertreibt Spannungskopfschmerz, ein Lavendelbad beruhigt den Geist und entspannt den Körper. Für solche Anwendungen kommen nur Kräuter wie Salbei, Thymian, Kamille, Melisse oder Ringelblume in Frage. Medizinalpflanzen wie Fingerhut oder Eisenhut sind stark giftig und verbieten jede Selbstmedikation. Aber an ihren attraktiven Blüten dürfen Sie sich natürlich erfreuen!

Aus fernen Ländern

Kräuter aus anderen Kontinenten und von fremden Kulturen sind bei uns zwar schon seit Jahrhunderten bekannt, im Zuge der Globalisierung jedoch stehen wir heute den exotischen Pflanzen viel offener gegenüber. Durch Medienberichte, Fernreisen oder multikulturellen Austausch halten die Küchen- und Medizinalpflanzen fernöstlicher oder indianischer Kulturen Einzug in unseren Alltag und bringen uns die traditionelle chinesische Medizin (TCM), den Ayurveda oder die mexikanische Kochkultur näher.

Perfekte Partner

Kräuter sind auch deshalb für moderne Gärten wie geschaffen, weil sie eine so große Bandbreite an Formen und Farben bieten. Bei aller Vielfalt aber fügen sie sich stets harmonisch in Pflanzgemeinschaften ein. Mit sanftem Schwung und zartem Kolorit fallen sie ins Auge, ohne sich jedoch aufzudrängen. Kräuter lassen sich z. B. ausgezeichnet in Blumenbeete integrieren und machen selbst neben Prachtstauden eine gute Figur. Gepaart mit Rosen werden Lavendel, Salbei oder Heiligenkraut erst ins rechte Licht gesetzt. Aber auch unter ihresgleichen ergeben sich durch verschiedene Blattmuster und Blütenformen vielseitige Aspekte (→ Seite 24/25). So bilden kräftig gelborange blühende Ringelblumen einen schönen Kontrast zu zarten, grüngelben Dolden von Dill. Indianernessel oder Echter Alant stehen mit ihren auffallenden Blüten anderen Stauden an Schönheit nicht nach, und selbst unisono kann ihre Wirkung unnachahmlich sein: Im Spalier am Wegrand verströmt Lavendel mit jeder Berührung Wohlgeruch.

Wie auf einer Tribüne reihen sich die Kräuter auf diesem mit Natursteinen abgestuften Hangbeet auf.

Kräuter in Szene setzen

• • • Für Kräuter finden Sie immer Platz – ob im Gemüsegarten, in Töpfen auf der Terrasse oder in Blumenkästen auf dem Balkon. Selbst auf der Küchenfensterbank lassen sie sich kultivieren. So entstehen im Handumdrehen duftende Oasen mit würzigen Kräutern.

Als Gartenbesitzer eröffnen sich Ihnen ungezählte Möglichkeiten, einen Kräutergarten nach eigenem Gusto zu gestalten:
Wenn Sie formale Ordnung bevorzugen, können Sie sich etwa alte Kloster- oder Bauerngärten zum Vorbild nehmen (→ Seite 20/21). Das hat viele praktische Vorteile: Durch die Einzelbeete erreichen Sie alle Kräuter gut, so fallen Pflege und Ernte leichter. Wer es lieber naturnah mag, kann die Pflanzen demgemäß auch zwanglos zusammenfügen (→ Seite 22/23). Kräuter passen außerdem ganz hervorragend zwischen Blumen und Gemüse (→ Seite 14/15). Oder Sie legen sich in einem sonnigen Garteneck einen Steingarten an – den lieben Mittelmeerkräuter wie Thymian, Salbei, Lavendel oder Oregano ganz besonders.

Schmücken und schmecken

Haben Sie wenig Platz im Garten oder verfügen Sie nur über eine Terrasse, gestalten Sie sich einen mobilen Kräutergarten mit Töpfen, Kübeln und Kästen (→ Seite 36/37). Ideal dafür ist eine warme, geschützte Südwand oder eine sonnige Südwestecke, während Nordlagen als kühle Schattenlagen nur für wenige Kräuter in Frage kommen. Die meisten Ein- und Zweijährigen lassen sich gut zusammen in Töpfen und Schalen ziehen. Mehrjährige Stauden benötigen dagegen einen eigenen Topf, wenn sie überwintert werden sollen (→ Seite 72/73). Lorbeer, Rosmarin oder Myrte machen in einem dekorativen Gefäß anderen Kübelpflanzen durchaus Konkurrenz. Für Duft und Farbe auf der Terrasse sorgen z. B. Currystrauch, Ananasminze, Basilikum, Honigmelonensalbei oder Kapuzinerkresse.
Kräuterfreuden können Sie auch auf dem Balkon in vollen Zügen genießen. Fast alle dieser Pflanzen, etwa Kresse, Dill, Majoran, Basilikum, Bohnenkraut, Petersilie oder Gewürztagetes, gedeihen prima in Balkonkästen, in kräuterwürziger Gemeinschaft wie in bunter Mischung mit Blumen und Balkongemüse.

Aromatische Stubenhocker

Selbst auf der Fensterbank können Sie Kräuter ziehen und für hübsche, duftige Abwechslung im Haus sorgen. Wie wäre es etwa mit Zimmerknoblauch oder mit Jamaika-Thymian? Exoten wie Griechische Myrte, Gotu Kola oder Vietnamesischer Koriander sind hier immer frisch zur Hand. Natürlich können Sie auch Petersilie oder Kresse auf die Fensterbank stellen. Der Vorteil: Zimmerkräuter können meist ganzjährig geerntet werden und verwöhnen uns so dauerhaft mit ihrem Aroma. Geben Sie ihnen im Haus einen sonnigen Platz – den brauchen sie, um richtig wachsen zu können. Nicht zuletzt bietet sich auch der Wintergarten noch für ein Kräuterdorado an. Hier finden insbesondere empfindliche Arten ideale Verhältnisse vor, z. B. tropische Köstlichkeiten wie Ingwer, Kardamom, Palmarosagras, Zitronengras oder Balsamstrauch.

• • •

Ein von Mauern geschützter Platz behagt den wärmeliebenden Gewächsen besonders.

• • •

Kunstvoll zum Kugelbäumchen gezogen, wird dieser Lorbeer zum Blickfang auf der Terrasse.

Für jedes Kraut der passende Platz

• • • Bei optimalen Wachstumsbedingungen am richtigen Standort können Sie Ihre Kräuterpracht in vollen Zügen genießen.

Planen Sie Ihren Kräutergarten sowohl nach den Standortansprüchen der Pflanzen als auch nach praktischen Gesichtspunkten. Ob im eigenen Beet oder als Topfparade – wichtig ist, dass die Pflanzen optimal gedeihen und gut erreichbar sind.

Viele mögen's heiß

Zahlreiche Gewürz- und Heilpflanzen stammen aus dem Mittelmeerraum und entfalten ihr volles Aroma nur dann, wenn sie reichlich Licht und Wärme erhalten. Aber nicht nur sie, eigentlich sind die meisten Kräuter Sonnenanbeter, die mindestens 5 Stunden täglich direkt im Sonnenlicht stehen sollten – sommers wie winters. Pralle Mittagseinstrahlung und Hitze schadet nur den wenigsten – im Gegenteil, umso üppiger entfalten sich die Blüten und umso intensiver sind Duft und Würzkraft. Reservieren Sie für den Kräutergarten oder -bereich deshalb die sonnigsten Flecken im Garten vor allem für „Südländer" wie Rosmarin, Lavendel oder Currykraut sowie heimische Wildkräuter wie Johanniskraut oder Färberkamille. Der Platz sollte möglichst auch Schutz vor kalten Winden und Spätfrösten bieten, z. B. von einer Hecke umgeben sein oder vor einer Hauswand liegen.

Bescheidener geht's auch

Einige, darunter heimische Waldarten oder asiatische Gewächse, geben sich auch mit weniger Sonne zufrieden. Im Halbschatten gedeihen u. a. Duftveilchen, Engelwurz, Klei-

TIPP

DAS IST DIE HÖHE!

Nutzen Sie doch einfach die Vertikale, wenn Sie nur wenig Platz zur Verfügung haben. Auf Etageren und Regalbrettern werden Töpfe mit duftenden Kräutern zu richtigen Hochstaplern. Das sieht nicht nur dekorativ aus – jede Pflanze bekommt so auch genügend Licht und Sonne ab. Ideal sind solche Stellagen und Borde für eine Südecke auf dem Balkon oder auf der Terrasse.

• • • Mit großen Feldkieseln befestigte Wege zwischen den Pflanzen sind nicht nur praktisch, sondern auch attraktiv.

ner Wiesenknopf oder Houttuynie. An Stellen, die unter großen, aber lichten Baumkronen liegen bzw. weniger als 3–4 Stunden besonnt werden, können Sie auch ein Teekräuterbeet mit genügsamen Arten wie Pfefferminze, Zitronenmelisse oder Bergminze anlegen. Wo sich die Sonne gar nicht oder nur sehr wenig zeigt, sind Sie mit speziellen Schattenkünstlern wie Bärlauch, Knoblauchsrauke oder Winterportulak dagegen besser beraten – hier wird selbst Waldmeister kaum Aroma entwickeln.

Voll im Blick, gut im Griff

Idealerweise legen Sie einen Küchenkräutergarten in der Nähe des Hauses, sogar unmittelbar neben einer Terrassentür zur Küche an. So haben Sie die Gewürzpflanzen schnell zur Hand und müssen bei schlechtem Wetter nicht erst durch den ganzen Garten laufen.
Die Nähe zum Haus hat noch einen weiteren Vorteil: Sie sind am Sitzplatz auf der Terrasse oder bei geöffnetem Fenster immer von würzigem Duft umgeben. Im wahrsten Sinne erhöht wird der Genuss noch, wenn Sie die Kräuter auf eine Trockenmauer oder in ein Hochbeet in Nasenhöhe pflanzen. Die warmen Steine und die lockere Erde im Beet wirken sich positiv auf das Wachstum aus, und Sie können die köstlichen Kräuter zudem mühelos pflücken.

Raumgreifend, Platz sparend

Ein ausgedehnter Kräutergartenbereich lässt viel Spielraum, um die Aromapflanzen in reicher Vielfalt zu kultivieren. Manchen packt gar das Sammelfieber – angesichts der Arten- und Sortenvielfalt an Salbei, Thymian oder Minze kein Wunder. Doch für ein eigenes Reich der Würze und Düfte reicht auch weniger Platz aus. Auf jeden Quadratmeter passen, je nach Sorte, 4–10 Pflanzen.
Wollen Sie kein eigenes Beet für die Kräutergesellschaft anlegen, setzen Sie die Pflanzen einfach zwischen Sommerblumen, Stauden oder in Rosenbeete. Indianernessel oder Malve z. B. blühen so hübsch, dass sie Zierpflanzen in nichts nachstehen. Zudem halten die intensiv duftenden Inhaltsstoffe von Lavendel, Melisse und Co. Schädlinge wie Blattläuse von Rosen und anderen Blumen fern. Ebenso gut können Sie Ihre Kräuterauswahl aber auch in ein Gemüsebeet integrieren. Das hat mehrere Vorteile: Einerseits haben Sie zum Gemüse gleich die passende Würze parat, andererseits fördern einige Kräuter das Gedeihen der Nutzpflanzen, z. B. Basilikum das Wachstum von Tomaten, und Bohnenkraut hilft gegen Schwarze Läuse an Bohnen. Buschig wachsende, schnittverträgliche Kräuter machen sich gut als duftende Beeteinfassung (z. B. Heiligenkraut, Ysop oder Bergbohnenkraut).
Und „Extremisten“ wie Thymian und Tripmadam wachsen sogar in Steinritzen (→ Tipp Seite 21), auf Zaunpfosten und Dächern.

In mehreren Ebenen bringt man auf einer Etagere viele Kräuter unter – besonders wenn der Platz knapp wird.

Hübsch ordentlich – immer der Reihe nach

• • • Für formale Kräuterbeete stehen alte Klostergärten Pate.

Ihre klare Struktur und Gliederung erleichtern die Pflege und Ernte.

Legen Sie Kräuterbeete nicht breiter als 1 m an, damit Sie alle Pflanzen leicht erreichen können.

• • •

GESTALT UND GRÖSSE eines Kräutergartens müssen keiner Norm gehorchen – erlaubt ist, was gefällt. Wenn Ihr Garten groß genug dafür ist, können Sie sich sogar ein eigenes „Kräuterreich“ schaffen, das vom übrigen Teil des Gartens abgegrenzt ist.

Wer klare Strukturen bevorzugt, kann sich die geometrisch gegliederten, mittelalterlichen Klostergärten zum Vorbild nehmen. Bei dem berühmten St. Gallener Klosterplan aus dem Jahr 816 wird der Garten durch zwei sich kreuzende Wege in vier gleichmäßige Rechtecke geteilt. Im Zentrum des Wegekreuzes befindet sich ein Baum oder Brunnen. Die Rechtecke sind weiter unterteilt, sodass sich 18 kleine Beete in zwei Reihen ergeben. Jedes der Beete ist für ein bestimmtes Gemüse oder ein Gewürzkraut reserviert.

So übersichtlich waren auch die alten Apothekergärten gegliedert, die man etwa in Form eines Rondells mit Wegekreuz anlegte.

Nach altem Vorbild

Je nach Größe Ihres Grundstücks können Sie einen geometrisch gegliederten Garten entweder im Miniformat oder aber in großem Maßstab planen. Wird Ihr künftiges Kräuterrefugium eher klein, sollten Sie es bis in den letzten Winkel nutzen, also z. B. nicht von ausladenden Hecken umrahmen.

Das Beet einteilen

Am einfachsten ist es, wenn Sie ein großes Beet in mehrere kleine Rechtecke teilen, die durch schmale Wege voneinander getrennt werden. Jedes Kraut bekommt dann ein eigenes Beetabteil zugewiesen. Das hat viele Vorteile: Der Kräutergarten bleibt auch bei einer großen Arten- und Sortenvielfalt übersichtlich. Bei der Ernte können Sie alle Kräuter über die angelegten Wege gut erreichen; zudem fallen Ihnen Pflegearbeiten wie Unkraut jäten oder Hacken leichter. Und letztlich schützt die dichte Bepflanzung den Boden vor Austrocknung.

Der Weg zum Ziel

Wie Sie die Wege und die Beeteinfassungen gestalten, bleibt Ihrem persönlichen Geschmack überlassen. Die verschiedenen Materialien haben Vor- und Nachteile, die es abzuwägen gilt. Schlichte Holzplanken oder Holzroste bei-

Rund um die stattliche Strauchrose im Zentrum gruppieren sich mehrere Abteile, in denen Kräuter, Gemüse und Stauden einträchtig nebeneinander wachsen.

spielsweise harmonieren sehr gut mit Kräutern, sind aber bei Regen rutschig und eignen sich weniger für breite, häufig genutzte Wege. Ziegelsteine sind sowohl für schmale als auch breitere Wege geeignet, nur ist es aufwändiger, sie zu verlegen. Dafür speichern Steine besser die Wärme und können sie an die Pflanzen abgeben. Das gilt auch für Pflaster- und Bruchsteine. Selbst mit flachen, großen Kieselsteinen können Sie einen Weg anlegen.

Hier geht es rund

Wer es lieber kreisförmig mag, kann seinen Kräutergarten auch in Form eines Rondells anlegen. Als Vorbild dient beispielsweise ein Rad mit Speichen, das als Schablone direkt ins Beet gelegt werden kann. So richtig kommt ein solches Kräuterrad aber erst bei entsprechender Größe von 5–6 Meter Durchmesser zur Geltung. Im Zentrum des Kräuterrondells kann ein kleiner Kreis durch einen runden Weg aus Steinen oder Platten abgetrennt werden. Davon gehen weitere Wege strahlenförmig ab, sodass das Rondell in verschiedene Segmente aufgeteilt wird.

Die Kräuter pflanzen Sie jeweils auf die einzelnen Segmente. Achten Sie dabei unbedingt auf die unterschiedliche Wuchshöhe der Kräuter. Wenn Sie nur niedrig wachsende Vertreter, wie Thymian, Petersilie oder Schnittlauch, anpflanzen wollen, gibt es keine Probleme. Wollen Sie sich nicht nur auf kleinwüchsige Kräuter beschränken, müssen Sie dafür sorgen, dass alle Pflanzen genug Licht erhalten. Am besten gehen Sie dabei von innen nach außen vor: Im inneren Kreis pflanzen Sie hohe Stauden wie Alant, Borretsch oder Liebstöckel. Im mittleren Teil setzen Sie Kräuter in der Größe von Salbei oder Oregano. Der äußere Rand ist den kleinen Kräutern vorbehalten – hier finden Thymian oder Kapuzinerkresse ihren Platz. So ein runder Kräutergarten sieht nicht nur dekorativ aus, sondern ist auch äußerst praktisch, da Sie an alle Pflanzen gut herankommen.

Grenzen mit Aroma

Für Ordnung und ein schmuckes Bild sorgt eine Beeteinfassung aus niedrigen Pflanzen. Wählen Sie Pflanzen, die dichtbuschig wachsen und sich zurückschneiden lassen. Dazu gehören Buchs, Heiligenkraut, Currykraut, Zwergysop, Bergbohnenkraut, Eberraute, Lavendel, Salbei oder Schnittlauch (→ auch Seite 13). Besonders hübsch sind duftende Einfassungen aus Pflanzen mit unterschiedlicher Blattfarbe.

TIPP

KRÄUTER IN PLATTENFUGEN

Selbst Plattenfugen können Sie mit trittfesten Kräutern bepflanzen. Dafür eignen sich Arten wie Kriechender Zitronenthymian, Quendel, Englische und Römische Rasenkamille, Gletscher-Edelraute oder Kriechendes Bohnenkraut – sie wachsen alle flach und bilden Polster. Für schattigere Standorte empfiehlt sich die Teppich-Poleiminze. Am besten werden die Pflanzen gleich bei der Anlage des Weges ausgesät oder eingepflanzt. Sorgen Sie anfangs für eine gleichmäßige Bewässerung. Sobald die Kräuter gut angewachsen sind, können Sie „duftende Wege“ beschreiten.

Schön schwungvoll: So kriegen Kräuter die Kurve

Lieben Sie naturnahe Gärten? Dann nehmen Sie sich die Natur zum Vorbild und gestalten Sie Ihr Kräuterreich in zwangloser Form.

WER VON EINEM NATURNAHEN Kräuterparadies träumt, lässt seine Pflanzen locker und natürlich nebeneinander wachsen.
In einen Naturgarten gehört in jedem Fall eine Wildkräuterecke mit Brennnesseln, Gänseblümchen, Gundelrebe und Löwenzahn, die sich teils von selbst einstellen. Aus diesen essbaren, heimischen Wildkräutern können Sie einen köstlichen und gesunden Frühlingssalat zubereiten. Pflanzen Sie auch so unkomplizierte Kräuter wie Johanniskraut, Malve, Barbarakraut, Schafgarbe oder Kamille, die lediglich einen sonnigen Platz brauchen. Völlig sich selbst überlassen können Sie diesen naturnahen Kräutergarten aber nicht – sonst würden sich die wuchskräftigeren Pflanzen mit der Zeit auf Kosten der schwächeren durchsetzen. Deshalb müssen Sie die Kräutergesellschaft hin und wieder auslichten und zurückschneiden. Mediterrane Würz- und Heilkräuter brauchen Ihre helfende Hand häufiger. Zudem beanspruchen sie den sonnigsten Platz, den Sie in Ihrem Garten zu vergeben haben.

In bunter Mischung

Das Zauberwort heißt Mischkultur: Warum setzen Sie die aromatischen Kräuter nicht einfach in den sonnigen Gemüsegarten? Dort trägt etwa Thymian dazu bei, dass Kohlweißlinge und Schnecken fern bleiben, und Basilikum fördert das Wachstum von Gurken und Tomaten.
Für große Gärten eignet sich auch ein Kräuterbeet, das wie eine Staudenrabatte in lockerer Anordnung aufgebaut ist (→ Seite 18/19). Doch auch in diesem bunten Durcheinander müssen Sie vorab für Ordnung sorgen: Alle hohen Gewächse setzen Sie in den Hintergrund, die kleineren in die Mitte und die niedrigsten an den Rand des Beetes. Der stufenweise Aufbau garantiert, dass jede Pflanze genügend Licht bekommt.
Kombinieren Sie die Kräuter gemischt nach Blatt- und Blütenfarbe sowie nach ihrer Wuchsform – das Allerlei wirkt dann besonders harmonisch. Dazwischen können Sie

Eine Kräuterspirale bietet Lebensraum für Kräuter mit verschiedenen Ansprüchen an Sonnenlicht, Wärme, Substrat und Bodenfeuchtigkeit.

Hier dürfen die üppigen Kräuterbüsche zwanglos in den geschwungenen Weg hinein wachsen.

Wildstauden wie Königskerze, Akelei oder Malve setzen. Achten Sie auf einen genügend großen Abstand (Faustregel: halbe Wuchshöhe der ausgewachsenen Pflanze), damit sich die Kräuter später nicht gegenseitig bedrängen. Und setzen Sie etwa alle 50–70 cm eine Trittplatte, damit alles gut erreichbar ist.

Für Vielfalt sorgen

Eine Kräuterspirale oder -schnecke bietet Kräutern ein besonders breites Spektrum an unterschiedlichsten Lebensräumen. Gleichzeitig ist sie eine wahre Augenweide und findet auch in kleinen Gärten Platz. Allerdings muss sie fachgerecht angelegt werden, wenn das Miteinander vieler Kräuter unterschiedlichster Ansprüche auf kleinem Raum funktionieren soll.

Spiralförmig aufwärts

Für die Anlage benötigen Sie eine kreisrunde Fläche von mindestens 2 m Durchmesser, die Sie etwa 20 cm tief ausheben und dann den Untergrund verfestigen, am besten mit einem Rüttler. Markieren Sie den Verlauf der Spirale mit flachen, quaderförmigen Steinen – am schönsten wirken behauene Natursteine, Sie können aber ebenso Ziegel- oder Betonsteine verwenden. Auf den stabil auf dem Untergrund ausgerichteten Grundsteinen errichten Sie mit weiteren Steinen eine stabile, von außen nach innen höher werdende Mauer. Füllen Sie die Zwischenräume der Spirale mit Bruchsteinen, grobem Kies, Schotter und Sand etwa zur Hälfte auf. Erst darauf kommt die Pflanzerde, die Sie im oberen Bereich mit reichlich Sand und Splitt abmagern. Im mittleren Abschnitt der Spirale wird normale Gartenerde eingebracht, die Sie im unteren Bereich mit reifem Kompost anreichern.
Am auslaufenden Ende können Sie auch noch einen kleinen Teich anlegen – für feuchtigkeitsliebende Arten wie Brunnenkresse oder Minze. Der obere, karge und trockene Bereich eignet sich für „Hungerkünstler“ wie Salbei, Lavendel oder Thymian. Auf halber Höhe ist es etwas feuchter und nährstoffreicher: ideal für Schnittlauch, Kerbel oder Estragon. Ganz unten enthält der Boden besonders viele Nährstoffe – dorthin setzen Sie Kräuter wie Engelwurz, Pfefferminze oder Melisse.

Auf der Mauer, auf der Lauer ...

Für die „Sonnenanbeter“ eignet sich eine Trockenmauer, etwa an einer Terrassenböschung, oder auch ein von einem Mäuerchen umfasstes Hochbeet (→ Seite 18/19). Zwischen den von der Sonne aufgeheizten Steinen fühlen sich vor allem Mittelmeerarten wie zu Hause und entwickeln ein besonders kräftiges Aroma. Sie können die Kräuter so auch hautnah genießen und leicht ernten. Übrigens entfalten sich hier zwischen Kräutern auch Zierpflanzen des Steingartens, wie Karthäusernelke oder Alpenaster, besonders gut.

Schmucke Blätter

Kräuter faszinieren besonders durch ihre Blätter. Diese sind weitaus mehr als bloß grün: Das Laub der würzigen Gewächse zeigt sich in einer bemerkenswerten Variation von Formen, Färbung und Textur – und zudem voller Aroma.

FILIGRAN GEFIEDERT
Das fein zerschlitzte, apfelgrüne, später silbrig grau schimmernde Laub der Eberraute duftet kräftig würzig und schmeckt zart bitter.

PURPURNER SAMT
Majestät, der Purpursalbei, trägt einen Blattmantel von violetter Färbung, der dank feiner Behaarung edel wie Samt schimmert.

GOLD UND SILBER
Silberne Blattränder beim Thymian und goldene Blattflächen beim Oregano – so „wertvoll" können Kräuter sein.

BREITEN-KONTRASTE
Elegant recken sich schmale Blätter vom Estragon neben den behäbig breiten des Salbeis in die Höhe.

MATT ODER GLÄNZEND
Basilikum trägt je nach Art und Sorte matt schimmernde, filzige bis intensiv glänzende, glatte Blätter.

GRÜN, GRÜN, GRÜN ...
... sind zwar alle Blätter, aber kein Grünton gleicht dem anderen. Gelbgrün, Olivgrün, Graugrün und Tannengrün mit Goldflecken zeigt allein diese Kräuter-Palette.

Mit Kräutern gestalten

Kräuter sind vielseitige Nutzpflanzen und eine Zierde für jeden Garten. Ihre mannigfaltigen Erscheinungsformen eröffnen einen großen Gestaltungsspielraum, und mit ihrem natürlichen Charme fügen sie sich wie von selbst zu attraktiven Ensembles zusammen.

Beim Schopflavendel krönen die Triebe schmetterlingsartige Blüten.

Vom zierlichen Polster über den üppigen Busch bis hin zur stattlichen Großstaude gibt es Kräuter in allen Größen und in vielerlei Gestalt. Mal sind sie straff aufstrebend und geradlinig, mal weit ausladend und reich verzweigt. Ihre Blätter (→ Seite 24/25) präsentieren sich in jeder erdenklichen Form: groß, klein, ganzrandig oder fein gefiedert. Manche sind rau und borstig, andere glatt und wieder andere streichelweich und samtig.

Dazu kommt eine Fülle an Farbschattierungen – vor allem in Grün spannt sich ein Bogen von zartem Lindgrün über kräftiges Grasgrün bis zu sattem Moosgrün, erweitert um Nuancen, die in andere Farben spielen, etwa Grau, Gelb oder Purpur, nicht zu vergessen die zahlreichen panaschierten Zuchtformen mit Laub in buntem Farbspiel. Viele Arten bestechen zudem mit Blüten von erstaunlicher Leuchtkraft oder in zartem Pastell, in lebhaftem Kontrast oder sanfter Harmonie zum Laub.

Solo und in Gruppen schön

Kurzum, Kräuter bieten neben ihren inneren Werten auch bemerkenswerte äußere Reize, mit denen sich ungezählte Gestaltungsmöglichkeiten eröffnen. Sie wirken für sich allein, fügen sich aber auch harmonisch in andere Pflanzgemeinschaften ein – und machen selbst neben der Königin der Blumen, der Rose, noch eine gute Figur.

Mit Kräutern können Sie fantasievoll planen, mit ihren Farben und Mustern spielen, einen Kasten mit Lieblingskräutern bepflanzen, Ihren Traum vom Bauerngarten verwirklichen oder sich ein ganz persönliches Wellness-Beet anlegen. Also, worauf warten Sie noch?

Kräuter wirken als Diplomaten im bunten Staudenbeet und bringen Ruhe ins bunte Bild.

Bepflanzung nach Maß

Der Ordnung halber: ein Bauerngarten

Für eine bunte Kräutergemeinschaft nach dem Vorbild traditioneller Kloster- und Bauerngärten braucht man gar nicht viel Platz, nur die Form muss man wahren. Die streng geometrische Unterteilung ist ebenso praktisch wie übersichtlich, und der Genuss kommt auch nicht zu kurz – schon der Anblick macht Appetit.

In einem Bauerngarten ist eine exakte Aufteilung und Linigkeit maßgeblich: Gerade Linienführung und ein markanter Mittelpunkt sind die augenfälligsten Merkmale. Das dient vor allem der Übersichtlichkeit – nicht nur aus praktischen Gründen. Auch das Auge möchte dirigiert werden, es folgt den klaren Konturen, nimmt die einzelnen Beetabschnitte wahr – und ordnet schließlich alles zu einem wohltuenden Gesamtbild. Ein Brunnen, eine Skulptur oder ein Bäumchen im Zentrum zieht schon aus der Ferne die Blicke an und bildet gleichzeitig den ruhenden Pol.

Quadratisch, praktisch, schön

Unabhängig davon, ob Sie ein großzügiges Gartenabteil oder nur ein kleines Beet zum Bauerngärtchen machen wollen, sollten Sie stets die Fläche zunächst sauber in Abschnitte unterteilen. Klassisch ist ein Wegekreuz, das die vorgesehene Fläche in vier Quadrate unterteilt. Planen Sie die Hauptwege bei größeren Kräutergärten nicht schmaler als 50 cm ein, bei kleineren Beeten reicht es, sie nur als schmale Trittpfade anzudeuten.
Statt Quadraten können Sie auch andere geometrische Grundformen für die Aufteilung wählen, etwa Rechtecke, Rauten oder Kreissegmente. Sehr gelungen wirkt es z. B., wenn sich vier Rechtecke mit abgerundeten Ecken um eine kreisrunde Mitte gruppieren.
Damit das Grundraster deutlich zutage tritt, fassen Sie die Beete mit einer markanten Umrandung ein, etwa mit bereits vorgeformten

Randelementen aus Steinguss, Holzpalisaden oder niedrigen Buchshecken. Die Wege dazwischen werden entsprechend befestigt, etwa mit Kies bestreut (→ Seite 20/21).

Zentraler Blickpunkt

Obgleich das Bauerngärtchen allein schon durch die geometrische Aufteilung optisch attraktiv erscheint, wird es durch eine besondere Gestaltung der Mitte erst perfekt.
Glanzstück des zentralen Kräuterabteils kann eine Rosenkugel ebenso sein wie ein Brunnen, eine markante Steinsäule oder eine hübsche Skulptur. Sie können auch eine besonders attraktive Pflanze in den Mittelpunkt rücken, etwa ein Lavendel-Hochstämmchen (→ Zeichnung), einen in Form geschnittenen Lorbeer oder ein rotlaubiges Basilikum. Für kleinere Exemplare bietet sich ein Postament oder eine Säule an, auf der sie gut zur Geltung kommen.

Füllung im Quadrat

Die Beetabschnitte müssen Sie nun nur noch mit Kräutern füllen. In einen Bauerngarten gehört selbstverständlich eine Grundausstattung der wichtigsten Küchenwürzkräuter: Schnittlauch, Petersilie, Dill, Bohnenkraut, Zitronenmelisse und Majoran, ergänzt um verschiedene Zwiebelgewächse und natürlich Knoblauch. Haben Sie genügend Platz, sollten Sie auch Liebstöckel und Engelwurz einen ausreichend großen Platz einräumen.
Diese vorwiegend würzigen Arten können um einige heilkräftige Gewächse ergänzt werden, Kamille, Ringelblume und Pfefferminze beispielsweise. Auch Malven, Eibisch, Alant oder Mariendistel gehören nicht von ungefähr zu den traditionellen Bauerngartenpflanzen – vereinen sie doch auf sehr nützliche Weise Schönheit mit wirkungsvollen Inhaltsstoffen. Zusätzlich können Sie eine Reihe von Salat- und Spinatkräutern in einem der Beetabteile anbauen, z. B. Guten Heinrich, Garten-Fuchsschwanz, Ampfer, Hirschhornwegerich oder Wilde Rauke.

Ebenmaß oder bunter Mix

Um ein gleichmäßiges, akkurates Bild zu bekommen, setzen Sie in alle unterteilten Beetflächen exakt dieselben Kräuter, sogar noch in gleicher Anordnung – dies wirkt dann besonders edel. Wenn Sie es nicht gar so streng mit der Ordnung nehmen möchten, pflanzen Sie einfach immer neue Kräuterkombinationen in die einzelnen Beetabschnitte – im bunten Mix ganz nach Belieben.
Den passenden Hintergrund für das Ensemble kann z. B. eine Gehölz- oder Staudenreihe am Wegrand bilden (→ Foto). Grenzt ein Zaun an, können sich dort auch gut etwas höherwüchsige Pflanzen anlehnen, die nicht nur nutzbringend, sondern vor allem dekorativ sind. Hier kommen die Blumen unter den Kräutern zu Ehren, etwa Chinesische Stockrosen oder plakative Sonnenblumen.

➤ *Pflanzenliste*

SIE BRAUCHEN:

- *A* Basilikum (rot)
- *B* Borretsch
- *C* Dill
- *D* Echter Thymian
- *E* Gewürzsalbei
- *F* Kapuzinerkresse
- *G* Kerbel
- *H* Majoran
- *I* Mariendistel
- *J* Petersilie
- *K* Pfefferminze
- *L* Ringelblume
- *M* Rosenmalve
- *N* Rucola
- *O* Schnittlauch
- *P* Sommerbohnenkraut
- *Q* Zitronenmelisse

Anlage eines Bauerngartens

Auf einer Gesamtfläche von 3,5 × 3,5 m liegen rings um ein Wegekreuz vier Pflanzquadrate von je 1,5 × 1,5 m, die mit einer niedrigen Buchsbaumhecke eingefasst sind. Sie können symmetrisch bepflanzt oder ganz nach Wunsch bestückt werden. Den Mittelpunkt bildet z. B. ein üppiger Lavendel im Topf auf einem Postament.

➤ *Nach Belieben kombinieren*

Kräuterfreuden Beet für Beet

• • • Nutzen Sie die inspirierende Kraft der Kräuter für eine individuelle Gestaltung: Geben Sie dem Beet Form und Farbe oder ein bestimmtes Motto. Die Vielfalt der Möglichkeiten wird Sie begeistern!

Im Kräutergarten kann man die verschiedenen Arten nach immer wieder neuen Gesichtspunkten zusammenstellen. Mal dominieren dabei die Farben, mal die Formen, und wem mehr an den „inneren Werten" gelegen ist, wird die Kräuter vielleicht für bestimmte Anwendungen oder Rezepte zusammenstellen und dem Beet auf diese Weise ein Motto geben. Bei einem Beet in elegantem Farbspiel oder formalen Mustern steht der optische Genuss im Vordergrund, und Gourmets läuft bei einem Ensemble mit Kräutern der Provence schon in freudiger Erwartung der Gaumenfreuden das Wasser im Mund zusammen. In einem Duftkräuterbeet hat man vor allem die Nase vorn, und die Vorfreude auf wohltuende Entspannung wächst beim Anblick der Heilkräuter im Wellness-Beet.
Kräuter sind derart vielseitig, dass es fast schwierig wird, aus der Fülle verschiedener Arten zu wählen. Glücklicherweise muss man sich dabei nicht gezielt für eines der zahlreichen Themen entscheiden. Mit den Top Ten der klassischen Küchenkräuter lässt sich ein attraktives Kräuterbeet anlegen, das nicht nur die erwünschte Küchenwürze, sondern gleich auch wertvolle Heilmittel und Grundstoffe für Wellness und Wohlbefinden liefert.

• • •

Ein Beet voller Farben

Das 2 x 2 m große Beet wird von einer kastenförmig geschnittenen Rosmarinhecke umrahmt. Vorwiegend zierende Kräuter bilden hier mit Stauden und Zwiebelblumen ein abwechslungsreiches Bild in fröhlich-bunter Gemeinschaft.

Vollendete Form

Die Rabatte erstreckt sich über eine Fläche von 2 × 1,2 m, sie kann aber auch nach Belieben verlängert werden. Hier wirken die in schwungvollen Linien gepflanzten Kräuter vor allem durch ihre Gestalt, ihre Blattformen und das fein abgestufte Grün, aufgelockert durch ein paar violette Farbtupfer.

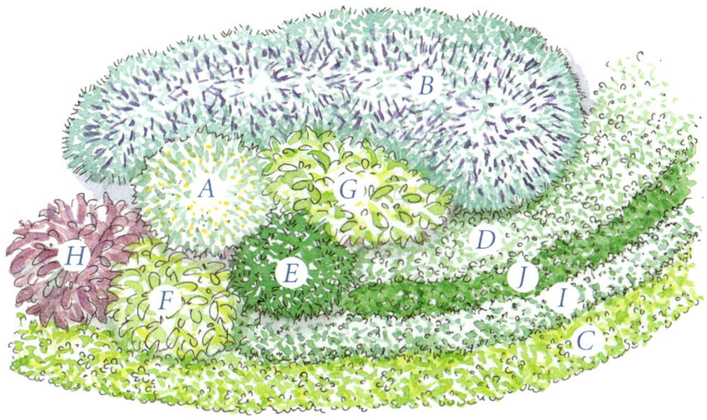

Spiel mit Farben und Formen

Kräuter tragen Blätter in den verschiedensten Tönungen, dazu kommen bei vielen Arten farbenprächtige Blüten. Dies reizt, mit den Pflanzen ein Beet zu „malen", also die Arten und Sorten nach Farben zu einem Bild zu gruppieren (→ Abb. links). Sehr elegant wirken Beete, bei denen sich silberlaubige Kräuter mit violetten und rosafarbenen Blüten paaren, und besonders charmant sind gelb-grüne Farbspiele, bei denen vor allem die verschiedenen Blattstrukturen und unterschiedlichen Formen gut zur Geltung kommen.
Zusätzlich kann eine Farbenkomposition noch durch die Anordnung der Kräuter auf der Beetfläche unterstrichen werden. Pflanzen Sie die Arten reihenweise mit Schwung, gesellen Sie die Pflanzen grüppchenweise nebeneinander, variieren Sie mit Kräutern im Duett, im Trio oder Quartett – schon entsteht ein ornamentaler, duftender Teppich (→ Abb. oben).

Vereinte Kräuter-Basics

Auf etwa einem Quadratmeter Beetfläche kann alles gedeihen, was das Herz eines jeden Kräuterfans begehrt. Eine Umrandung aus Schnittlauch, darin Petersilie in krauser und glatter Ausführung, ein Sträußchen Dill, ein Stock Zitronenmelisse und etwas Basilikum – damit lässt sich bereits fein kochen. Und während Schnittlauch für scharfe Würze sorgt, gibt Petersilie der Suppe Kraft und eignet sich gleichzeitig als hübsche Tischdekoration. Ein Tee aus Dillsamen lindert Blähungen, und zerquetschte Zitronenmelissenblätter nehmen

➤ Pflanzenliste

SIE BRAUCHEN:

Farbenbeet

- A 16 × *Allium aflatunense* 'Purple Sensation'
- B 6 × *Allium atropurpureum*
- C 7 × *Artemisia arborescens* 'Lambrock Silver'
- D 6 × *Centranthus ruber* 'Coccineus'
- E 4 × *Dianthus caryophyllus*
- F 3 × *Foeniculum vulgare* 'Purpurascens'
- G 4 × *Geranium phaeum*
- H 5 × *Gypsophila* 'Rosenschleier'
- I 7 × *Heuchera* 'Palace Purple'
- J 5 × *Lavandula dentata*
- K 6 × *Rosmarinus officinalis*
- L *Salvia* 'Indigo Spires'

Vollendete Form

- A *Helichrysum italicum* ssp. *serotinum*
- B *Lavandula angustifolia*
- C *Origanum vulgare* 'Compactum'
- D *Origanum vulgare* 'Variegatum'
- E *Rosmarinus officinalis*
- F *Salvia officinalis* 'Aurea'
- G *Salvia officinalis* 'Aureovariegata'
- H *Salvia officinalis* 'Purpurascens'
- I *Thymus × citriodorus* 'Silver Queen'
- J *Thymus serpyllum*

Insektenstichen den Juckreiz. Basilikum wirkt erfrischend in Tee und ist für Tomaten mit Mozzarella das i-Tüpfelchen.

Mediterranes Kräuterbeet

Eine Gemeinschaft der besonderen Art bilden Kräuter mediterraner Herkunft. Sie sind heutzutage in mitteleuropäischen Küchen fast so selbstverständlich wie die Klassiker Schnittlauch und Petersilie. Keine Pizza ohne Oregano, keine Saltimbocca ohne Salbei, keine Ratatouille ohne Thymian, keine Paella ohne Safran, kein Tsatsiki ohne Knoblauch – die typischen Mittelmeergewürze verfeinern aber auch viele weitere Gerichte. Nicht wenige davon sind auch wirkungsvolle Heilpflanzen, etwa Salbei und Thymian, andere, wie Lavendel, bestechen durch ihren unvergleichlichen Duft.
Mit den schönen Aromaspendern, die überwiegend sehr ähnliche Ansprüche stellen, können Sie ein Kräuterbeet anlegen, das alle Facetten der Mittelmeerküche bedient (→ Abb. rechts Mitte). Salbei, Oregano, Bergminze, Eberraute sowie weitere Arten können sich auch rund um einen prächtigen Lavendel- oder Rosmarinbusch als zentralen Blickfang gruppieren. Außen bilden z. B. Thymian-Arten und -Sorten einen Randstreifen, aus dem vielleicht noch ein paar Safrankrokusse ragen. Ähnlich können Sie auch Würzkräuter anderer Länder und Kulturen in einem Beet arrangieren, z. B. asiatische Genüsse, mexikanische Köstlichkeiten oder orientalische Spezereien.

Body & Soul

Nicht nur Essen hält Leib und Seele zusammen. Auch Düfte und Emulsionen tragen zum Wohlbefinden bei. Effektvoll ist dies z. B. bei frisch-fruchtigen Kräutern mit Zitronenaroma wie Zitronenmelisse, Zitronenthymian, Zitronenbasilikum, Zitronen-Eberraute, Balsamkraut oder Katzenminze. Schon ein paar Teile davon reichen für ein herrliches Potpourri.
Mit Tee- und Badekräutern (→ Seite 127 und 179) können Sie natürliche Kosmetik oder ein erfrischendes Tonikum herstellen. Lassen Sie einfach Ihre Fantasie spielen.
Auch eine „grüne Apotheke" (→ Seite 11) findet schon auf kleiner Fläche Platz. Eine gesunde Mischung aus Eibisch, Estragon, Pfefferminze, Kamille und Andorn lindert Magen- und Darmprobleme, eine Pflanzung aus Salbei, Thymian, Spitzwegerich, Königskerze und Malve hilft bei Erkältungskrankheiten.

➤ *Pflanzenliste*

SIE BRAUCHEN:

Grundausstattung

A *Allium christophii*
B *Allium schoenoprasum*
C *Borago officinalis*
D *Helichrysum italicum*
E *Hyssopus officinalis*
F *Lavandula angustifolia*
G *Levisticum officinale*
H *Salvia officinalis* 'Aurea'
I *Salvia officinalis* 'Purpurascens'
J *Satureja montana*
K *Thymus × citriodorus* 'Variegatus'
L *Thymus vulgaris*

SIE BRAUCHEN:

Feine Küche

A *Artemisia abrotanum*
B *Hyssopus officinalis*
C *Lavandula angustifolia* ssp. *angustifolia*
D *Origanum vulgare* 'Compactum'
E *Salvia officinalis* 'Icterina'
F *Santolina chamaecyparissus*
G *Teucrium × lucidrys*

SIE BRAUCHEN:

Duftkräuterbeet

A *Hordeum jubatum*
B 2 × *Lavandula angustifolia*
C *Lavandula latifolia*
D *Linum narbonense*
E 2 × *Lysimachia ciliata* 'Firecracker'
F *Matricaria recutita*
G 3 × *Mentha × piperita*
H 2 × *Nepeta × faassenii*
I *Origanum vulgare* 'Aureum'
J Rose 'Gertrude Jekyll'
K 2 × *Satureja montana*
L *Thymus × citriodorus* 'Aureus'

Grundausstattung

Das 1,2 × 1 m große Beet enthält eine reiche Auswahl an häufig benötigten Kräutern, sei es als Küchenwürze oder als alte Hausmittel, etwa bei Erkältungen. Besondere Blickfänge sind die Salbeiarten mit ihren wunderbar gefärbten Blättern, im Hochsommer natürlich auch der üppig blühende Ysop.

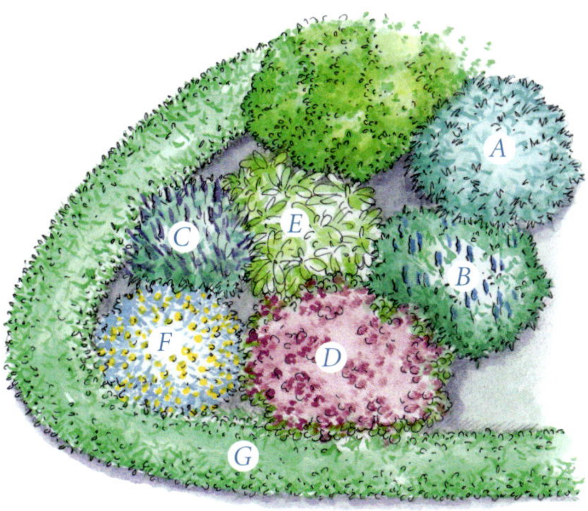

Klein, aber fein

Durch verschiedene Grün- und Silbertöne wirkt das nur etwa 70 × 70 cm große Beet sehr elegant. Auf ihm vereint sich ein Bouquet für Gourmets mit lauter Kräuter-Spezialitäten, eingefasst von streng in Form geschnittenem Edelgamander.

Mitten im Duft

Bei diesem Beet mit einer Größe von ca. 1,5 × 1,5 m kommt man ins Schwärmen, bereits beim Anblick der rauschenden Blütenfülle, erst recht aber beim Erschnuppern der intensiven Wohlgerüche – da nimmt man gerne Platz. Silberthymian (*Thymus serpyllum* 'Silver Poesie') bildet dazu den passenden Rahmen.

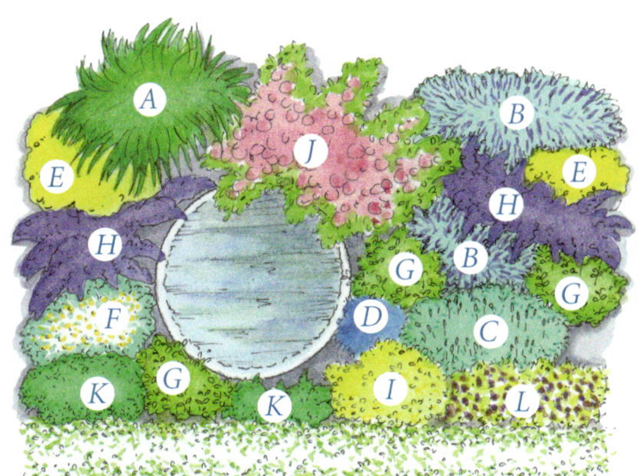

Kräuter mal ganz anders

• • • Kräuter kommen zu ganz neuen Ehren und zeigen sich in völlig neuem Licht, wenn man sie mal auf nicht alltägliche Weise präsentiert. Mit etwas Fantasie und wenig Aufwand entstehen so überraschende Szenerien.

BITTE PLATZ NEHMEN!
Auf einem ausgedienten Stuhl hat sich eine ganze Kräutergesellschaft in Töpfen niedergelassen. So ziehen die würzigen Pflanzen auf einer Terrasse alle Blicke auf sich.

NETT UMFLOCHTEN
Korbwaren dienen nicht nur dem Transport, sondern auch als dauerhaftes Quartier, wenn man sie mit wasserdichter Folie auskleidet und einige Wasserabzugslöcher hineinsticht.

DUFTENDE CHAISELONGUE
Zur ungewöhnlichen Mußestunde lädt dieses nostalgische Sofamöbel, das mit Römischer Kamille bepflanzt wurde und sich sogar zum Liegen eignet.

FEURIGER PEPP
Durch knallige Farben und die aufgefädelten und am Rand befestigten Peperoni erhalten die Kräuter in diesem Balkonkasten sogar noch zusätzliche „Würze“.

GUT KONSERVIERT
Viele Kräuter benötigen nur kleine Gefäße – da eignen sich sogar so ausgefallene Behälter wie Konservendosen. Allerdings sollte man in den Boden Löcher für den Wasserabzug stanzen.

KARRENWEISE KRÄUTER
In ländliche Gärten passt wunderbar ein ausgedienter Leiterwagen, in dem auf der Ladefläche saisonal frische Würze gedeiht.

Auf Balkon und Terrasse

Eine würzige Parade

Ob Topf an Topf, in Reih und Glied im Kasten, gemischt in Ampeln oder großen Schalen – Kräuter stehen auch auf Balkon und Terrasse gern Spalier und werden dort zu echten Highlights.

VON DER SONNE VERWÖHNT, vor Regen und Wind geschützt, von einer Mauer gewärmt – solche Plätze lieben Kräuter. Die Vorteile einer Topfkultur nahe am Haus liegen aber nicht nur im günstigen Kleinklima (→ Seite 18/19). Sie haben Ihre grünen Schützlinge so unmittelbar im Blick und können sich direkt an Formen, Farben und Düften freuen, selbst wenn das Wetter mal nicht mitspielt. Empfindliche Arten finden hier im Herbst gut verpackt den nötigen Schutz, und bei wenig Platz können die Gefäße in Etageren und Regalen, in Ampeln oder Wandgefäßen untergebracht, aber auch in originellen Konstruktionen wie einer Topfpyramide gestapelt werden (→ Abb. rechts). Töpfe und Kästen, Kübel und Schalen lassen sich nach Bedarf verrücken, neu arrangieren und schnell frisch bepflanzen (→ Seite 62/63). Geben Sie jedem Kraut ein angemessen großes Gefäß, damit es sich optimal entwickeln kann. Für die Kultur auf Balkon und Terrasse gibt es besonders geeignete Arten und Sorten, etwa das nur 20 cm kleine, kugelige Basilikum 'Balkonstar', den kompakt wachsenden Dill 'Brevi', Zwergsorten von Ringelblumen und Ysop oder hängende Formen vom Rosmarin.

Kräuter im Kasten

Ein bunter Kräuter-Mix kann mit einer traditionellen Balkonkastenbepflanzung aus Gewürz- und/oder Heilkräutern durchaus mithalten. Mit buntlaubigen Formen wie Goldsalbei oder Ananasminze und blühenden Arten wie Gewürztagetes oder Kapuzinerkresse ergibt sich ganz von allein ein hübsches Bild. Setzen

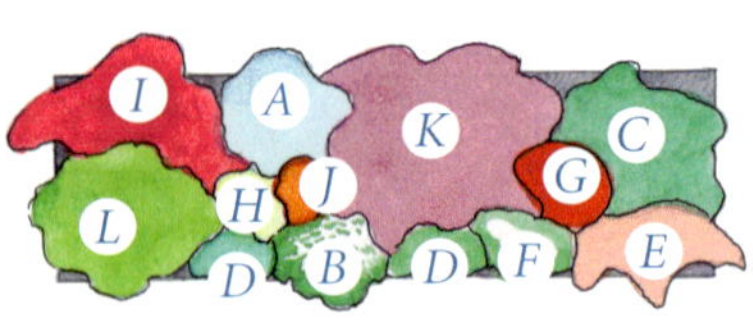

Bunter Kastenmix

In einem Kasten von 1 m Länge und 20 cm Tiefe findet eine erstaunliche Vielzahl von Kräutern Platz, ergänzt durch weitere lukullische Genüsse wie bunten Mangold und flankiert von einigen Dauerblühern unter den Balkonblumen. Das Ensemble wirkt garantiert stets lebhaft und üppig – vorausgesetzt, man erntet nicht allzu viel auf einmal.

Kräuter aufgetürmt

Für dieses nicht alltägliche Pflanzgefäß benötigt man 1 großen Pflanztopf von etwa 50 cm und 3 Töpfe von etwa 20 cm Durchmesser sowie eine stabile, ca. 1,5 m lange Holz- oder Eisenstange, die man durch die Abzugslöcher führt. Stabilen Stand bekommt die Konstruktion durch große Steine, die man in den großen, unteren Topf füllt.

Sie immer auch ein paar hängende Gewächse wie Gundermann mit in den Vordergrund. Buschtomaten mit Basilikum, Bohnen mit Bohnenkraut, Palmkohl mit Petersilie, Pflücksalat mit Pimpinelle, asiatischer Senfkohl und Peperoni, Minigurken samt Borretsch oder Auberginen neben Schnittknoblauch – wer kompakt wachsendes Balkongemüse mit passenden Kräutern kombiniert, hat gleich eine fertig gewürzte Mahlzeit bereit.
Reizvolle Kräuter sind eine ideale Ergänzung zu Balkonblumen, z. B. passt frischgrüner Majoran zu weißen Kapkörbchen, goldblättriger Majoran (*Origanum onites* 'Aureum') gut zu gelben Gazanien und Diptam-Dost zu rosa Nelken. Silberlaubige Arten wie Heiligenkraut sind eine elegante Ergänzung zu rosafarbenen Schönheiten, blaugrüne wie Weinraute zu violetten und purpurne wie Salbei 'Purpurascens' zu Rottönen. Selbst ein schlichtes Küchenkraut wie Petersilie erscheint in ungewöhnlicher Begleitung in einem ganz neuen Licht.

Bunte Kräutersammlung

Für die Terrasse bieten sich als besondere Blickpunkte Solitäre an, etwa ein stattlicher Lorbeer, ein Rosmarin-Hochstämmchen oder eine grazile Zitronenverbene. Auch die vielen Sorten von Fruchtsalbei und Duftpelargonien kommen hier besonders schön zur Geltung.

Begleiter gesucht – und gefunden

Kräuter können sowohl Unterpflanzung als auch Begleitung für Ziergewächse in Kübeln sein. Ein besonders dichtbuschiger Oregano (Sorte 'Compactum') etwa schmiegt sich gefällig zu Füßen einer Trauerrose, weißbunter Zitronenthymian untermalt zierlich eine Bleiwurz. Mit schmucken Stauden gehen z. B. Eberraute und Buschmalve, Indianernessel und Sonnenbraut oder Frauenmantel mit Glockenblume eine anmutige Gemeinschaft ein. Solange Sie auf gleiche Ansprüche an Standort und Pflege achten, können Sie nach Herzenslust immer neue Paare kombinieren.

> *Pflanzenliste*

SIE BRAUCHEN:

Kräuterturm

- A 1 × Kerbel (*Anthriscus cerefolium* ssp. *cerefolium*)
- B 2 × Gefleckte Taubnessel (*Lamium maculatum* 'White Nancy')
- C 1 × Echter Thymian (*Thymus vulgaris*)
- D 1 × Zitronenthymian (*Thymus × citriodorus* 'Variegatus')

Bunter Kastenmix

- A Currystrauch (*Helichrysum italicum*)
- B Duftsteinrich (*Lobularia maritima*)
- C Duftwicke (*Lathyrus odoratus*)
- D 2 × Echter Thymian (*Thymus vulgaris*)
- E Elfensporn (*Diascia*)
- F Erdbeere (*Fragaria*)
- G Korallenstrauch (*Solanum capsicastrum*)
- H Peperoni (*Capsicum annuum*)
- I Petunie (*Petunia*)
- J Ringelblume (*Calendula officinalis*)
- K Rotstieliger Mangold
- L Zitronenmelisse (*Melissa officinalis*)

Im ungeheizten Wintergarten finden frostempfindliche Kräuter wie Lorbeer oder Rosmarin ein ideales Winterquartier.

Im Wintergarten und auf der Fensterbank

Für tropische und subtropische Kräutergäste rücken die Küchenklassiker im Haus gern etwas zusammen.

Prinzipiell kann jedes Gewürz-, Duft- oder Heilkraut in einem Gefäß auch im Haus gezogen werden – zumindest zeitweilig. Manche entwickeln sich dabei bestens, andere nicht so optimal. Spärlicher Wuchs und dürftiges Aroma sind meist eine Folge von Lichtmangel. Selbst an einem sonnigen Fenster bekommen die Pflanzen hinter der Glasscheibe viel weniger Licht als im Freien. Mit zunehmender Entfernung vom Fenster nimmt die Lichtmenge dann sogar rapide ab. Für empfindliche Exemplare aus südlichen Ländern gibt es trotzdem keine Alternative. Sie brauchen die Wärme im Haus, um kühle Sommertage, frostige Herbstnächte und eisige Wintermonate unbeschadet zu überstehen.

Jahrein, jahraus verfügbar

Neben den gängigen Küchenkräutern, die aus praktischen Gründen immer griffbereit auf der Arbeitsplatte stehen, erobern sich zunehmend auch Arten mit dem Geschmack nach großer, weiter Welt einen Platz in der Küche. Duftpelargonien sorgen im Wohnzimmer für Blütenschmuck und halten lästige Mücken fern, und eine *Aloe vera* am Fensterbrett dient als schnelle Hilfe in der Not, wenn man sich mal verbrannt hat. Kardamom, Ingwer und andere tropische Gewächse kann man im Haus problemlos kultivieren, vorausgesetzt, der Standort stimmt.

Würze von der Fensterbank

Eingetopfte Küchenkräuter aus dem Supermarkt sollte man immer fleißig ernten, denn schon nach einigen Wochen sind ihre Kräfte erschöpft und sie müssen durch frische Pflanzen ersetzt werden. Bei sehr kurzlebigen Arten wie Kresse oder Kerbel ist das ohnehin klar. Aus anderen wie Senf, Rauke oder Bockshornklee kann man gut Keimsprossen ziehen. Schnittlauch, Petersilie, Basilikum, Thymian, Oregano und selbst Thai-Basilikum, Rotes Shiso (Schwarznessel) oder andere asiatische Köstlichkeiten wachsen an einer sonnigen Fensterbank ganz passabel.

So bleiben Indoor-Kräuter bei Laune

Packen Sie die Pflanzen aus ihrer Verpackung, stellen Sie sie in passende Übertöpfe bzw. auf Untersetzer und halten Sie die Erde stets leicht feucht. Damit die Kräuterbüsche nicht auseinander fallen, stecken Sie bei Bedarf zur Stütze ein paar Schaschlikspieße rundherum in die Erde und binden etwas Garn drum herum. Die Fensterbank eignet sich auch für Experimente: Zitronengras und Ingwer beispielsweise lassen sich dort gut ziehen. Besonders reizvoll ist auch die Kultur der ganz zu Recht als Zimmerknoblauch titulierten Knoblauchs-Kaplilie – so sieht man mal die ganze Pflanze, von der man sonst nur einzelne Teile kauft.

Ein Taschentopf nimmt gleich ein Potpourri an Küchenkräutern auf.

Winterliche Kräuterfrische

Um auch im Winter immer mit frischen Kräutern versorgt zu sein, muss man Vorsorge treffen: Stechen Sie im Herbst faustgroße Stücke vom Schnittlauch ab, topfen Sie diese ein und stellen Sie sie im Garten auf. Holen Sie die Töpfe im Winter dann auf die warme Fensterbank – Sie werden sehen: Der Schnittlauch treibt bald aus. Übrigens eine „List", die auch mit Estragon oder Schnittsellerie funktioniert.

Wintergarten mit Aroma

In Wintergärten können Sie nicht nur mediterrane Kräuter ideal über den Winter bringen, sondern auch exotische Gewürz- und Heilpflanzen ziehen. Eine besonders gute Figur machen stattliche Sträucher und Großstauden im Wohnwintergarten, z. B. Honigmelonensalbei, Malabar-Kardamom oder ein üppiger Balsamstrauch, der die Luft mit feinem Eukalyptusduft parfümiert. Kühl überwinternde Arten wie Lorbeer oder Rosmarin finden im ungeheizten Wintergarten ein ideales Quartier.

Gleich und gleich gesellt sich gern

Mit einem Kräuter-Arrangement für bestimmte Anwendungen können Sie auch im Haus Ihre speziellen Vorlieben pflegen. Indischer Nierentee, Zitronenverbene, Balsamstrauch und Aztekisches Süßkraut ergeben beispielsweise zusammen ein Sortiment schmackhafter Teelieferanten (→ Tab. Seite 127). Ergänzen können Sie dies noch durch Eukalyptus, Damiana oder Moujean-Tee. Und gibt man ein Blatt vom Süßkraut dazu, spart man sich sogar den Griff in die Zuckerdose.
Typisch asiatische Würze können Sie von den filigranen *Elsholtzia*-Arten (Vietnamesische Melisse, Kammminze) erwarten, einen eher orientalischen Touch bringen Kaffir-Limette und Kurkuma *(Curcuma longa)*.

WÜRZIGE ZIMMERGENOSSEN
Aztekisches Süßkraut *(Lippia dulcis)*
Balsamstrauch *(Cedronella canariensis)*
Duftpelargonien *(Pelargonium-*Arten und -Sorten*)*
Echte Aloe *(Aloe vera)*
Fruchtsalbei *(Salvia-*Arten und -Sorten*)*
Grauer Zimmerlavendel *(Lavandula × heterophylla)*
Ingwer *(Zingiber officinale)*
Jamaika-Thymian *(Plectranthus amboinicus)*
Kalmus *(Acorus calamus)*
Knoblauch-Kaplilie *(Tulbaghia violacea)*
Malabar-Kardamon *(Elettaria cardamomum)*
Meerzwiebel *(Ornithogalum caudatum)*
Mexikanischer Blattpfeffer *(Piper auritum)*
Wasserysop *(Bacopa monnieri)*
Zitronengras *(Cymbopogon citratus)*
Zitronenverbene *(Aloysia triphylla)*

Einblicke ins Kräuterreich

Kräuter versetzen einen immer wieder ins Staunen. Sie zeigen sich in ungemein abwechslungsreichen Formen, viele Gärtnereien bieten eine beachtlich breite Palette aus aller Herren Länder zur Wahl. Doch eines ist allen gemeinsam: Aroma und Duft verdanken Kräuter ihren Inhaltsstoffen.

So variantenreich sich Kräuter vom Äußeren her geben, so sehr haben sie es auch in sich. Vor allem die so genannten sekundären Pflanzenstoffe entfalten fast schon magische Kräfte. Zu diesen zählen ätherische Öle, ebenso Senf- und Lauchöle mit Krebs vorbeugenden und antibakteriellen Effekten, Flavonoide mit kreislaufstärkender Wirkung, Carotinoide mit Zellschutzfunktion sowie Saponine, die den Cholesterinspiegel im Blut senken. Hinzu kommen Gerbstoffe, die Entzündungen hemmen, und Schleimstoffe, die etwa Erkältungen lindern helfen. Nicht zuletzt stecken in den Kräutern noch für unsere Gesundheit unverzichtbare Vitamine, Mineralien und Spurenelemente.

Eine reine Wohltat für Körper und Seele

Gerade die ätherischen Öle sind eine Wohltat für Körper und Seele. Es handelt sich um flüchtige, stark riechende Substanzen, die besonders in Blüten, Samen und Blättern stecken. Fast alle ätherischen Öle duften intensiv und angenehm. Damit werden Bienen und andere Bestäuber angelockt, gleichzeitig schützen die Öle die Pflanze vor Fressfeinden sowie Bakterien und Pilzen. In heißen Gegenden, wie etwa dem Mittelmeerraum, verdunsten die Kräuter außerdem ätherisches Öl, das sich dann wie ein Schutzfilm um die Pflanze legt und sie so vor übermäßigem Wasserverlust bewahrt. Besonders viele Kräuter mit einem hohen Gehalt an ätherischen Ölen findet man unter den Lippenblütlern mit dem Lavendel und den Doldenblütlern, hier etwa Anis.

Auch Kräuter unterteilt man in ihrer Lebensweise in Ein- und Zweijährige, Stauden, Halbsträucher und Gehölze, nur sind ihre Pflanzenteile aromatisch.

Antibiotische Wirkung

Senföle stecken vor allem in vielen Kreuzblütlern. Sie sind für den scharfen Geschmack verantwortlich, wirken auf Haut wie Schleimhaut reizend und hemmen die Entstehung von schädlichen Keimen. Senföle sind, ebenso wie die ätherischen Öle, verschieden zusammengesetzt – daher die unterschiedliche Ausprägung der Schärfe. So besitzt die Rauke eher einen milden Geschmack; der Meerrettich schmeckt dagegen beißend scharf. Auch in der Kapuzinerkresse finden sich Senföle, genauer gesagt das Benzylsenföl, das eine antibiotische Wirkung entwickelt. Daher wird es in seiner Heimat Peru traditionell bei Infektionskrankheiten angewendet.

Lauchöle finden sich überwiegend in Liliengewächsen wie Schnittlauch und Knoblauch. Sie töten Keime ab, stärken das Immunsystem und senken den Cholesterinspiegel im Blut. Außerdem sollen sie den Körper vor freien Radikalen schützen. Diese Öle werden erst in wirksame Verbindungen umgewandelt, wenn das Pflanzengewebe durch Schneiden, Hacken oder Kauen verletzt wird, dann bemerkt man auch den charakteristischen Geruch.

Der Schmalblättrige Scheinsonnenhut wird seit alters her von den Indianern Nordamerikas wegen seiner Inhaltsstoffe als Heilpflanze geschätzt.

Mal Kraut, mal Strauch – die Wuchsform macht's

So vielfältig wie ihre Verwendungsmöglichkeiten, so mannigfaltig ist auch das äußere Erscheinungsbild der Kräuter.

KRÄUTER ALS Pflanzengruppe zu definieren ist nicht ganz einfach. Botaniker bezeichnen damit Gewächse, die zeitlebens unverholzt bleiben; im Alltag aber versteht man darunter Pflanzen, die einen praktischen Nutzen haben – gleichgültig, ob sie verholzen oder nicht.

Kräuter für jeden Zweck

Kräuter sind meist nicht nur einem speziellen Nutzen zuzuordnen und oft überlappen sich mehrere Anwendungsmöglichkeiten. Zwischen den verschiedenen Einsatzbereichen sind die Grenzen fließend:

Küchen- oder **Gewürzkräuter** sind alle Pflanzen, die Speisen bei der Zubereitung Geschmack geben. Einige können auch als Grundbestandteil, also als Gemüse genutzt werden. In diesem Fall unterscheidet man in **Salatkräuter,** wie etwa Schnittlauch, Rauke, Petersilie, Pimpinelle, Löwenzahn oder Sauerampfer und **Spinatkräuter,** z. B. Barbarakraut, Rainkohl oder Brennnessel, die wie Spinat selbst als wohlschmeckende Gemüse zubereitet werden können (→ Tab. Seite 157).

Da **Küchenkräuter** nicht nur gut schmecken, sondern zudem die Gesundheit fördern, zählen sie auch zu den **Heilkräutern.** Zu diesem Kräuterkreis gehören außerdem Arten mit rein medizinischem Zweck, beispielsweise Johanniskraut und Arnika und im weitesten Sinn auch die **Tee-** und **Badekräuter.** Sie füh-

1 EINJÄHRIGER WUCHS
Dill keimt, wächst, blüht und fruchtet innerhalb nur einer Saison. Er ist Würzkraut wie Heilpflanze.

2 AUSDAUERNDER WUCHS
Schnittlauch gehört zu den ausdauernden Lauchgewächsen, die jährlich frisch austreiben.

3 STAUDE
Die Melisse gehört zu den Stauden. Sie ist mehrjährig und überdauert den Winter als Wurzelstock im Boden.

4 HALBSTRAUCH
Beim Schopflavendel bleiben die ausdauernden Triebe spitzenwärts weich, während sie unten verholzen.

ren in den Wellness-Bereich, so wie die **Duftkräuter**, die sich durch intensiven und angenehmen Geruch auszeichnen.

Wild oder gezähmt

Kräuter kann man grob nach ihrer Herkunft unterscheiden. Bei **Wildkräutern** handelt es sich im Besonderen um heimische Arten wie Wiesenschaumkraut oder Seifenkraut, die in freier Natur gewachsen sind und ihren ursprünglichen Charakter bewahrt haben. Man sammelt sie meist von Feld, Wald und Wiese. Gänseblümchen, Taubnessel, Gänsefingerkraut oder Brennnessel gibt es auch in Gärten, wo sie sich selbst ansiedeln oder ausgesät werden.
Als **Garten-** oder **Kulturkräuter** gelten dagegen Gewächse, die eigens für den Anbau im Garten oder auf dem Feld ausgelesen wurden, wie Pfefferminze oder Knoblauch. Von vielen gibt es dank intensiver Züchtung eine Fülle an Sorten, etwa von Basilikum oder Lavendel, Salbei und Thymian.
Exotische Kräuter, z. B. aus tropischen und subtropischen Regionen, zählt man hierzulande in der Regel zu den Gartenkräutern, da sie nur in gärtnerischer Obhut überleben können.

Unterschiedliche Lebensdauer

Kräuter unterscheiden sich neben der Wuchsform auch in der Lebensdauer: Es gibt einjährige, zweijährige und ausdauernde Arten.

➤ **Einjährige Kräuter** durchlaufen ihren Lebenszyklus innerhalb einer Vegetationsperiode. Sie keimen im Frühling aus Samen, bilden rasch Blüten und später Früchte. Am Ende der Wachstumsphase haben sie Samen gebildet, die die kalte Jahreszeit überdauern, während die Pflanzen selbst absterben. Einjährige Kräuter wie Kerbel, Borretsch, Koriander, Kapuzinerkresse, Ringelblume, Kresse oder Dill müssen jedes Jahr aufs Neue ausgesät werden.

➤ Doppelt so lange währt die Lebensspanne der **zweijährigen Kräuter.** Im ersten Jahr erscheinen Triebe und Blätter, oft nur eine dicht dem Boden aufliegende Blattrosette. Diese überwintert und bildet im zweiten Jahr Blüten und Samen. Erst danach stirbt sie ab. Zweijährig sind z. B. Kümmel, Mariendistel, Barbarakraut oder Königskerze. Früchte bilden diese Arten erst im Herbst des Folgejahres nach der Aussaat. Bei Petersilie dagegen ernten Sie den Zuwachs des ersten Jahres, diese Kräuter zieht man wie Einjährige und lässt sie gewöhnlich gar nicht zur Blüte kommen.
Mehrjährige Gewächse wie Stauden und Gehölze treiben jedes Jahr erneut aus:

➤ **Stauden** sind Arten wie Waldmeister oder Liebstöckel, die mehr als zwei Jahre lang leben, sich jährlich aus unterirdischen Knospen erneuern und zeitlebens krautig bleiben. Im Herbst sterben ihre oberirdischen Teile ab.

➤ Auch **Knollen-** und **Zwiebelpflanzen**, z. B. Winterheckzwiebel oder Safrankrokus, und **Gräser** (Zitronengras) zählen zu den Stauden.

➤ **Sträucher** und **Bäume** dagegen werfen allenfalls die Blätter ab, ihre verholzten Triebe trotzen winterlicher Kälte. Immergrün sind Arten aus dem Mittelmeerraum wie Lorbeer oder Rosmarin. Allerdings ziehen sie ein geschütztes Winterquartier im Haus vor.

➤ **Halbsträucher** wie Salbei oder Lavendel entwickeln Triebe, die im unteren Bereich verholzen, zur Spitze hin aber krautig bleiben.

Dass Rosmarin ein Halbstrauch ist, zeigt sich insbesondere bei der Form als Hochstämmchen.

Was es nicht alles gibt: das reiche Sortiment

Ob frisch im Garten geschnitten oder als Bundware aus dem Handel – Kräuter sind in der gesunden Küche unverzichtbar.

Kräuter werden in allen Kulturen geschätzt. Kein Wunder, dass so eine große Vielfalt an Arten und Sorten erhältlich ist.

Gärtnereien und Gartencenter bieten heutzutage eine Fülle verschiedener Kräuter an. Sie können unter vielen heimischen Wildkräutern, Arten aus aller Herren Länder und zahlreichen Zuchtformen wählen. Das immense Sortiment wächst unaufhörlich weiter, und selbst Experten sind mittlerweile kaum noch in der Lage, bei so formenreichen Gattungen wie Minze, Salbei oder Duftpelargonie den Überblick zu wahren.

Die muss man haben

Überall im Handel zu haben sind die klassischen Küchenkräuter, die in keinem Kräutergarten fehlen sollten. Schnittlauch, Petersilie, Bohnenkraut, Dill, Estragon, Kerbel, Liebstöckel, Majoran, Salbei, Thymian und Zitronenmelisse gehören ebenso zum Standardsortiment wie Basilikum, das sich erst vor wenigen Jahrzehnten seinen Stammplatz in den Küchen nördlich der Alpen erobert hat. Auch Oregano und Rosmarin, unverzichtbar in der italienischen Küche, gehören heute zu den beliebtesten und am weitesten verbreiteten Kräutern. Da sich Knoblauch, Gewürzfenchel, Schnittsellerie oder Meerrettich nicht nur als Würze eignen, sondern sich auch als Beikost zubereiten lassen, finden sich bei diesen Arten fließende Übergänge zu den Gemüsepflanzen.
Die meisten der traditionellen Würzpflanzen bekommt man nicht nur geschnitten als Bundware, sondern oft auch als Containerware ein-

getopft (→ Seite 38/39) zu kaufen. Diese Topfkräuter sind zwar eigentlich zum Frischverbrauch gedacht, doch kann man sie auch eine Zeit lang auf der Fensterbank weiterziehen – oder eben gleich auf den Balkon oder in den Garten umpflanzen.

Gartenzierden mit Nutzeffekt

Die nutzbringenden Wirkungen vieler Kräuter sind in den letzten hundert Jahren etwas in Vergessenheit geraten, doch zunehmend besinnt man sich ihrer wieder. Arten wie Scheinsonnenhut, Schafgarbe, Frauenmantel, Ringelblume, Stockrose, Mutterkraut, Kornblume, Duftveilchen und viele andere blieben aber als Gartenpflanzen präsent – zur Zierde, ihrer anmutigen Blüten wegen. Diese Pflanzen gehören zu den Standardsortimenten von Staudengärtnereien und Samenhandlungen. Während man für dekorative Zwecke vor allem Zuchtsorten mit besonders großen, farbintensiven oder auch stark gefüllten Blüten bevorzugt, sollten Sie für den Kräutergarten die züchterisch wenig beeinflussten, ursprünglichen Formen wählen. Auslesen und Sorten, die der Wildform noch sehr nahe stehen, verfügen in der Regel nämlich über mehr würzige Inhaltsstoffe und Heilkräfte.

Revival alter Kräuterfreuden

Mit der neu entfachten Kräuterliebe feiern manche Arten ein fulminantes Comeback. Bärlauch, noch vor wenigen Jahren in der Küche nahezu unbekannt, gilt neuerdings nicht nur in Feinschmeckerrestaurants als en vogue, sondern wird mittlerweile auch in Brot, Wurst, Frischkäse und vielen anderen Nahrungsmitteln verarbeitet. Rucola, einst als Rauke vom Wegesrand gesammelt, ist heute in jedem Gemüseregal vertreten. Sauerampfer scheint gerade eine zweite Karriere zu starten, nachdem das würzige Kraut lange Jahre völlig von den Speisekarten verschwunden war. Die Aloe, früher oft auf der Fensterbank als Erste-Hilfe-Pflanze zu finden, wird neuerdings als pflegeleichte Zimmerpflanze unter dem Motto „back to the roots" angepriesen und als Wundermittel für gesundheitliche wie kosmetische Zwecke vermarktet. Eine Renaissance erleben auch Wildkräuter wie Hirtentäschel, Brunnenkresse oder Wegerich, die aber noch als Geheimtipp gehandelt werden.

Globalisierung im Kräuterreich

Zu den seit jeher im mitteleuropäischen Raum bekannten Kräutern kommen immer mehr Spezialitäten aus anderen Regionen und Kulturen der Welt. Nachdem die mediterranen Kräuter heute schon in vielen Küchen alltäglich sind, sorgen vor allem asiatische Gewürzpflanzen für neuen Gaumenkitzel. Ingwer, Blattkoriander, Thai-Basilikum oder Zitronengras erobern sich gerade einen Platz im Garten und auf der Fensterbank. Aber auch Kräuter aus Mittel- und Südamerika gewinnen hierzulande zunehmend an Bekanntheit, z. B. wird die Parakresse neuerdings als „Prickelknöpfchen" für besonderen Gaumenkitzel angepriesen, denn ihre Blätter und Blütenköpfe rufen im Mund ein leicht betäubendes, prickelndes Gefühl hervor.
Eine Neuentdeckung der letzten Jahre ist beispielsweise auch die Gattung *Agastache* aus der Neuen Welt. Alle Arten und Sorten besitzen duftende, zarte Blätter und Blüten, die Bienen und Schmetterlinge magisch anziehen. Wenn es z. B. ums Verscheuchen lästiger Stechmücken geht, ist die Moskitopflanze (→ Seite 97) ein absoluter Geheimtipp.
Weiterhin kommen jedes Jahr neue Züchtungen auf den Markt, etwa das Basilikum 'Rubin', eine rotblättrige Sorte mit einem geringen Anteil an grünen Blättern, oder das Zitronenbasilikum 'Sweet Dani' mit starkem Zitronengeschmack und hohem Gehalt an ätherischen Ölen. Stark im Aufschwung sind auch Basilikumformen in ungewöhnlichen Geschmacksrichtungen sowie verholzende Typen.

TIPP

NÜTZLINGE ANLOCKEN

Wenn Sie einige Kräuter blühen lassen und nicht ernten, helfen Sie Insekten wie Bienen, Schmetterlingen, Florund Schwebfliegen und holen sich Nützlinge in den Garten, was allen Pflanzen zugute kommt. Schwebfliegenlarven etwa vertilgen mit Vorliebe Blattläuse. Magnetisch angezogen werden Insekten von Doldenblütlern wie Dill, Anis und Kerbel, Lippenblütlern wie Zitronenmelisse, Oregano, Salbei und Minzen sowie Korbblütlern, z. B. Schafgarbe, Rainfarn und Wegwarte.

Angesichts des reichhaltigen Angebots an Kräutern kann man der Verlockung kaum widerstehen – und deckt sich reichlich ein.

Hier werden Wünsche wahr

• • • Nachfrage regelt das Angebot – das merkt man auch bei Kräutern. Der Handel antwortet darauf mit ständig wachsendem Sortiment.

ZAHLREICHE ANBIETER haben sich mittlerweile auf ein ausgesprochen breites Angebot aus geläufigen und weniger bekannten Kultur- und Wildarten sowie Raritäten spezialisiert.
In den Handel kommen dabei neben konventionell produzierter Ware immer mehr Pflanzen und Samen mit Gütesiegeln aus ökologischem oder kontrolliert biologischem Anbau, um dem wachsenden Verbraucherinteresse an gesunder Lebensweise gerecht zu werden.

Direkt vom Stand

Bei fix und fertig vorgezogener Ware im Topf ist zu unterscheiden, ob man sie wie Gemüse und Obst zum Sofortverzehr oder als Gartenpflanze erworben hat. Im ersten Fall sind die Kräuter im Plastiktopf meist noch von einer Kunststofffolie umhüllt. Darin aber beginnen sie schnell zu schwitzen und zu faulen – deshalb sollten Sie diese Kräuter gleich nach dem Einkauf auspacken. Oft kommen die Pflanzen auch aus dem Gewächshaus und sind entsprechend Wärme gewöhnt – bevor sie ins Freie umziehen, sollten sie erst abgehärtet werden. Ware vom Gärtner dagegen ist gewöhnlich robuster, weil im Freiland angezogen und schon besser bestockt, also kräftiger entwickelt. Dafür hat sie gemeinhin auch einen etwas höheren Preis. Doch zahlt sich dies durch zügiges Anwachsen aus, insbesondere im zeitigen Frühjahr oder im Herbst, wo die verzärtelten

• • • Thymian gibt es in so vielen Variationen, dass man sich eine an Farben und Düften abwechslungsreiche Beet-Sammlung anlegen kann.

Schon Jungpflänzchen in der Gärtnerei zeigen sich in ihrer ganzen Variationsbreite.

Gewächshauspflänzchen schnell unter kühlen Außentemperaturen leiden.
Beim Gemüsehändler, auf dem Wochenmarkt oder in der Supermarktabteilung: Neben den geläufigen Küchenkräutern lässt sich oft auch so manches exotische Kräutlein entdecken, z. B. Shiso oder Ananassalbei. Gärtnereien und Gartencenter halten insbesondere im Frühjahr, zur Hauptpflanzzeit, eine erweiterte Palette neuer und noch wenig bekannter Sorten bereit. Das größte Angebot an Heil- und Gewürzpflanzen sowie an ausgefallenen exotischen Arten bieten jedoch spezielle Kräutergärtnereien. Eine gute Gelegenheit zum Kräuterkauf eröffnen auch die vielen Gartenmärkte, die von Frühjahr bis Herbst an den verschiedensten Orten abgehalten werden. Und gar nicht selten führen örtliche Gartenbauvereine oder Verbände wie die der Landfrauen Pflanzenbörsen und -tauschmärkte durch, ebenfalls eine Fundgrube für Kräuter aller Art – wertvollen Erfahrungsaustausch gibt es dort noch gratis hinzu.

Kräuter per Paket

Spezialgärtnereien führen Kräuter in einer immens großen Auswahl an verschiedenen Sorten und versenden ihre Ware auch auf Wunsch. In aller Ruhe kann man seine Favoriten aus Katalogen aussuchen und bestellen, in der Regel auch online über das Internet. Adressen dieser überregionalen Anbieter finden Sie außer im Anhang (→ Seite 184) auch über Anzeigen in Gartenzeitschriften oder über Suchmaschinen im Internet.
Die Versandgärtnereien schicken die Pflanzen gut verpackt zu Ihnen, gewöhnlich während der üblichen Pflanzsaison im Frühjahr und Herbst. Im Sommer muss man damit rechnen, dass die Ware beim Transport durch Hitze Schaden nehmen kann. Stellen Sie sicher, dass die Sendung ohne Verzögerungen angenommen wird und packen Sie sie sofort aus. Für den Versand werden die Pflanzen zum Schutz extra zurückgeschnitten und fest verpackt. Trotzdem kann man nicht ausschließen, dass einzelne Blätter im Karton stark gepresst werden, wovon sich die Kräuter aber in der Regel schnell wieder erholen. Stellen Sie die Neuankömmlinge an einen geschützten, halbschattigen Platz, gießen Sie gut und pflanzen Sie sie baldmöglichst ins Beet oder in ein größeres Gefäß (→ Seite 58/59 und 62/63).

Duft und Würze aus der Tüte

Die meisten Kräuter bekommen Sie nicht nur als fertig vorgezogene Pflanzware, sondern auch als Samen. Vor allem bei ein- und zweijährigen Arten ist Saatgut sogar die geläufigere Handelsform. Samen sind ebenso wie Pflanzware bei vielen Anbietern erhältlich, hier gibt es wiederum Spezialanbieter, die meist auch versenden. Besonders selten gewordene Kräuter, alte Kultursorten sowie Wildarten bekommen Sie u. a. über Naturschutzverbände wie BUND oder NABU, die sich für die Erhaltung der Pflanzenvielfalt einsetzen (→ Seite 60/61). Auch bei ausgefallenen Arten und Sorten, Exoten und Neuzüchtungen muss man beim Kauf häufig auf Saatgut zurückgreifen, weil fix und fertig vorgezogene Pflanzen nur selten im Handel erhältlich sind.

➤ *Checkliste*

QUALITÄT ERKENNEN

Achten Sie beim Kauf auf:

- ✔ kräftigen, kompakten Wuchs
- ✔ möglichen Schädlingsbefall oder Krankheiten (Blattflecken, eingerollte Blätter)
- ✔ kräftige, helle und saftige Wurzeln, die nicht aus dem Topf herauswachsen und kein spiraliges Wurzelgeflecht am Topfboden bilden
- ✔ frisch nach Waldboden duftende Erde, die frei von Algen- oder Moosbewuchs ist
- ✔ unbeschädigte, ausführlich beschriftete Samentüten in Keimschutzverpackung mit Haltbarkeitsdatum und Keimgarantie
- ✔ kühle, dunkle und trockene Lagerung der Samentüten

Kultivieren und genießen

Grundlagen für gutes Gedeihen

Je nach Herkunft stellen Kräuter ganz unterschiedliche Ansprüche an ihren Standort. Werden ihre Bedürfnisse erfüllt, sind gesundes Wachstum und gehaltvolle Ernten garantiert.

Oft genügt Kräutern schon eine Fuge im Pflaster ...

Kräuter möchten – von einigen Ausnahmen abgesehen – möglichst sonnig stehen und geben sich mit einem eher mageren Boden zufrieden. Auch Trockenheit vertragen viele gut, insbesondere ausgesprochene Sonnenkinder. Andorn etwa reflektiert mit silbernem Flaum sengende Sonne, Tripmadam speichert in ihren fleischigen Blättern Wasser. Doch bevor man mit Kräutern ein Beet bestückt, ein Gefäß bepflanzt oder sie aus Samen anzieht, sollte man sich genau über die Wünsche der einzelnen Arten informieren – und diese dann auch erfüllen. Die Gewächse danken es durch üppigen Zuwachs, durch besonders kräftigen Duft und ausgeprägten Geschmack, kurzum: Sie kommen in jeglicher Hinsicht in Bestform.

Tolerant bis wählerisch

Manche Kräuter sind erstaunlich duldsam. Minzen, Beifuß oder Gänseblümchen etwa setzen sich an fast jedem Platz durch. Aber auch sie zeigen Unterschiede in der Vitalität, z. B. wird Minze auf trockenem Boden schnell rostig, bleibt das Gänseblümchen auf kargem Untergrund eher kümmerlich. Nicht optimal entwickelte Kräuter kann man natürlich trotzdem ernten und weiter verarbeiten. Einzig stark von Krankheiten befallene Exemplare sollte man nicht nutzen. Blätter mit ein paar Rostflecken, vergleichsweise kleine Blüten oder weniger aromatische Triebe sind durchaus genießbar, aber das Vergnügen daran leidet. Daher gebietet es die Gärtnerehre, den würzigen Pflanzen von der Aussaat bis zur Ernte beste Wachstumsbedingungen zu gewähren.

... oder eine Pflanzschale, um sich mit üppigem Wuchs von ihrer besten Seite zu zeigen.

Schnittlauch gehört zu den Kräutern, die einen eher feuchten, nährstoffreichen Boden bevorzugen.

Genügsam, aber nicht anspruchslos

Die meisten Kräuter gelten als unkompliziert und pflegeleicht – vorausgesetzt, ihnen sagen die Wachstumsbedingungen zu.

Jedes Kraut braucht einen optimalen Standort, um beste Erntequalität zu entwickeln. Entscheidenden Einfluss haben darauf die Temperatur-, Licht- und Bodenverhältnisse. Aber auch andere Faktoren wie eine gute Belüftung können die Pflanzen stärken und die Anfälligkeit für Krankheiten verringern. Stimmen die Voraussetzungen, zeigen sich die Pflanzen wuchsfreudig, bilden ihr volles Aroma aus und bleiben gesund. Es ist also wichtig, die Ansprüche der jeweiligen Arten zu kennen und darauf zu achten, dass die Bedürfnisse erfüllt werden. Aber selbst bei weniger guten Voraussetzungen können Sie die Bedingungen durch geeignete Maßnahmen verbessern.

Lebensfaktor Licht

Kräuter brauchen einen hellen Platz, wenn sie sich optimal entfalten sollen. Ideal ist ein Beet, das mindestens 4–5 Stunden pro Tag in vollem Sonnenlicht steht. Erst mit einer ausreichenden Photosyntheseleistung sind sie in der Lage, genügend Energie für ihren Stoffwechsel zu speichern. Falls die Pflanzen in Ihrem Garten nur wenig direktes Licht erhalten, sollten Sie sich besser auf Kräuter mit einer großen Blattoberfläche beschränken, etwa auf Sauerampfer, Melisse, Rucola, Minze oder Petersilie, die dank ihrer größeren Blattfläche auch mit geringerem Lichtangebot noch gut gedeihen können.

Helligkeit im Haus

Auch die Kräuter auf der Fensterbank im Haus sind äußerst lichthungrig und brauchen einen möglichst sonnigen Platz. Für viele Pflanzen ist es schon zu dunkel, wenn sie nur einen Meter vom Fenster entfernt stehen. Im Winter oder an dunklen Standorten ist eine spezielle Zusatzbeleuchtung empfehlenswert, die das für Pflanzen erforderliche Lichtspektrum aufweist.

Wärme wirkt Wunder

Auch die Temperatur wirkt sich entscheidend auf das Kräuterwachstum aus. Besonders Pflanzen aus südlichen Ländern sind auf warme Standorte angewiesen. Ein ideales Kleinklima für mediterrane Kräuter, wie Salbei, Thymian oder Rosmarin, herrscht z. B. vor einer hellen Südmauer, an der die Strahlen der Sonne reflektiert werden. Durch die Wärme, die die Steine aufnehmen, sind die Temperaturen hier auch höher als im übrigen Garten. An einem weniger geschützten, schattigen Platz bleiben sie dagegen klein und können sich nicht optimal entwickeln. Guten Schutz vor austrocknenden und eisigen Winden bieten auch Hecken und dichte, am besten noch von Kletterpflanzen berankte Zäune; allerdings dürfen sie den Kräutern nicht das Sonnenlicht wegnehmen. Auch eine Beetumrandung aus Steinen gibt nachts die gespeicherte Wärme an die Umgebung ab und bietet leicht fröstelnden Pflanzen auch bei kälteren Umgebungstemperaturen noch ein angenehmes Mikroklima.

Luft zum Atmen

Geschützt sollte der Standort sein, aber trotzdem gut belüftet, denn Kräuter brauchen viel frische Luft, in stickiger Atmosphäre leiden sie schnell. Außerdem vermindert es die Gefahr von Blattkrankheiten, wenn ein leichter Luftzug die Blätter nach einem Regenguss oder im morgendlichen Tau schnell trocknet. Achten Sie daher schon beim Einpflanzen auf ausreichende Abstände und eine optimale Höhenstaffelung. Jedes Exemplar soll sich unbedrängt von seinen Nachbarn entfalten können.

Guter Boden prägt das Aroma

Die Bodenverhältnisse sind für das Gedeihen Ihrer Gewürz- und Heilkräuter sehr wichtig (→ Seite 56/57). Gerade Pflanzen, die reich an ätherischen Ölen sind, benötigen eine gute Bodenqualität, denn von der Zusammensetzung der Erde hängt nicht zuletzt die Bildung der wertvollen Inhaltsstoffe ab. Lockerer, tiefgründiger Boden mit einem guten Humusanteil ist für die meisten Pflanzen ideal.

Staunässe vermeiden

Ein schwerer, lehmiger Boden bietet schlechte Voraussetzungen für das Kräuterwachstum und muss unbedingt mit Sand und Kompost aufgelockert werden (→ Seite 56/57). Überschüssiges Wasser kann dann schnell abfließen und die Wurzeln bleiben gesund. Bei Tonböden nützt auch das nichts mehr. Sie sind absolut ungeeignet für den Kräuteranbau. Am besten, Sie legen darauf ein Hochbeet an oder weichen auf Gefäßkultur aus.
Ein Hochbeet oder eine sonnige Böschung sind auch für mediterrane Kräuter ideal, die einen durchlässigen Boden brauchen, durch den das Wasser schnell versickern kann.
Würzige Pflanzen kommen generell mit Trockenheit besser zurecht als mit Staunässe. Im Kräutergarten brauchen Sie daher nur wenig zu wässern, wenn Sie den Boden regelmäßig mit der Hacke lockern. Dabei werden nämlich die Kapillaren (haarfeine Kanälchen in der Erde) unterbrochen, durch die das Bodenwasser nach oben steigt und verdunstet. Im Topf oder Balkonkasten trocknen Kräuter naturgemäß schneller aus, sodass Sie dort häufiger gießen müssen (→ Seite 66/67).

TIPP

GESCHICKT KOMBINIERT

Es gibt Kräuter, die sich gegenseitig fördern, und einige, die sich am Wachsen hindern. Wer naturnah gärtnern möchte, sollte für eine günstige Nachbarschaft sorgen. Besonders „grün" sind sich Salbei und Rosmarin, Koriander und Anis, Ysop und Weinrebe sowie Fenchel und Salbei. Lieber Abstand voneinander halten dagegen Basilikum und Weinraute, Pfefferminze und Kamille, Estragon und Petersilie, Zitronenmelisse und Indianernessel sowie Kümmel und Fenchel.

Regelmäßiges Lockern der Bodenoberfläche beugt Austrocknung vor. Dabei wird auch gleich aufkeimendes Unkraut entfernt.

So entsteht das Kräuterbeet

Ein sorgfältig und liebevoll hergerichtetes Beet ist die beste Garantie dafür, dass Ihre Kräuter gut gedeihen.

Eine akkurat geschnittene Buchshecke fasst das Kräuterbeet harmonisch ein.

Um eine Würz- und Duftoase im eigenen Garten zu verwirklichen, können Sie ein schon vorhandenes Beet umwidmen oder Kräuter zwischen die anderen Pflanzen setzen – das geht einfach und schnell. Selbst ein sonniges Rasenstück lässt sich mit etwas Aufwand in ein duftendes Kräuterreich verwandeln. Dazu müssen zuerst nur die Rasensoden abgestochen, entfernt und der Boden entsprechend aufbereitet werden.

Flächengröße und Grenzen

Wie groß Ihr Kräuterbeet wird, richtet sich nach Ihren persönlichen Wünschen und nach dem Platzangebot in Ihrem Garten. Schon in einem kleinen Küchenkräutergarten mit nur etwa 2 Quadratmetern Fläche finden bis zu 20 Pflanzen Platz – je nach Ausbreitungsdrang der einzelnen Arten. Wer mehr Platz hat, sollte ruhig 20 Quadratmeter für sein Kräuterrefugium einplanen. In dieser Größenordnung kann man schon eine recht breite Auswahl an Würz- und Heilkräutern anbauen und sie sogar noch um eine Reihe wohlschmeckender Teekräuter (→ Tabelle Seite 127) ergänzen. Außerdem bleibt von der Kräuterernte dann auch genügend für eine Vorratshaltung übrig.

Die Form festlegen

Wie Sie Ihre Beete anlegen, hängt von Ihrem persönlichen Geschmack ab (Gestaltungsideen → Seite 20 ff.). Haben Sie sich für eine Form entschieden, markieren Sie die Flächen für die Beete und Wege mit einer Schnur und mehreren Holzpflöcken. Soll Ihr Beet rund werden, verwenden Sie Pflock und Schnur wie einen Zirkel und markieren Sie entlang der Außenlinie mit Sand, Gesteins- oder Sägemehl einen sichtbaren Kreis auf dem Boden. Dann werden die Beetränder entlang der gespannten Schnur bzw. des gezogenen Kreises abgestochen. Die Erde lagert man vorübergehend in der Beetmitte und arbeitet sie später wieder ein, Rasensoden dürfen allerdings nicht mehr mit eingegraben werden. Lockern Sie die Erde des künftigen Kräuterbeetes gut mit einer Grabegabel auf, sodass auch tiefere Bodenschichten belüftet werden und das Wasser gut ablaufen kann. Bei großflächigen Beeten sollten Sie jetzt auch noch zusätzliche, 20–40 cm breite Wege anlegen, bzw. Trittplatten einsetzen.

Einen duftenden Rahmen geben

Schön wird so ein Kräuterbeet erst mit dem richtigen Rahmen. Besonders hübsch wirken lebende Beeteinfassungen, wie eine Bordüre aus immergrünem Buchs. Diese alte Kultur-

pflanze passt sehr gut zu Kräutern und Gewürzen und verströmt selbst einen würzigen Duft. Buchs gedeiht sowohl an sonnigen wie auch an schattigen Stellen und kommt sogar mit kargen, steinigen Böden zurecht. Außerdem kann der kleine Strauch sehr alt werden. Sie sollten ihn aber mindestens einmal im Jahr ordentlich zurückschneiden. Setzen Sie die Pflänzchen im Abstand von 15 cm im Oktober/November oder im März/April.
Ebenso können Sie auch Kräuter wie Eberraute, Lavendel, Heiligenkraut, Weinraute, Currykraut oder Ysop als Beeteinfassung verwenden. Sie lassen sich genauso zu duftenden Hecken zurechtschneiden (→ Seite 68/69). Auch Basilikum, Schnittlauch oder Petersilie können Sie als Umrandung pflanzen.

Massiver Rundumschutz

Der natürliche Werkstoff Holz passt ideal zu Kräutern. Blockbohlen, Palisaden oder Planken wirken neben Pflanzen besonders harmonisch und halten länger als 10 Jahre, wenn Sie kesseldruckimprägniertes oder Hartholz (etwa Eiche) verwenden. Im einfachsten Fall werden Blockbohlen einfach auf den Boden gelegt oder aber mit so genannten Erdnägeln, das sind längere Stahlstäbe in der Art von Heringen (für Zelte), im Erdboden fixiert.
Steine sind dauerhafter und geben einen reizvollen Rahmen für Kräuterbeete ab. Warum nicht einfach größere Feld- oder Flusssteine sammeln und diese um die Kräuterbeete anordnen? Wer es geradliniger und ordentlich liebt, kann sein Beet mit Pflaster- oder Klinkersteinen umgeben, die allerdings frostsicher einzementiert werden müssen. Auch alte Dachziegel eignen sich hervorragend, sie werden einfach dicht an dicht nebeneinander in den Boden gesteckt.
Einen romantischen Touch bekommen die Kräuterbeete mit einer Umrahmung durch gusseiserne Steckelemente, die man im Fachhandel passend in der erforderlichen Stückzahl kaufen kann. Sehr edel wirken flexible Edelstahlkanten zum Stecken – diese sind besonders einfach und schnell zu installieren und jeder beliebigen Form anzupassen. Der Fantasie sind letztlich keine Grenzen gesetzt. Selbst leere Glasflaschen, kopfüber in einer Reihe um das Beet versenkt, ergeben eine außergewöhnlich attraktive Einfassung.

TIPP

STEINPLATTEN: VON DOPPELTEM NUTZEN

Setzen Sie Steinplatten zwischen Ihre Kräuter im Beet – davon haben sowohl Sie als auch die Kräuter etwas: Sie kommen jederzeit an alle Pflanzen heran und tun sich beim Rückschnitt oder bei der Ernte leichter. Und Ihre Kräuter profitieren von der gespeicherten Sonnenwärme, durch die die Steine wie eine Heizung wirken und die Wärme vor allem nachts an die Kräuter in unmittelbarer Nähe abgeben.

1 *AUF ZACK*
Rechteckige Wegplatten aus Klinker werden diagonal in den Boden gesteckt.

2 *VERFLOCHTEN*
Lange Weiden- oder Haselruten bilden ein natürliches Flechtwerk um hölzerne Pfosten.

3 *STABIL*
Stecksysteme aus robustem Material sorgen für Ruhe und Ordnung im kunterbunten Mix.

4 *VERLOCKEND*
Kräuter werden als Umrandung zu Grenzgängern im Beet und sind so auch leicht zu ernten.

➤ *Praxis*

Den Boden vorbereiten

• • • Die Grundlage für gutes Gedeihen liegt den Kräutern quasi zu Füßen. Der Schlüssel dazu sind die Bodenverhältnisse an ihrem Standort. Mit bodenverbessernden Maßnahmen können Sie geeignete Voraussetzungen schaffen.

Beetfläche markieren
1
Schlagen Sie Pflöcke ein und spannen Sie daran eine Schnur für den Beetumriss.

Ränder abstechen
2
Stechen Sie die Beetränder mit dem Spaten ab und werfen Sie die Erde in die Beetmitte.

BODEN IST NICHT gleich Boden. In der Zusammensetzung und dem Anteil bestimmter Materialien gibt es eklatante Unterschiede. Sie haben einen entscheidenden Einfluss auf die Bodenart und damit auf die wichtigsten Eigenschaften wie Durchlüftung, Wasserhaltekraft oder Nährstoffbindung.

➤ **Sandböden** enthalten vor allem gröbere Teilchen, sind gut durchlüftet, trocknen aber rasch aus.

➤ **Tonböden** haben viele feinste Anteile und halten das Wasser gut fest, neigen aber zu Staunässe.

➤ Bei **Lehmböden** halten sich grobe, feine und mittlere Körner die Waage.

Der ideale Boden

Für die meisten Pflanzen ist sandiger, gut durchlässiger Lehm mit einem hohen Humusanteil optimal. Humus ist der meist dunkel gefärbte, von Milliarden Mikroorganismen bevölkerte Bodenanteil und im Wesentlichen für die Bodenfruchtbarkeit verantwortlich. In humusreichen Böden sind Durchlüftung, Wasserverteilung und Nährstoffversorgung ausgeglichen.

Bodenverbessernde Maßnahmen

Magere, sandige Böden erwärmen sich leicht, trocknen aber schnell aus, da sie kaum Wasser speichern können. Auch Nährstoffe werden rasch wieder ausgewaschen. Um hier anspruchsvollere Arten wie Schnittlauch oder Liebstöckel zu kultivieren, können Sie zur Bodenverbesserung regelmäßig reifen Kompost und Tonmehl einarbeiten.

Tonige Erde, die oft noch nass, kalt und undurchlässig ist, neigt zu Staunässe und eignet sich allenfalls für die Kultur von Spezialisten wie Löffelkraut oder Meerrettich. Böden wie diese müssen vor der Bepflanzung mit Sand und Kies aufgelockert werden. Zur Bodenverbesserung empfehlen sich auch regelmäßige Laubkompostgaben. In warmen, niederschlagsarmen Gebieten zeigt sich das andere Extrem: Der Boden trocknet schnell aus, wird hart und bekommt Risse. In diesem Fall hilft eine dünne Mulchschicht (→ Seite 67) den Boden feucht zu halten.

Die Bodenart prüfen

Die einfachste Methode zur groben Einschätzung der Bodenart ist die **Fingerprobe**. Nehmen Sie dazu eine Hand voll leicht feuchte Erde und drücken Sie sie zusammen. Lässt sich die Probe nicht formen und rieselt sie durch die Finger, ist der Sandanteil hoch. Schwere, tonreiche Böden lassen sich zu einer Wurst kneten, die kaum zerkrümelt und die Fingerrillen füllt. Humoser Lehmboden wiederum zerfällt zwischen den Fingern in lockere Krümel.

Genauso einfach können Sie auch eine **Schlämmprobe** durchführen: Dazu geben Sie eine Hand voll Erde in ein fest verschließbares Schraubglas, füllen es mit Wasser auf, schütteln alles kräftig durch und stellen das Glas ab. Nach einer Weile können Sie beobachten, ob sich die Bodenteilchen absetzen:

➤ Je dunkler das Wasser wird und je mehr grobe Teilchen aufschwimmen, desto mehr Humus enthält die Probe.

➤ Klärt sich das Wasser rasch und sinkt die Erde schnell ab, ist das ein Zeichen für einen hohen Sandanteil.

➤ Bleibt das Wasser anhaltend trüb und setzt sich auch nach Stunden nicht ab, liegt tonhaltiger Boden vor.

Der pH-Wert als Schlüssel

Auch den Säuregrad des Gartenbodens können Sie ermitteln – mithilfe eines einfachen Testsets aus dem Fachhandel. Als Maßeinheit dient der pH-Wert. Er reicht von 0 (stark sauer) bis 14 (stark basisch). Für die meisten Kräuter ist ein pH-Wert zwischen 6 und 7 ideal, also ein leicht basischer Boden, der kalkhaltig ist. Mit Gaben von Algenkalk oder kohlensaurem Kalk kann der pH-Wert gehoben, mit Rhododendronsubstrat, Koniferennadeln oder Kaffeesatz leicht abgesenkt werden.

Unter die Lupe nehmen

Man kann seine Gartenerde auch im Labor untersuchen lassen. Dazu entnimmt man an mehreren Stellen des Beets etwas Erde (insgesamt ca. 500 g), mischt die Proben und schickt sie an ein Labor, z. B. an eine Landwirtschaftliche Untersuchungs- und Forschungsanstalt (LUFA) oder andere Institute (Adressen → Seite 184, „Gelbe Seiten“ oder Internet). Die Kosten betragen je nach Aufwand ab etwa 10 Euro.

Bestens vorbereitet

Im Herbst ist die optimale Zeit für bodenverbessernde Maßnahmen, etwa um eine **Gründüngung** zu säen, die sich positiv auf die Bodenstruktur auswirkt. Senf z. B. regeneriert das Bodenleben, Klee reichert die Erde mit pflanzenverfügbarem Stickstoff als natürlichem Dünger an. Die Wurzeln von Gründüngungspflanzen lockern die Bodenstruktur auf, ihre Reste werden in den Boden eingearbeitet und dort zu Humus. Positiv wirkt sich auch das **Mulchen** aus (→ Seite 67): Dazu wird das Beet im Herbst von Unkraut befreit, gehackt und mit einer Schicht aus Grobkompost bedeckt. Da Kompost nicht nur die Bodenstruktur verbessert, sondern auch als Dünger wirkt, sollten Sie nicht mehr als eine 2 cm hohe Schicht pro Jahr ausbringen, das entspricht ca. zwei Schaufeln pro Quadratmeter. Darüber kommt z. B. Rasenschnitt gemischt mit Laub. Unter einer solch schützenden Decke sind Regenwürmer und Mikroorganismen auch noch bei leichtem Frost aktiv – die Erde bleibt feucht und locker. Im Frühjahr entfernen Sie dann den Rest der Mulchdecke. Die Maßnahme aktiviert das Bodenleben und reichert die Erde mit Humus an. Vor der Pflanzung (→ Seite 58/59) lockern Sie die Erde, um für eine feinkrümelige Struktur und guten Wasserabfluss zu sorgen.

➤ *Praxisinfo*

GUTE GRUNDLAGEN SCHAFFEN

Zeitbedarf:
✗ für ein 5 m^2 großes Beet ca. 3 Std.

Material:
✗ Sand, Splitt, Kompost und anderes Material zur Bodenverbesserung

Werkzeug, Zubehör:
✗ Schnur
✗ Hammer
✗ Holzpflöcke
✗ Spaten
✗ Grabegabel oder Gartenkralle
✗ Rechen

3 *Boden sorgfältig lockern*
Schweren Boden graben Sie erst um, leichten Boden lockern Sie gleich mit der Grabegabel.

4 *Boden verbessern*
Verteilen Sie Material zur Bodenverbesserung und arbeiten Sie es mit der Grabegabel ein.

5 *Beetoberfläche rechen*
Fahren Sie mit dem Rechen über die Erde, bis die Oberfläche feinkrümelig und glatt ist.

Praxis

Die Pflanzen einsetzen

Das Pflanzen der Kräuter ist stets ein besonderer Moment – und wahrhaft ein sinnliches Vergnügen, denn man „begreift" die Gewächse dabei mit Händen, Augen und Nase. Für einen guten Start im Beet ist das richtige Einsetzen sehr wichtig.

Praxisinfo

INS BEET PFLANZEN

Zeitbedarf:
- ✗ pro Pflanze 10–15 Min.

Material:
- ✗ selbst gezogene oder gekaufte Kräuter im Topf
- ✗ Material für Wurzelsperre

Werkzeug, Zubehör:
- ✗ Eimer mit Wasser
- ✗ Handschaufel
- ✗ Gießkanne
- ✗ Pflanzetiketten

DIE BESTE ZEIT zum Pflanzen ist das Frühjahr, sobald sich der Boden gut erwärmt hat. Als Signal kann die Löwenzahnblüte dienen – in der Regel die Zeit zwischen Mitte bis Ende April. Jetzt können alle ausdauernden Kräuter sowie robuste, nicht kälteempfindliche Einjährige ins Freie. Bis zum Sommer haben sie sich so weit etabliert, dass sie Hitze und Trockenheit gut überstehen. Bei nicht frostharten Kräutern wie Basilikum oder Kapuzinerkresse wartet man noch die Eisheiligen (Mitte Mai) ab, da blüht gewöhnlich der Flieder.
Ausdauernde und winterfeste Stauden kann man auch im Herbst pflanzen, wenn sich das Laub der Bäume verfärbt und die oberirdischen Teile der Pflanzen einziehen. Dann geht die ganze Kraft in die Wurzeln der Kräuter, und sie treiben im Frühjahr des kommenden Jahres besonders kräftig aus.
Grundsätzlich können Sie Pflanzen im Topf oder Container die ganze Vegetationszeit über einpflanzen. Alle Pflanzarbeiten sollten aber nach Möglichkeit an einem milden Tag bei bedecktem Himmel durchgeführt werden.

Ab ins Beet

Verteilen Sie die Pflanzen zunächst mit entsprechendem Pflanzabstand auf dem Beet. So bekommen Sie einen ersten Eindruck von der gewünschten Anordnung und können bei Bedarf noch korrigieren.
Achten Sie immer auf genügend große Zwischenräume, damit besonders mehrjährige Kräuter, wenn sie ihre endgültige Größe erreicht haben, noch genug Luft und Licht bekommen. Unterschätzen Sie die Kräuter nicht! Einige von ihnen, wie Beifuß, machen sich gern breit. Man kann sich an folgende Faustregel halten: Die Hälfte der endgültigen Wuchshöhe entspricht dem Pflanzabstand.
Bevor Sie die Kräuter aus ihren engen Töpfen befreien, tauchen Sie sie so lange in einen Eimer mit Wasser, bis keine Blasen mehr aufsteigen. Dabei saugt sich der Wurzelballen voll, löst sich dann leichter aus dem Gefäß, und die Pflanze leidet nach dem Einpflanzen nicht unter Trockenstress.
Nehmen Sie die Pflanze dann vorsichtig aus ihrem Behälter. Halten Sie sie dabei kopfüber, klopfen Sie auf den Gefäßboden und drehen Sie den Topf. Wurzeln mit Drehwuchs, verletzte und verfaulte Wurzelteile schneiden Sie mit einer scharfen Rosenschere ab. Einen stark verfilzten Wurzelballen stechen Sie am besten mit der Handschaufel mehrmals seitlich ein, sonst reißen Sie ihn mit den Händen etwas auf.

Das Grüne nach oben

Heben Sie für jede Pflanze mit einer Handschaufel ein Loch aus, das etwas breiter und auch tiefer ist als der Wurzelballen. Lockern Sie die Sohle sowie die Ränder des Pflanzlochs, indem Sie mit der Handschaufel mehrmals in die Erde stechen. Setzen Sie die Pflanze ebenso tief in die Erde, wie sie zuvor im Topf stand, füllen Sie eventuell vorher etwas lockeres Substrat ein. Die Wurzeln dürfen nicht gestaucht werden – lieber das Loch vergrößern. Füllen

Sie das Pflanzloch um die Pflanze mit der gelockerten Aushuberde auf und drücken Sie dann die Erde mit den Händen fest an. Nach dem Einpflanzen müssen Sie wässern, selbst an regnerischen Tagen. Gießen Sie jede einzelne Pflanze so lange, bis das Wasser nur noch langsam absickert. Erst dadurch bekommen die Wurzeln überall innigen Kontakt mit der Erde und können sofort weiterwachsen. Auch in den kommenden Wochen sollten Sie das Gießen nicht vergessen und die Kräuter stets leicht feucht halten.

Wildwuchs zähmen

Wuchernden Arten wie Minzen oder Estragon verpassen Sie am besten eine Wurzelsperre – sie machen sich mit ihren Wurzelausläufern sonst bald überall im Garten breit. Besonders bei kleinen Gärten ist es ratsam, solche Arten etwa mit einem wasser- und luftdurchlässigen Pflanzbeutel aus speziellem Gewebe (im Fachhandel, vor allem für Bambus angeboten) zu pflanzen, der sie an ihrem Ausbreitungsdrang hindert. Alternativ kann man die Wucherer in ein in die Erde eingesenktes Gefäß pflanzen, von dem man vor dem Einsetzen den Boden entfernt, etwa einen großen Eimer oder einen stabilen Pflanzkübel. Ein senkrecht eingegrabener, 40–50 cm breiter Streifen aus wurzelfester Teichfolie um die Pflanzstelle tut es ebenso.

Was wächst wo?

Vergessen Sie zum Abschluss die Pflanzetiketten nicht. So wissen Sie immer, welches Kraut an welcher Stelle wächst, zudem sind sie ein hübscher Schmuck. Es gibt im Gartenfachhandel eine reiche Auswahl, von kunstvoll mit dem Kräuternamen versehenen Email- oder Porzellantäfelchen bis zu fertigen Stecketiketten aus Kunststoff oder Metall, die Sie mit einem wasserfesten Stift selbst beschriften können. Handwerklich Begabte können sich die Namen in ein Holzschildchen mit einem Lötkolben einbrennen. Witzig sind bemalte Kochlöffel, edle Metallfähnchen mit eingeritzten Namen, ausgefallene, aus Ton gebrannte oder aus Bastelmasse gefertigte Namensschilder. Wichtig ist immer, dass das Material wetterfest ist und die Beschriftung darauf dauerhaft gut erkennbar bleibt.

Pflanze austopfen 1

Halten Sie die Pfanze kopfüber und klopfen Sie sachte auf die Topfunterseite bis sich der Wurzelballen löst.

Wurzeln auflockern 2

Trennen Sie beschädigte Wurzelteile ab und lockern Sie die Erde um den Wurzelballen mit den Händen auf.

Pflanze einsetzen 3

Setzen Sie die Pflanze in ein geräumiges Pflanzloch, in dem sie genauso tief steht wie vorher im Topf.

Sorgfältig einbetten 4

Füllen Sie das Pflanzloch mit der zuvor ausgehobenen Erde auf und drücken Sie sie rund um die Pflanze fest.

➤ *Praxis*

Nachwuchs aus der Tüte

• • • Viele Kräuter sprießen willig aus Samen, vor allem ein- und zweijährige Arten. Eine Aussaat empfiehlt sich immer dann, wenn man in kurzer Zeit kostengünstig reichlich Kräuter-Nachwuchs braucht. Und überhaupt – nichts geht über Kräuter aus eigener Anzucht!

Freilandsaat in Reihen 1
Die Samen streut man in vorbereitete Saatrillen, zieht Erde darüber, drückt sie an und gießt.

Saat mit Vorkultur 2
Man verteilt Samen in Saatschalen mit Anzuchterde, bedeckt sie mit Erde und befeuchtet sie.

Statt bereits vorgezogene Kräuter im Topf zu kaufen, können Sie nicht nur kurzlebige, sondern auch viele ausdauernde Arten selbst aus Samen ziehen. Manche Arten, wie Kronenwucherblume oder Bockshornklee, werden zudem kaum als vorgezogene Pflanzware angeboten. Unter den bunten Samentüten entdeckt man bisweilen auch Spezialitäten, wie dunkelrotes Basilikum oder groblaubigen Schnittlauch.

Keimfähigkeit erkennen

Saatgut bekommt man im Fachhandel und während der Saatzeit auch im Supermarkt (→ Seite 47). Kaufen Sie nur Qualitätssaatgut in Keimschutzverpackungen. Bis zu dem darauf angegebenen Datum wird eine Keimrate von 75–90 % garantiert. Natürlich können Sie Samen auch von Ihren Pflanzen, z. B. Kümmel, Dill und vielen Wildkräutern ernten. Allgemein gilt: Solange sie duften, sind Samen keimfähig.

Der beste Zeitpunkt

Zwei Möglichkeiten gibt es zur Aussaat: Entweder man sät an Ort und Stelle ins Freie oder aber in Vorkultur in einem Gefäß auf der Fensterbank. Für Freilandsaat sollte die Erde im Beet feinkrümelig, mäßig feucht und warm genug sein (→ Seite 54–57). Kälteunempfindliche Arten wie Kerbel oder Kresse können schon ab März/April draußen gesät werden, einige Zeit später auch Ringelblumen, Dill und Fenchel. Mit wärmebedürftigen Arten wie Majoran oder Basilikum sollten Sie bis Ende Mai warten. Im Schutz eines Folientunnels oder unter Vlies kann man das Aufgehen fördern, und die Sämlinge sind vor Starkregen und Kälte geschützt.

Vorkultur im Haus

Auf der Fensterbank im Haus können Sie bereits ab Februar mit der Aussaat von Arten beginnen, die zur Keimung sehr viel Wärme benötigen und eine lange Entwicklungszeit haben. Sie kommen erst ins Freie, wenn die Witterung für sie günstiger wird. Mit der Vorkultur verkürzen Sie sich auch die Wartezeit bis zur ersten Ernte. Für die Indoor-Kinderstube empfehlen sich Minigewächshäuser, das sind Anzuchtschalen mit passender Abdeckhaube. Darin herrschen die zur Keimung ideale Wärme und Feuchtigkeit. Bei Heranwachsen der Sämlinge müssen Sie zunehmend lüften, um die Pflanzen abzuhärten.

Gute Voraussetzungen

Damit sich aus Samen Pflanzen entwickeln, benötigen sie außer Wärme und Feuchtigkeit auch ein geeignetes Substrat, in dem sie Wurzeln schlagen können, am besten feinkrümelige, nährstoffarme Erde. Düngen Sie deshalb das Beet nicht frisch auf; Kompost sollte schon im Herbst vorher eingearbeitet worden sein. Für die Anzucht in Gefäßen verwenden Sie am besten spezielle Aussaaterde, die im Gegensatz zu normaler Pflanzerde ungedüngt ist.

So wird gesät

Die Samenkörner bringt man mit reichlich Abstand aus, entweder breitwürfig oder in Reihen. Breitwürfig bedeutet möglichst gleichmäßig und dünn über die Fläche verteilt, wie mit Schwung breit hingeworfen – dies empfiehlt sich vor allem für feine Samen wie von Bohnenkraut oder Königskerze. Bei der Reihensaat zieht man gerade, flache Rillen, in welche die Samen gestreut oder gelegt werden, was vor allem mit großen Körnern (z. B. Anis) bestens klappt. Drücken Sie sie leicht an und streuen Sie etwas Erde darüber. Als Faustregel gilt: Man bedeckt den Samen doppelt so hoch mit Erde, wie er groß ist. Es gibt jedoch Ausnahmen:

➤ **Lichtkeimer** wie Kümmel werden nicht bedeckt, sondern nur angedrückt.

➤ **Dunkelkeimer** wie Borretsch sollten 3 bis 4-mal so hoch bedeckt werden.

Die Saat wird dann vorsichtig mit einer feinen Brause durchfeuchtet. Vergessen Sie nicht, die Pflanzen zu beschriften, damit Sie wissen, was an welcher Stelle sprießt. Beschriften Sie Stecketiketten mit wasserfestem Stift oder stecken Sie das Samentütchen daneben.

Die richtige Temperatur

In der Regel ist im Beet ebenso wie in Saatgefäßen ein feuchtwarmes Milieu zum Keimen ideal. Gleichmäßige Wärme um 15–20 °C und ein heller Platz sind optimal. Sehr wärmebedürftige Pflanzen wie Basilikum mögen noch höhere Temperaturen. Anders verhält es sich mit Frostkeimern wie Schlüsselblumen. Deren Samen keimen nur, nachdem sie Kälte ausgesetzt waren. Man sät sie deshalb im Herbst ins Freiland.

Platz zum Wachsen

Wenn sich nach ca. 3–5 Wochen die ersten richtigen Laubblätter zeigen, müssen zu dicht stehende Sämlinge pikiert (vereinzelt) werden, denn die Pflanzen brauchen Platz, um sich weiter entwickeln zu können. Fahren Sie dazu mit einem Pikierstab vorsichtig unter die Jungpflanzen und hebeln sie mit der Wurzel heraus. Pflanzen Sie sie in einen eigenen Topf oder mit ausreichendem Abstand ins Beet, drücken Sie sie vorsichtig fest und gießen Sie sie.

➤ *Praxisinfo*

VORKULTUR IM HAUS

Zeitbedarf:
✗ für die Aussaat: 15–20 Min. je Anzuchtschale
✗ fürs Pikieren: 20–30 Min. je Anzuchtschale

Material:
✗ Saatgut
✗ Aussaaterde
✗ Anzuchtschale mit Abdeckhaube
✗ kleine Pflanztöpfe (bis 10 cm Durchmesser)
✗ Klarsichtfolie, Gummiband

Werkzeug, Zubehör:
✗ Wasserzerstäuber, Gießkanne mit feiner Brause
✗ Pikierstab, ersatzweise Bleistift oder dicke Stricknadel
✗ Etiketten, wasserfester Stift

3 *Einzelsaat*
Große Samen werden einzeln in einen Topf mit Aussaaterde oder in Torfquelltöpfe gesteckt.

4 *Pikieren*
Mit einem Pikierstab wird der Sämling samt Wurzel vorsichtig herausgehebelt.

5 *Neu einpflanzen*
Setzen Sie die Sämlinge einzeln in Töpfe um. Bohren Sie dazu mit dem Stab ein Pflanzloch vor.

Überschaubare Gefilde: in Topf und Kasten

Wer keinen Garten hat, braucht auf Kräuter nicht zu verzichten. Fast alle gedeihen auch prima in Kästen und Töpfen.

Gusseiserne Topfhalter heben die Kräuterschönheiten vom Boden empor – so werden sie gleich paarweise zum verdienten Blickfang im Garten.

Kräuter entwickeln in Gefäßen das gleiche würzige Aroma wie ausgepflanzt im Garten – vorausgesetzt, der Standort stimmt. Nur wachsen sie im Topf nicht ganz so üppig, da der Raum für die Wurzeln begrenzt ist. Dafür können Sie den Kräutergarten im Topf jederzeit nach Lust und Laune neu arrangieren.

TIPP

AUSSAAT AM LAUFENDEN BAND

Um die Aussaat zu erleichtern, werden von einigen Kräuterarten Saatbänder angeboten. Die Samenkörner sind im richtigen Abstand voneinander zwischen zwei Lagen Zellstoff eingebettet, der sich allmählich auflöst. Sie sparen sich damit das Vereinzeln. Saatbänder gibt es sogar mit Kräutermischungen, da sprießen aus einem Streifen gleich mehrere Köstlichkeiten. Ebenso einfach geht es mit Saatscheiben. Sie werden auf das Substrat im Topf gelegt, gut angefeuchtet und dünn mit Erde bedeckt.

Kräuter mobil

Geschützt vor Wind und Wetter unter einem Dachvorsprung, oder vor einer wärmenden Südwand, stehen Kräuter in Gefäßen ideal – vor allem tropische und mediterrane Köstlichkeiten. Robustere Gewächse können auch in Balkonkästen an Brüstungen, in Schalen auf Balustraden oder in Ampeln gepflanzt werden. Auch eine Etagere ist geeignet: Dort bekommen alle Pflanzen genügend Licht und Luft.

Das passende Gefäß

Ein dem jeweiligen Wachstum angemessenes Gefäß ist unabdingbar, damit Kräuter sich optimal entfalten können. Klein bleibende Arten wie Kresse geben sich mit flachen Schalen zufrieden, während wuchsstarke, mit den Jahren ausladend werdende Kräuter wie Minze, Melisse, Estragon und Salbei große Gefäße benötigen. Erfahrungsgemäß brauchen die Wurzeln einer Pflanze ebenso viel Platz wie ihre oberirdischen Teile – dies gibt Ihnen einen guten Anhaltspunkt, welches Volumen der richtige Topf haben sollte.

Aus welchem Material die Gefäße sein sollen, können Sie frei entscheiden. Ton und Terrakotta passen sehr gut zu Kräutern, zudem sind sie atmungsaktiv und lassen viel Luft in den Wurzelraum. Neue Tontöpfe sollten über Nacht in einen Eimer mit Wasser gelegt werden, damit sie sich voll saugen können – sonst wird das Wasser vom ersten Gießen in den Ton gezogen und für die Wurzeln bleibt kaum etwas übrig. Auch Kunststoff, Metall und Steingefäße sind geeignet, solange sie ein Abzugsloch haben, durch das überschüssiges Wasser abfließen kann. Wollen Sie die Gefäße auch im Winter

im Freien lassen, achten Sie unbedingt darauf, dass sie frostfest sind, und stellen Sie sie auf Füßchen oder Styropor, damit etwas Abstand vom kalten Boden bleibt.
Decken Sie die Abzugslöcher mit Tonscherben, etwa von einem zerbrochenen Blumentopf, ab, so verstopfen sie nicht und das Substrat wird nicht ausgeschwemmt. Sollen die Kräuter für mehrere Jahre im Topf bleiben, füllen Sie zusätzlich eine Dränageschicht aus Blähtonkügelchen oder Kies ein und decken diese noch mit einem Vlies ab.

Alles Gute für die Wurzeln

Als Substrat verwenden Sie am besten hochwertige, möglichst torffreie Kräutererde, die besonders locker und nur mild aufgedüngt ist. Handelsübliche Blumenerde sollten Sie mit Sand abmagern (im Verhältnis 2:1). Für nährstoffbedürftige Arten wie Schnittlauch oder Petersilie können Sie eine übliche Pflanzerde pur nehmen. Bei Arten wie Thymian oder Oregano, die magere, steinige Erde mögen, mischen Sie zusätzlich noch feinen Kies, Splitt und/oder Lavagrus hinzu.
Sie können sich das Substrat auch selber mischen: aus je einem Drittel leichter Gartenerde, reifem Kompost und Sand. Ganz hervorragend eignet sich übrigens Erde von Maulwurfshügeln, die nur mit etwas Sand vermengt zu werden braucht.

Pflanzen und säen

Beim Einpflanzen füllen Sie das vorbereitete Gefäß etwa zu einem Drittel mit Substrat. Setzen Sie die ausgetopfte Pflanze ein (Wurzelballen vorher etwas auflockern, → auch Seite 58/59) und füllen Sie mit Substrat auf. Stoßen Sie die Pflanze samt Gefäß ein paar Mal auf die Arbeitsfläche, damit sich Hohlräume schließen. Drücken Sie alles behutsam, aber nachdrücklich fest – die Substratoberfläche sollte dann etwa 2 cm unterhalb des Topfrandes liegen und die Pflanze ebenso tief stehen wie vorher. Jetzt müssen Sie nur noch gut angießen. An heißen Sommertagen stellen Sie die frisch eingetopften Kräuter zunächst in den Schatten.
Zwei bis drei Jahre können Ihre mehrjährigen Gewürzschönheiten in den Töpfen bleiben, dann sollten sie in ein etwas größeres Gefäß mit frischem Substrat umgetopft werden.
Beim Säen gehen Sie vor, wie im vorherigen Kapitel beschrieben (→ Seite 60/61). Empfindliche Arten ziehen Sie am besten in Vorkultur an und topfen sie dann in die endgültigen Gefäße, wenn sie sich kräftig entwickelt haben. Robuste Arten können Sie direkt im ausgewählten Gefäß säen – zu dicht stehende Keimlinge müssen Sie dann nur noch ausdünnen.

Einfacher geht's nicht: Auf Saatscheiben sind die Kräutersamen schon im richtigen Abstand in ein Vlies eingebettet, das für die verschiedenen Topfgrößen bereits passend zugeschnitten ist (→ Tipp).

Das A und O der Pflege

Die meisten Kräuter erfordern zwar nur wenig Aufwand, mit ein wenig Aufmerksamkeit und liebevoller Pflege laufen sie aber erst so richtig zur Höchstform auf. Dann entwickeln sie ihr unvergleichliches Aroma, gedeihen prächtig und bleiben Krankheiten gegenüber resistent.

Gesunde Pflanzen und eine reiche Ernte – das ist der Traum eines Kräutergärtners. Jeder kann sich ihn erfüllen, denn Kräuter verlangen weder viel Zeit noch Mühe. Zu den regelmäßig anfallenden Arbeiten im Kräutergarten gehören vor allem Gießen, Düngen und Zurückschneiden. Kälteempfindliche Arten brauchen im Winter eine wärmende Abdeckung oder müssen ins Haus geholt werden. Und wenn Sie gar nicht genug von Ihren Kräutern bekommen, können Sie bewährte und kostbare Pflanzen auf verschiedene Weise vermehren.

Arbeiten im Kräutergarten

Starten Sie die Kräutersaison im Frühling, indem Sie mehrjährige Pflanzen zurückschneiden (→ Seite 68/69). Dabei entfernen Sie alle abgestorbenen Teile der Kräuterstauden. Bei den Halbsträuchern wie Lavendel oder Salbei schneiden Sie etwas zurückhaltender. Diese Pflanzen verholzen von der Basis her und wachsen nur dann dicht und buschig, wenn sie immer wieder eingekürzt werden.
Im Sommer sollten Sie die Kräuter regelmäßig ausputzen, um sie gesund und schön zu erhalten. Dabei werden sämtliche kümmernde, welke oder abgestorbene Pflanzenteile entfernt.

Wer Kräuter gut pflegt, dem danken es die Pflanzen mit reichem, gehaltvollem Erntegut, und sparsames Düngen bringt mehr Duft und Würze.

Bei einigen Kräutern, wie dem Basilikum, sollten Sie die Blüten ausbrechen, wenn Ihnen mehr am kulinarischen Genuss als an der Blütenpracht gelegen ist – dann geht die ganze Kraft in das Aroma.

So gedeihen Ihre Kräuter

Alle paar Wochen können vor allem Ihre Kräuter im Topfgarten ein wenig Dünger vertragen (→ Seite 66/67). Einige Arten wie Liebstöckel und Sauerampfer lieben einen gut gedüngten Boden. Doch übertreiben Sie es nicht mit dem Nährstoffnachschub – besonders nicht bei den Heil- und Gewürzpflanzen vom Mittelmeer. Schon geringe Überdosierungen, vor allem mit Stickstoff, führen zu einer hohen Produktion von Blattmasse – die Qualität der Inhaltsstoffe bleibt dabei jedoch auf der Strecke. Gerade die Inhaltsstoffe aber machen die Würze, das Aroma und die Heilkraft der Kräuter aus.
Suchen Sie Ihre Kräuter regelmäßig nach Schädlingen und Krankheiten ab. Greifen Sie schon beim ersten Anzeichen ein, dann reichen bewährte Maßnahmen wie Abschneiden oder Abduschen befallener Teile und das Besprühen mit einem Sud aus Rainfarn oder Knoblauch (→ Seite 90/91).
Zum Ende der Vegetationszeit bleibt nur noch, für einen ausreichenden Winterschutz zu sorgen (→ Seite 72/73). Frostempfindliche Mittelmeersträucher wie Rosmarin oder Lorbeer kommen jetzt ins Haus und werden an einen hellen, kühlen Platz gestellt. Kräuter, die im Freiland bleiben, sind für einen Winterschutz dankbar, sodass sie die kalte Jahreszeit unbeschadet überstehen können.

Wird Schnittlauch regelmäßig geteilt, bleibt er vital und liefert üppig Würze.

➤ *Praxis*

Gießen und düngen nach Maß

• • • Damit Kräuter ihr einzigartiges Aroma und ihre volle Würzkraft entfalten, brauchen sie eine optimale Versorgung mit Wasser und Nährstoffen – und zwar nach den jeweiligen Ansprüchen der Arten. Bei allem gilt aber der Grundsatz: Zu viel des Guten schadet nur!

DIE MEISTEN KRÄUTER und besonders mediterrane Arten wie Lavendel oder Rosmarin vertragen Trockenheit ausgesprochen gut. Daher brauchen Sie nur in Maßen zu gießen. Vor allzu großer Verdunstung sind viele Kräuter durch ihre nadelartigen, derben Blätter und ihre silbrige Behaarung gut geschützt. Kräuter mit großen, saftigen Blättern verdunsten an heißen Sommertagen mehr und sind dann für einen kräftigen Schluck Wasser dankbar.

Vom richtigen Gießen

Beste Zeit zum Wässern ist früh am Morgen oder spätnachmittags. Gießen Sie Kräuter im Garten und in Gefäßen, soweit möglich, mit weichem Regenwasser. Ansonsten verwenden Sie abgestandenes Leitungswasser, bei dem sich der Kalk bereits abgesetzt hat. Wässern Sie immer nur den Boden durchdringend, überbrausen Sie niemals die Pflanzen selbst. Verabreichen Sie so viel Wasser mit der Gießkanne auf der Bodenfläche unter den Kräutern, bis es nur noch ganz langsam versickert. So dringt das Nass bis tief zu den Wurzeln vor, die Pflanzen können es gut aufsaugen.
Kräuter in Gefäßen brauchen regelmäßigen Wassernachschub. Prüfen Sie mit dem Finger, ob sich das Substrat in 1–2 cm Tiefe trocken anfühlt, und gießen Sie erst dann. Welkende Blätter und Triebspitzen sind zwar Anzeichen für akuten Wassermangel, können aber auch von zu viel Nässe im Wurzelraum verursacht werden. Achten Sie darauf, dass kein Wasser im Untersetzer oder im Übertopf stehen bleibt.

Düngen – weniger ist mehr

Pflanzen benötigen für ihr Wachstum neben Licht und Wasser vor allem Nährstoffe. Sie nehmen sie in Form gelöster Stoffe über ihre Wurzeln aus dem Boden auf.
Kräuter, die von Natur aus an kargen Standorten vorkommen, brauchen nur wenig Dünger. Das gilt vor allem für die Hungerkünstler aus dem Mittelmeerraum, wie Lavendel, Salbei, Rosmarin oder Thymian. Bekommen sie zu viele Nährstoffe, insbesondere Stickstoff, dann bilden sie sehr viel Blattmasse und weiches Pflanzengewebe. Das macht sie nicht nur anfällig für Krankheiten und Schädlinge, darunter leidet auch ihr Aroma. Viele Kräuter entwickeln ihre gesunden Eigenschaften besonders gut bei leichter Kost.
Am besten düngen Sie im zeitigen Frühjahr, wenn die Kräuter zu wachsen beginnen und verstärkt Nährstoffe brauchen. Dosieren Sie den Dünger aber nur halb so hoch wie sonst üblich (Packungsanweisung beachten!). Nur nährstoffbedürftige Arten erhalten im Frühsommer eine weitere, ebenso sparsame Gabe. Ab August ist eine Düngung nicht mehr sinnvoll, dann würde nur die Winterhärte der Kräuter vermindert.
Kräuter, die man frisch in neues, gehaltvolles Substrat umgetopft hat, brauchen nicht oder nur sehr sparsam gedüngt zu werden.

Womit wird gedüngt?

Neben meist in flüssiger Form verabreichtem Mineraldünger, der nur kurzzeitig wirkt, dafür aber für die Pflanzen sofort verfügbar ist, gibt

➤ *Praxisinfo*

KRÄUTERBRÜHE SELBST GEMACHT

Zeitbedarf:
✗ Zubereitung: 15–20 Min.
✗ Erkalten: ca. 2 Std.

Material (für ca. 5 l Brühe):
✗ 500 g frische oder 100 g getrocknete nährstoffhaltige Wild- und Kulturpflanzen
✗ 5 l kochendes Wasser

Werkzeug, Zubehör:
✗ Brettchen und Messer
✗ 1 großer Topf, 2 große Kannen oder Eimer, 1 Sieb
✗ evtl. Regenwasser zum Verdünnen

Kräuter zerkleinern 1

Die Kräuter zerkleinert man grob mit dem Küchenmesser, einem Wiegemesser oder einer Gartenschere.

Mit Wasser überbrühen 2

Das Schnittgut überbrüht man in einer ausreichend großen Kanne mit siedendem Wasser.

Kräutersud absieben 3

Nach dem Ziehen seiht man den kalten Kräutersud ab und verdünnt ihn evtl. mit Wasser.

es organische Langzeitdünger, die ihre Wirkstoffe langsam über mehrere Wochen an die Pflanzen abgeben. Sie werden oft in Form von Düngestäbchen oder -drops verabreicht. So eine anhaltende, aber milde Düngung tut vor allem „hungrigeren“ Arten wie Liebstöckel oder Schnittlauch gut, wenn sie in magere Böden gepflanzt wurden. Auch reifer Kompost, von dem man maximal 1 l pro m^2 und Jahr geben sollte, Hornspäne oder Algenpräparate sind organische Dünger.

Do-it-yourself-Dünger

Empfehlenswert sind besonders selbst gemachte Kräuterbrühen aus nährstoffreichen Pflanzen wie Brennnesseln, Schachtelhalm, Beinwell oder Löwenzahn, am besten in einer Mischung verschiedener Kultur- und Wildkräuter. Ein solcher Sud wird vergleichbar wie ein Tee aufgegossen: Dazu überbrüht man eine gute Hand voll (ca. 100 g) frischer bzw. einen gehäuften Esslöffel (ca. 20 g) getrockneter Kräuter mit 1 l kochendem Wasser. Der Ansatz wird nach dem Erkalten abgesiebt und bei akutem Nährstoffmangel oder hungrigen Kräutern wie Meerrettich, Petersilie oder Liebstöckel unverdünnt gegossen – man rechnet etwa 0,5–2 l pro Pflanze, je nach deren Größe. Für weniger bedürftige Arten mischt man die Brühe im Verhältnis 1:1 mit Regenwasser, um sie ausreichend zu verdünnen.

Mulchen für gesundes Bodenleben

Unter einer Abdeckung mit Mulchmaterial (z. B. Rasenschnitt, gehäckselte Pflanzenreste u. Ä.) bleibt der Boden zwischen den Kräutern feucht und wird zudem durch die Verrottung des organischen Materials mit Humus angereichert. Außerdem wird Unkraut unterdrückt und das Bodenleben angeregt. Durch die erhöhte Tätigkeit der Bodenlebewesen wird viel Stickstoff aufgebraucht, daher empfiehlt sich zusätzlich zum Mulchen immer auch eine leichte Gabe Dünger.
Streuen Sie zwischen die Kräuter eine 1 cm hohe Schicht reifen Kompost und darüber eine 3–5 cm hohe Schicht aus gehäckselten Staudenabfällen, angewelktem Grasschnitt oder Rindenhumus – keinesfalls Rindenmulch, der entzieht dem Boden allzu viele Nährstoffe und wirkt durch seinen hohen Gerbstoffgehalt wachstumshemmend.

➤ *Praxis*

Immer gut im Schnitt

• • • Wer im Kräutergarten regelmäßig zur Schere greift, wird viel Freude an seinen Kräutern haben. Schnittmaßnahmen fördern die Verzweigung und bringen die Pflanzen in Form. So sorgt man für kompakten, schönen und vor allem gesunden Wuchs der würzigen Schützlinge.

EINE DER WICHTIGSTEN Pflegemaßnahmen für Kräuter ist der richtige Schnitt zum richtigen Zeitpunkt. Einige Pflanzen benötigen im Frühjahr einen pflegenden Rückschnitt, andere werden nach der Blüte eingekürzt. Und Lorbeerpyramiden, Rosmarinkugeln und Beeteinfassungen aus Eberraute oder Heiligenkraut erhalten einen Formschnitt, um weiterhin eine gute Figur zu machen. Ohne viel Aufwand fördern Sie so einen buschigen Wuchs und die Gesundheit Ihrer Kräuter.

Rückschnitt zu Saisonbeginn

Im Frühjahr, wenn sich neues Leben zu regen beginnt, schneidet man bei Staudenkräutern wie Zitronenmelisse, Indianernessel oder Katzenminze sämtliche alten Stängel vom Vorjahr bodennah ab. So kann sich der neue Austrieb prächtig entfalten.

Etwa zur gleichen Zeit, wenn neue Triebe zu sprießen beginnen, erhalten auch Kleinsträucher wie Thymian oder Bergbohnenkraut einen Rückschnitt um ein Drittel, damit sie

1

Rückschnitt für Lavendel

Lavendel bleibt kompakt, wenn man ihn nach der Blüte im Sommer um etwa ein Drittel einkürzt.

2

Rückschnitt zu Blühbeginn

Zitronenmelisse treibt noch mal durch, wenn man sie zu Blühbeginn auf eine Handbreit über dem Boden kürzt.

kompakt bleiben. Auch größere Sträucher wie Rosmarin und Lavendel kann man jetzt behutsam einkürzen, um die Verzweigung anzuregen. Achten Sie darauf, nicht in verholzte Bereiche zurückzuschneiden.
Kräuter wie Zitronenverbene, Duftpelargonien oder Balsamstrauch, die vom Winterquartier ins Freie kommen, bekommen nun ebenfalls einen Schnitt, bei dem alle Triebe um ein Drittel bis um die Hälfte gekappt werden.

Rückschnitt im Sommer

Lorbeer- oder Currystrauch und andere holzige Kräuter, die zu Kugeln, Pyramiden oder anderen Figuren gezogen sind, benötigen regelmäßige Schnittbehandlung, um in Form zu bleiben. Greifen Sie im Mai zur Schere und, falls erforderlich, wiederholen Sie dies noch ein- bis zweimal während der Vegetationszeit. Sie können den dekorativen Schnitt entweder freihändig durchführen oder dazu Schablonen aus Bambus bzw. Draht zu Hilfe nehmen.
Einen Formschnitt benötigen auch Beeteinfassungen aus Weinraute, Eberraute oder Heiligenkraut. Nur so wachsen die „lebenden Umrahmungen" schön dicht. Spannschnüre erleichtern dabei eine exakte Linienführung.

Halbsträucher wie Lavendel nimmt man während der Blüte bei der Ernte oder danach im Sommer zurück. Kürzen Sie ruhig sämtliche Triebe kräftig ein, damit der Busch dicht und geschlossen weiterwächst.

Blüten ausbrechen und Triebe ausputzen

Bei Blütenkräutern wie Ringelblume und Gewürztagetes entfernt man regelmäßig verwelkte Blüten. Das fördert den Ansatz neuer Blütenknospen und verlängert die Blütezeit.
Einige Kräuter wie Schnittlauch oder Basilikum verlieren mit der Blüte an Aroma oder bekommen derbe, zähe Blätter. Vor allem bei Basilikum sollten Sie daher die Blütenknospen entfernen. Sie können aber auch einen Teil stehen lassen, wenn Sie den Flor selbst ernten möchten, auf Fruchtansatz Wert legen oder Nützlinge in Ihrem Garten fördern wollen.
Stark wachsende und wuchernde Kräuter wie Zitronenmelisse, Oregano und Pfefferminze können Sie noch vor Blühbeginn bis auf eine Handbreit über den Boden zurücknehmen, damit sie wieder frisch durchtreiben. Führen Sie dies etappenweise aus, dann haben Sie immer etwas zu ernten.

TIPP

FLEISSIGE ERNTE – SCHÖNES WACHSTUM

Je fleißiger Sie ernten, desto schöner entwickeln sich Ihre Gewürzkräuter. Pflücken Sie immer ganze Zweige vom Ansatz her. Das hält die Pflanzen im Wuchs schön buschig und kompakt. Eine fortlaufende Ernte von kompletten Trieben kommt einem Rückschnitt gleich. So kann immer wieder frischer Austrieb nachwachsen, und Sie haben jederzeit optimale Qualität parat. Das ständige Zurückschneiden hilft auch, Krankheiten wie Rost und Mehltau zu vermeiden.

3

Schnittlauchblüten entfernen

Schnittlauch bleibt fein und zart, wenn man die Blütenknospen oder die abgeblühten Stiele entfernt.

4

In Form bringen

Nur durch regelmäßigen Schnitt bleibt die Currystrauch-Hecke in der gewünschten Kastenform.

➤ *Praxis*

Darf's noch etwas mehr sein?

• • • Wer gar nicht genug von würzigen Kräuterfreuden bekommt, kann schnell für Nachschub sorgen. Über Teilung, Stecklinge oder Absenker gewinnt man rasch neue Pflanzen. Das macht nicht nur Spaß, sondern schont auch gleichzeitig den Geldbeutel.

1 *Kopfstecklinge abdecken*
Frische Triebspitzen treiben bei gleichbleibender Feuchtigkeit unter einer Folie bald Wurzeln.

2 *Teilstecklinge einsetzen*
Das 5–10 cm lange Triebstück setzen Sie mit dem schrägen unteren Ende in das Substrat.

IM GEGENSATZ ZUR geschlechtlichen Vermehrung durch Samen, bei der die Merkmale beider Elternteile vererbt und bei jedem Sprössling neu „gemischt" werden, sind Nachkommen aus ungeschlechtlicher (vegetativer) Vermehrung genetisch mit der Mutterpflanze absolut identisch. Über Ausläufer, Stecklinge oder Blätter kann man manche Kräuter sogar schneller und leichter ziehen.

Aus eins mach zwei

Einfach, schnell und preisgünstig ist die Teilung eines kräftigen Wurzelstocks von Stauden wie Schnittlauch, Melisse oder Frauenmantel in mehrere Teilstücke, was die Kräuter auch verjüngt. Graben Sie dazu den Wurzelstock im zeitigen Frühjahr oder im Herbst aus. Teilen Sie ihn mit den Händen oder schneiden Sie ihn mit einem Messer oder Spaten in faustgroße Stücke, sodass jedes Teilstück gesunde Wurzeln und einen kräftigen Trieb aufweist. Pflanzen Sie die einzelnen Wurzelteile genauso tief ein, wie sie vorher in der Erde standen, und wässern Sie kräftig.

Ausläufer abtrennen

Manche Kräuter wie Minzen, Estragon, einige Schafgarben und Indianernesseln entwickeln Ausläufer unter der Erdoberfläche (Rhizome), die Tochterpflänzchen bilden. Trennen Sie die jungen Triebe im Frühjahr oder Herbst mit einem Rhizomstück ab und pflanzen Sie sie wieder ein (→ Seite 58/59). Andere Arten, wie die Walderdbeere oder Gundermann, bilden oberirdische Ausläufer, an denen die jungen Pflanzen hängen und bei Bodenkontakt Wurzeln schlagen. Sie können sie im Sommer einfach von der Mutterpflanze abtrennen und woanders einpflanzen.

Wurzelstücke vermehren

Über Seitenwurzeln oder Wurzelstücke können Sie Kräuter wie Liebstöckel, Alant, Beinwell oder Meerrettich im Herbst oder Frühjahr vermehren. Legen Sie die Wurzeln frei, trennen Sie kräftige Seitenwurzeln ab und schneiden Sie diese in etwa 12 cm lange Stücke – das untere Ende schräg, das obere gerade. Stecken Sie sie schräg aufrecht in den Boden, sodass das obere Ende 1–2 cm unter der Oberfläche liegt.

Absenker umleiten

Kräuter wie Thymian, Eberraute, Rosmarin, Oregano oder ältere Salbeisträucher kann man über einen kräftigen, langen Trieb vermehren, der sich zum Boden neigt. Heften Sie diesen am Boden oder in einem daneben stehenden Topf im Substrat fest, z. B. mit einem Drahtbügel. Verholzte Triebe entlaubt man an der Stelle, wo sie die Erde berühren, und schneidet sie auf der Unterseite flach ein. Den Einschnitt halten Sie mit einem Steinchen offen und decken den Trieb mit Erde zu. Er bewurzelt sich nach einigen Wochen und wird dann von der Mutterpflanze getrennt.

Stecklinge ziehen

Von ganz oder teilweise verholzenden Kräuterarten wie Lavendel, Salbei, Rosmarin oder Bergbohnenkraut können Sie im Frühherbst Stecklinge schneiden und sie auf der Fensterbank überwintern, bevor sie im Frühjahr ausgepflanzt werden. Kälteempfindliche Arten lassen sich so oft leichter überwintern, als ausgewachsene Pflanzen.

Triebspitzen bewurzeln

Kopfstecklinge nimmt man von einer gesunden, nicht blühenden und noch weichen Triebspitze. Trennen Sie die oberen 5–10 cm mit einem scharfen Messer oder einer Rasierklinge knapp unterhalb eines Blattansatzes schräg ab und entfernen Sie die unteren Blätter. Dann kommt der Steckling sofort bis zur Hälfte in einen kleinen Pflanztopf mit angefeuchtetem Vermehrungssubstrat (im Fachhandel), in das Sie ein Loch vorgebohrt haben. Drücken Sie ihn sachte fest und gießen Sie ihn an. Für ausreichende Luftfeuchtigkeit sorgen Sie, indem Sie ein paar Holzstäbe oder zwei Drahtbügel in den Topf stecken und eine durchsichtige Kunststoffhaube darüberstülpen, die mit einem Gummiband am Topf befestigt wird. Sobald die Pflänzchen neu austreiben, können sie in einen größeren Topf ohne Plastikhaube umgesetzt werden.

Über Teilstücke vermehren

Manche Arten kann man auch über Teilstecklinge vermehren, etwa Balsamstrauch, Lorbeer oder Fruchtsalbeisorten. Hier verwenden Sie nicht nur die Triebspitzen, sondern auch grüne, aber schon leicht verholzte Triebe, die in mehrere Teile zerschnitten werden. Jeder Steckling besteht aus einem oder zwei Blattpaaren mit jeweils einem Stängelstück oben und unten. Schneiden Sie die Teilstecklinge am unteren Ende schräg und am oberen gerade ab.

Nachwuchs bei Zwiebeln und Knollen

Kräuter mit Zwiebeln, Knollen oder dicken, fleischigen Rhizomen wie Bärlauch, Knoblauch, Safrankrokus, Ingwer oder Blattkardamom bilden spezielle Organe zur Vermehrung, z. B. Tochterzwiebeln oder Brutknöllchen, und können dann von der Mutterpflanze „abgenabelt" werden. Knoblauch etwa treibt aus dem Blütenstand kleine Tochterzwiebeln, die man ebenso wie die Zehen der unterirdischen Knolle abnehmen und einzeln auspflanzen kann. Vom Krokus lassen sich Brutknöllchen abtrennen. Und das Ingwerrhizom zerteilt man an den Verjüngungen, um die Stücke weiterzukultivieren.

➤ *Praxisinfo*

STECKLINGE ZIEHEN

Zeitbedarf:
- ✗ Vorbereiten von ca. 5 Stecklingen: 5–10 Min.
- ✗ Befüllung der Töpfe: etwa 10 Min.
- ✗ stecken und angießen: 5–10 Min.

Material:
- ✗ kleine Pflanztöpfe
- ✗ Aussaaterde
- ✗ Holzstäbe oder Drahtbügel
- ✗ Kunststofftüte
- ✗ Gummiband

Werkzeug, Zubehör:
- ✗ scharfes Messer oder Rasierklinge
- ✗ Pikierholz oder Holzstäbchen zum Vorbohren
- ✗ Gießkanne mit Wasser

3 *Stauden teilen*

Teilen Sie den Wurzelballen mit einem scharfen Messer in mehrere faustgroße Stücke.

4 *Ausläufer abtrennen*

Trennen Sie bewurzelte Tochterpflänzchen der Ausläufer ab und pflanzen Sie sie neu ein.

5 *Absenker ziehen*

Leiten Sie den Trieb in einen Pflanztopf um und stecken Sie ihn mit einem Drahtbügel fest.

Praxis

Gut über den Winter kommen

Viele der mehrjährigen Kräuter überstehen hiesige Winter unbeschadet im Freiland. Doch mediterrane und tropische Arten brauchen einen Winterschutz oder müssen rechtzeitig vor dem ersten Frost in ein frostsicheres Winterquartier gebracht werden.

Mit ihrem dicken Filzüberzug bleiben Salbeiblätter oft den ganzen Winter über erhalten.

HEIMISCHE zwei- und mehrjährige Heil- und Gewürzpflanzen im Kräutergarten sind an unser Klima so gut angepasst, dass sie die kalte Jahreszeit problemlos ohne Hilfe überstehen. Aus dem wintermilden Mittelmeerraum stammende Arten dagegen leiden im Winter schnell unter dem rauen Klima nördlich der Alpen, und wärmebedürftige Tropengewächse kommen mit den frostigen Bedingungen überhaupt nicht zurecht. Damit die empfindlichen Pflanzen keinen Schaden nehmen, sollten Sie rechtzeitig entsprechende Vorkehrungen für einen geeigneten Schutz treffen.

Hilfe für Südländer

Bei Halbsträuchern und Sträuchern wie Salbei, Oregano oder Lavendel schüttet man den Wurzelbereich mit trockenem Laub an und deckt die Triebe mit Reisig ab. Vor strengem Frost müssen auch Petersilie, Currystrauch und Heiligenkraut geschützt werden. Stecken Sie dazu einfach einige Reisigzweige rund um die Pflanzen in die Erde. Denken Sie aber im Frühjahr daran, die Schutzschicht rechtzeitig wieder zu entfernen, damit ausreichend Licht und Luft an die Pflanzen kommt.
Thymian, Salbei, Bergbohnenkraut oder Lavendel sind immergrün. Daher können Sie sogar im Winter ab und an ein paar der Blätter ernten, wenn die Sträucher nicht gerade unter einer übrigens sehr gut schützenden Schneedecke verborgen sind. Allerdings haben die Blätter in der kalten Jahreszeit nicht annähernd so viel Geschmack wie im Sommer.

Geschützt im Haus

Einige Kräuter aus dem sonnigen Süden müssen Sie in jedem Fall im Winter ins Haus holen. Sie brauchen zum Überwintern einen hellen, kühlen, aber frostfreien Raum. Dazu gehören Topfpflanzen wie Rosmarin oder Lorbeer, aber auch Zitronenverbene, ausdauerndes Basilikum, verschiedene Fruchtsalbei-Arten oder Duftpelargonien. Ideal ist dafür ein ungeheizter oder nur mäßig temperierter Wintergarten bzw. ein helles und kühles Treppenhaus bei ca. 10 °C.
Gießen Sie die Kräuter während der Winterruhe nur sparsam, gerade so viel, dass der Ballen nie ganz austrocknet. Lüften Sie an frostfreien Tagen, aber vermeiden Sie Zugluft. Regelmäßige Kontrolle auf Schädlinge und Krankheiten ist zu empfehlen.

Würze im Winter

Einige Küchenkräuter, die normalerweise draußen Winterruhe halten, wachsen in der kalten Jahreszeit weiter, wenn man sie im Haus an eine helle und mäßig warme Fensterbank stellt. Sie können dann laufend geerntet werden. Dazu gehören Schnittlauch, Petersilie, Kresse, Kerbel, Melisse, Basilikum und Kapuzinerkresse. Petersilie und Kapuzinerkresse sollten dazu im Sommer direkt in Töpfe gesät oder eingetopft werden. Schnittlauchballen gräbt man im Herbst aus, topft sie ein und lässt sie durchfrieren. Erst danach werden sie ins Haus auf die Fensterbank gestellt, wo sie dann frische Halme treiben.

Thymian, Bergbohnenkraut und Oregano können Sie ebenfalls im Haus an einem nicht allzu warmen Standort überwintern. Pflücken Sie jedoch in Maßen, da die Pflanzen Winterruhe halten.
Stellen Sie Ihre Kräuter nie in zu warme, trockene Heizungsluft. Auch zu viel Wasser schadet. Stimmen die Bedingungen nicht, treiben die Pflanzen nur kraftlose Triebe. Sie sind dann eine leichte Beute für Ungeziefer und Krankheiten. Besonders gut verträgt Basilikum die Zeit im Haus. Die meisten anderen Kräuter überdauern aber nur einige Wochen.

Unter Folie und Glas

Robuste Arten wie Petersilie und Löffelkraut kann man sogar den Winter über im Freiland ernten. Säen Sie die Kräuter dazu im Sommer in einem Beet oder im Frühbeetkasten aus. Naht der erste Frost, stellen Sie einen Folientunnel über die Aussaat bzw. schließen Sie den Kasten. Wenn Sie im Herbst Estragonwurzeln oder einen kleinen Melissenstock ins Frühbeet setzen, können Sie diese Kräuter bereits im zeitigen Frühjahr frisch ernten.

Schutz auf Balkon & Terrasse

Besonders frostgefährdet sind Kräuter in Gefäßen, die den Winter im Freien verbringen. Bei ihnen besteht die Gefahr, dass der Wurzelballen durchfriert und die Pflanze dann vertrocknet. Stellen Sie alle Töpfe und Kübel deshalb möglichst nahe an eine geschützte Hauswand, sodass sie vor kalten Ost- und Nordwinden geschützt sind. Kübel und Pflanztöpfe wickeln Sie am besten in Noppenfolie, Jute oder in eine Strohmatte ein und stellen sie auf ein Brett oder eine Styroporplatte. Das isoliert besser gegen die Kälte.
Kleine Töpfe können Sie auch zusammen in eine große Kiste stellen und die Zwischenräume mit Holzwolle, Stroh oder Laub ausfüllen. Besonders empfindliche Pflanzenteile umhüllen Sie zusätzlich mit Vlies. So können Sie im kalten Wind nicht austrocknen und sind vor zu viel Sonneneinstrahlung in der Ruhezeit geschützt. Gießen Sie ab und zu und gerade so viel, dass der Wurzelballen während des Winters nicht austrocknet. Besonders die Immergrünen brauchen etwas mehr Wasser als Stauden, die oberirdisch absterben.

Laub anschütten 1

Den Wurzelbereich mediterraner Sträucher schützt ein Maschendraht-Rondell gefüllt mit trockenem Laub.

Mit Reisig abdecken 2

Um Petersilie, Currystrauch und Heiligenkraut steckt man zum Schutz Reisig oder Tannenzweige in die Erde.

Töpfe einpacken 3

Kübel und Töpfe packt man in Noppenfolie, Strohmatten oder Sackleinen, damit sie nicht durchfrieren.

Ins Haus räumen 4

Mediterrane Kräuter fühlen sich im Topf an einem hellen, kühlen Ort im Haus wohl.

Gelbtafeln locken erfolgreich fliegende Insekten auf ihren klebrigen Belag.

Marienkäfer bringen Gärtnern tatsächlich Glück: Sie vertilgen für ihr Leben gern lästige Blattläuse.

Immer in Topform und bester Verfassung

Ihr intensiver Duft und die besonderen Inhaltsstoffe helfen Kräutern, auftretende Widrigkeiten selbst zu meistern.

WAS TUN, wenn die Pfefferminze rostig wird, die Petersilie gelbe Blätter bekommt und die Aussaat von Schnecken vernichtet wird? Für die meisten Probleme im Kräutergarten gibt es einfache Lösungen, ohne „chemische Keule" – und zwar nicht nur der Umwelt zuliebe. Nachdem man die Kräuter selbst verzehrt und anwendet, ist dies selbstverständlich. Der beste Pflanzenschutz ist und bleibt die richtige Standortwahl (→ Seite 52/53) und eine regelmäßige Vorbeugung.

Abwehrkräfte stärken

Bei Pflanzen, die nicht unter idealen Bedingungen wachsen, sind die Abwehrkräfte geschwächt und Plagegeister wie Blattläuse, Weiße Fliegen, Schnecken und Pilzkrankheiten haben leichtes Spiel.
Oft beseitigt radikaler Rückschnitt, kräftiges Auslichten oder ein Standortwechsel das Problem. Stärkend wirkt auch regelmäßiges Gießen oder Übersprühen der Kräuter mit Pflanzenbrühen aus Wermut oder Rainfarn, Lavendel oder Knoblauch (Herstellung → Seite 67). Vorbeugen kann man auch durch das Bestäuben der Blätter mit Algenkalk oder Gesteinsmehl (→ Abb. rechts), das z. B. einen Pilzbefall erschwert.

Gemischt hält fit

Pflanzen beeinflussen sich gegenseitig in ihrer Entwicklung und Gesundheit, so manche Kombination erweist sich dabei als überaus positiv. In abwechslungsreichen Pflanzengesellschaften haben zudem Schaderreger weniger Chancen Schaden anzurichten, als in Monokulturen. Diese Effekte kann man sich bei der Mischkultur zunutze machen. So unterstützen sich auch viele Kräuter gegenseitig (→ Seite 52) oder helfen, mit ihren ätherischen Ölen Schädlinge abzuhalten (→ auch Seite 90/91). Doldenblütler wie die Petersilie gedeihen besser in der Nähe von *Tagetes* oder Ringelblumen, deren Wurzeln Stoffe ausscheiden, die Wurzelälchen (Nematoden) vertreiben. Und gegen die Möhrenfliege hat sich eine Mischkultur mit Schnittlauch oder Zwiebeln bewährt. Der starke Duft vieler Kräuter hält Störenfriede fern und hindert z. B. auch den Kohlweißling an der Eiablage.

Retter in der Not

Wer nützliche Insekten in seinem Garten fördert, wird mit Schädlingen ohnehin nur wenig Probleme haben. Der Marienkäfer und seine Larven oder die Larven von Flor- und Schwebfliege haben z. B. einen unersättlichen Appetit auf Blattläuse. Solche Nützlinge lockt man mit dem Nektar blühender Pflanzen an. Wenn Sie Ihre Gewürzkräuter nicht vollständig abernten und einen Teil blühen lassen, sind sie gleich an Ort und Stelle.

Eine staubfeine Schicht Gesteinsmehl auf den Blättern verhindert wirkungsvoll, dass Schaderreger eindringen.

Mechanische Maßnahmen

Tritt trotzdem ein Befall auf, helfen oft schon einfache Mittel, um ihn wirksam zu bekämpfen. Blattläuse kann man z. B. problemlos mit einem Schlauch abspritzen. Auch ein Rückschnitt wirkt oft Wunder. Ein Beispiel: Stehen Minzen zu dicht am falschen Platz, werden sie vom Pfefferminzrost befallen. Gegen diese häufige Pilzerkrankung hilft es, alle Triebe bodennah abzuschneiden. Der neue Austrieb ist dann meist wieder gesund.
Mit so genannten Gelbtafeln lassen sich Insekten wie die Weiße Fliege wirkungsvoll von Kräuterblättern ablenken, an denen sie sonst gerne saugen. Die gelben, mit Leim bestrichenen Papptafeln, die Sie im Gartenfachhandel bekommen, ziehen sie magisch an, leider aber auch Nützlinge. Sie empfehlen sich also eher für den Einsatz im Haus.

Wehret den Schnecken

Verzweiflung ergreift den Kräutergärtner, wenn Schnecken über Nacht die frische Aussaat oder die Jungpflanzen vernichtet haben. Besonders beliebt sind junge Keimblätter von Majoran, Portulak und Basilikum, aber auch die Triebe von Sauerampfer und Balsamkraut.
Am wirkungsvollsten gegen Nacktschnecken sind spezielle Schneckenzäune, die Sie rund um die Beete installieren. Man bekommt sie als Bauelemente aus Kunststoff, Metall oder Stein. Sie lassen sich einfach anbringen und erweisen sich tatsächlich als unüberwindliche Hindernisse – allerdings darf kein Halm oder Blatt als Brücke darüber hinausragen! Legen Sie einfach einen Zweig Basilikum als Lockmittel aus, daran können Schnecken, die sich noch innerhalb der Umzäunung befinden, leicht abgesammelt werden. Regelmäßiges Lockern der Bodenoberfläche bringt die perlenartigen, weißen Schneckeneier ans Tageslicht, die dort rasch austrocknen und absterben. Auch sie müssen regelmäßig abgesammelt werden.

Praxisinfo

MECHANISCHER PFLANZENSCHUTZ

- ✗ Streifen Sie Pflanzenschädlinge mit den Fingern von Trieben und Blättern ab.
- ✗ Spülen Sie Pflanzenschädlinge mit einem scharfen Wasserstrahl ab.
- ✗ Schneiden Sie befallene Pflanzenteile rigoros ab.
- ✗ Sammeln Sie befallenes, krankes Laub auf, das zu Boden gefallen ist, und entsorgen Sie es über die Biotonne (nicht auf den Kompost geben).
- ✗ Bringen Sie Gelbtafeln gegen fliegende Schadinsekten an.
- ✗ Errichten Sie zum Schutz Schneckenzäune.
- ✗ Stäuben Sie hauchdünn Algenkalk oder Gesteinsmehl über die Kräuter, um dem Eindringen von Krankheitskeimen vorzubeugen.

Was Kräuter alles können

Die vielen wunderbaren Kräfte, die in Kräutern stecken, machen sie in Garten, Küche und Haushalt unentbehrlich. Ob sie Speisen den letzten Pfiff geben, die Gesundheit stärken oder Schädlinge vertreiben – gewusst wie, können Sie beim Ernten und Verarbeiten aus dem Vollen schöpfen.

Schnittlauchbrot: schlicht und einfach delikat.

KRÄUTER SIND FÜR kulinarische Zwecke an Vielseitigkeit kaum zu überbieten: Sie verfeinern Speisen und machen sie zu einem echten Geschmackserlebnis. Mit vielfältigen Aromen, Geschmacksnuancen und Düften verführen sie zu genussvollen Entdeckungen. Lassen Sie sich von den Wohlgerüchen Ihres Kräutergartens inspirieren und experimentieren Sie mit den würzigen Blättern und wohlriechenden Blüten in Ihrer Küche!

Hilfreich und nützlich

Doch nicht nur in der Esskultur sind Kräuter unentbehrlich. Über Jahrtausende haben die Menschen bei Krankheit auf ihre Heilkraft gesetzt. Früher traute man den Heilkräutern fast alles zu – davon zeugt nicht allein die Redewendung „Gegen alles ist ein Kraut gewachsen". Heute nutzen wieder viele Kräutergärtner die eigene „grüne Apotheke" gegen harmlose Alltagsbeschwerden wie Magenverstimmung, Schlaflosigkeit, Nervosität und leichte Erkältungen. Genauso lange dienen Kräuter auch dem Wohlbefinden des Menschen und dem Bedürfnis, sich zu pflegen, für Entspannung und Regeneration zu sorgen. Anwendungen sind nicht nur wohltuend für den Körper, sondern auch Balsam für die Seele. Neben der unmittelbaren Wirkung auf den Organismus leisten Kräuter aber auch in weiterer Hinsicht gute Dienste, etwa im biologischen Pflanzenschutz im Zier- und Nutzgarten oder zur Abwehr von Schadinsekten im Wäsche- und Vorratsschrank – und, nicht zu vergessen, ihre dekorative Erscheinung.

Kräuter verzaubern mit aromatischer Würze und bringen Geist und Körper in Harmonie.

Gut gezupft und schnell geschnitten

Wer Geschmack und Inhaltsstoffe in vollem Umfang genießen will, sollte seine Kräuter zum richtigen Zeitpunkt ernten.

EINE ERNTE IM KRÄUTERGARTEN ist im Prinzip ganzjährig möglich. Einige Arten treiben bereits ab dem Vorfrühling aus, sodass schon mit der Schneeglöckchenblüte (→ Seite 182/183) frische Triebe zur Verfügung stehen. Andere liefern würzige Teile bis tief in den Spätherbst, wenn die Bäume ihr Laub verlieren. Wintergrüne Kräuter sowie Arten, die im Haus kultiviert werden, stehen selbst in der kalten Jahreszeit zur Verfügung.

Für alle Arten sowie für die verschiedenen Pflanzenteile gibt es einen optimalen Zeitraum für die Ernte, Verwendung und Konservierung – wenn sie nämlich beste Qualität zeigen.

Vom richtigen Zeitpunkt

In rauen Gebirgsgegenden brauchen Pflanzen naturgemäß länger, um sich zu entfalten, als im milden Weinbauklima. Die Entwicklung verschiebt sich auch, wenn der Sommer kalt und verregnet ausfällt. Dann blühen die Kräuter erst später im Jahr und setzen entsprechend zeitverzögert Früchte an. Kühle und regnerische Witterungsperioden führen dazu, dass sie weniger ätherische Öle und andere Inhaltsstoffe bilden, da ihnen das Licht und die Wärme der Sonne fehlen. Ernten Sie besser frühzeitig, bevor eine Schlechtwetterphase einsetzt, und warten Sie lieber noch auf ein paar trockene Tage, wenn Sie sich einen größeren Vorrat anlegen möchten.

Vor der Blüte ernten

Die meisten Kräuterblätter entwickeln kurz vor der Blüte das beste Aroma und den höchsten Gehalt an wirksamen Inhaltsstoffen. Dann haben Minze, Majoran, Schnittlauch und Co. ihre volle Grünentwicklung erreicht und ihre Kraft noch nicht in die Blüten- und Samenbildung gesteckt. Bis zum Blühbeginn sind die Blätter gewöhnlich zart, saftig, sanft und rund im Geschmack, mit dem Flor werden sie oft zäh und bitter. Man kann sie dann zwar immer

Damit Salbei gut nachtreibt, dürfen die Triebspitzen nicht zu tief abgeschnitten werden.

Praxisinfo

ERNTEREGELN FÜR KRÄUTER

- ✗ Ideales Wetter zur Ernte herrscht am Morgen eines warmen, trockenen Tages.
- ✗ Achten Sie beim Erntegut auf die richtige Entwicklungsphase zum Zeitpunkt der Ernte.
- ✗ Ernten Sie gesunde, einwandfreie Pflanzenteile.
- ✗ Ernten Sie möglichst ganze Triebe, also Blätter mit Stängel, die Sie mit scharfem Messer oder einer Schere schneiden. Einzelne Blätter können Sie pflücken oder abkneifen.
- ✗ Legen Sie das Erntegut locker in einen flachen Korb. In Plastiktüten würden die Pflanzen „schwitzen“ und verderben.

noch verwenden, muss nur hinnehmen, dass Schnittlauch etwa härtere Röhren hat, Basilikum „ledriger" ist oder Zitronenmelisse nicht mehr so mild und fruchtig schmeckt. Blätter für Salate, z. B. von Spitzwegerich, Rauke, Huflattich, Sauerampfer oder Garten-Fuchsschwanz, sollten möglichst jung, also lange vor der Blütezeit geerntet werden.

Den Reifegrad bestimmen

Die **Blüten** ernten Sie, wenn deren Schönheit eben erblüht, wenn sie sich also gerade voll geöffnet haben. Bei **Früchten** wartet man bis zum höchsten Reifegrad, bei dem die Samen noch nicht ausgestreut sind. In der Regel sollten die Samen dunkelbraun und von einer trockenen Hülle umgeben sein. Eine Fingernagelprobe hilft: Drücken Sie einen Samen von Dill oder Kümmel mit dem Fingernagel ein. Lässt er sich leicht teilen oder quetschen, ist er noch unreif. Spüren Sie erheblichen Widerstand, können Sie ernten. **Wurzeln, Rhizome, Knollen** und **Zwiebeln** graben Sie erst aus, wenn die oberirdischen Teile absterben – meist im Spätherbst oder zu Beginn des Winters.

Noch unreife Samenstände eignen sich prima als Vasenschmuck – sofern man auf die Samenernte verzichten kann.

Kräuterernte mit Gefühl

Ernten Sie am besten an einem regenfreien Vormittag, sobald der Tau auf den Blättern getrocknet ist. Für die Samenernte ist der frühe Morgen günstiger, weil die taufrischen Fruchtstände dann die Samen nicht so schnell verlieren. Für Wurzeln, Wurzelstöcke oder Zwiebeln spielt die Tageszeit keine Rolle.

Das Erntegut

Meist sind es die würzigen, gehaltvollen Blätter, die im Vordergrund des Interesses stehen, aber bei vielen Arten kann man auch Stängel, Knospen, Blüten, Früchte, Samen, Wurzeln, Zwiebeln, Knollen oder die ganze Pflanze nutzen:

➤ Von Sträuchern und Halbsträuchern wie Salbei, Lavendel, Thymian oder Rosmarin schneiden Sie einzelne, noch unverholzte **Triebspitzen** ab. Auch bei eher zarten, weichen Arten wie Dill, Kerbel, Koriander und Basilikum ernten Sie nur die Triebspitzen. Dieses Entspitzen fördert die Verzweigung.

➤ Von wuchsstarken, holzfreien Arten wie Pfefferminze oder Melisse schneiden Sie **ganze Triebe** kurz über dem Boden ab. So lassen sie sich zum Trocknen besser bündeln, werden mit der Ernte gleich ausgelichtet und der Neuaustrieb wird angeregt. Auch verholzte Zweige nehmen Sie komplett bis zum Ansatz heraus. Die Sträucher bilden dann aus der Basis neue Triebe und bleiben schön kompakt.

➤ **Fruchtstände** mit Samen schneiden Sie komplett mit einem Stück Stängel ab, nachdem Sie eine Papiertüte oder einen Stoffbeutel darüber gestülpt und am Stängel verknotet haben. Umgedreht und kräftig geschüttelt, fangen Sie die Samen ganz einfach darin auf.

➤ **Wurzeln und andere unterirdische Teile** graben Sie vorsichtig aus, schütteln die Erde ab und trennen per Hand, mit einem stabilen Messer oder einem scharfen Spatenblatt Zwiebeln, Knollen oder Seitenwurzeln ab. Den Rest können Sie umgehend wieder einpflanzen.

➤ **Knospen und Blüten** ernten Sie so frisch wie möglich kurz vor der Verwendung. Mal eignen sich ganze Blüten (Kapuzinerkresse), mal einzelne Blütenblätter (Ringelblume).

Wiese, Wald und Wegesrand: Fundus für Sammler

Die Natur hält viele essbare Wildkräuter und Heilpflanzen bereit. Wer die Pflanzen sammeln will, sollte sie aber genau kennen.

Seit jeher dienten Wildkräuter dem Menschen als Nahrung und Medizin. Das Wissen über essbare und heilsame Pflanzen wurde über Jahrtausende gesammelt und von Generation zu Generation weitergegeben. Mit dem Aufkommen industriell hergestellter Nahrung im 20. Jahrhundert verschwanden die Wildkräuter weitgehend aus dem Alltagsleben und mit ihnen das Wissen über ihre nützliche Wirkung. Doch das Bild hat sich gewandelt. Noch vor kurzem als lästige Unkräuter geschmäht und bekämpft, gelten viele heute als Delikatesse, man denke nur an Bärlauch und Brennnessel. Krautige wie holzige Arten, z. B. Hirtentäschel oder Holunder, werden wieder verstärkt genutzt – und zwar nicht nur von überzeugten Naturliebhabern. Selbst in den Edelküchen der Gourmets haben sie sich mittlerweile wieder etabliert. Denn Wildkräuter bereichern das Essen um neue Geschmacksnuancen und sind viel reicher an Mineralstoffen und Vitaminen als so manche Kultursorte.

Nahrhafte Landschaften

Mit ihrer Vielfalt können Wildkräuter den Speisezettel bereichern und für mehr Abwechslung auf unseren Tellern sorgen, sei es als Würze oder in Form von Gemüse, Salat, als Brotaufstrich oder eingelegt. Und das Schöne

1 WIESENKERBEL
verströmt einen leicht anisartigen Geruch. Die hellgrünen Blättchen färben sich im Alter zartviolett.

2 WIESENBÄRENKLAU
kann durch alle Pflanzenteile Hautreizungen verursachen, sein Stängel ist kantig und rau.

3 MAIGLÖCKCHEN
sind sehr giftig. Sie tragen stets 2–3 Blätter zusammen an einem kurzem Stiel.

4 BÄRLAUCH
lässt sich sicher am typischen Knoblauchduft erkennen. Die Blätter erscheinen immer einzeln.

In einer bunten Blumenwiese lässt sich eine Fülle an Wildkräutern finden, die zur Würze oder Heilung nutzbar sind.

daran ist: Sie sind für jeden verfügbar – auch ohne Garten und Balkon. Zu nahezu jeder Jahreszeit kann man essbare Arten in der Natur finden. Einige sind so weit verbreitet, dass es noch nicht einmal sonderlich Mühe bereitet, sie zu sammeln, etwa Gänseblümchen, Löwenzahn, Giersch und Gundermann. Es ist erstaunlich, wie viele pflanzliche Delikatessen sich am Wegesrand, auf Wiesen, in Wäldern und an Gewässern finden lassen. Dabei versteht sich von selbst, dass man Pflanzen für Verzehr und Heilzwecke nur von solchen Standorten sammelt, die möglichst naturbelassen sind – also nicht von Straßenrändern, von intensiv gedüngten Weiden, von gespritzten Ackerrainen, Eisenbahntrassen oder ähnlichen belasteten Flächen.

Achtung: Verwechslungsgefahr

Die wichtigste Regel beim Sammeln lautet: Ernten Sie nur die Kräuter und Heilpflanzen, die Sie sicher kennen und erkennen. In Seminaren oder auf Exkursionen kann man sich von Experten im Sammeln, Bestimmen, Ernten und Verarbeiten unterweisen lassen. Bestimmungsbücher helfen, Pflanzen zweifelsfrei identifizieren zu können. Wie beim Sammeln von Pilzen sollten Sie den Grundsatz beherzigen, alles wachsen zu lassen, was Sie nicht sicher erkennen. Unter den heimischen Kräutern gibt es giftige Vertreter, die genießbaren Arten zum Verwechseln ähnlich sehen. Ein klassisches Beispiel sind die Blätter des Bärlauchs, die äußerlich dem des giftigen Maiglöckchens *(Convallaria majalis)* nahezu gleichen, sich jedoch schon am typischen Knoblauchduft sicher unterscheiden lassen. Viele Heilpflanzen gehören außerdem zu den Doldengewächsen, zu denen zahlreiche giftige Arten gehören. Für Unkundige sind Doldenblütler wie Wilde Möhre (*Daucus carota*), Wiesenkümmel *(Carum carvi)* oder Wiesenkerbel *(Anthriscus sylvestris,* → Abb.1*)* kaum vom höchst giftigen Wasserschierling *(Cicuta virosa)* oder nicht ungefährlichen Wiesenbärenklau (→ Abb. 2) zu unterscheiden, die zur selben Pflanzenfamilie gehören.

Spielregeln fürs Sammeln

Bitte beachten Sie beim Sammeln außerdem folgende Grundsätze:

➤ Schneiden Sie nur die gewünschten Teile mit Messer oder Schere ab, reißen Sie die Pflanzen nicht aus.

➤ Nehmen Sie immer nur so viele Pflanzenteile mit, wie Sie tatsächlich benötigen. Lassen Sie am Fundort unbedingt genügend Pflanzen stehen bzw. Blüten oder Früchte übrig, damit sich die Art regenerieren kann.

➤ Unter Naturschutz stehende Pflanzen wie Arnika oder Enzian dürfen selbstverständlich nicht gepflückt werden. In Naturschutzgebieten besteht ein generelles Sammelverbot.

➤ Legen Sie die Ernte in einen Korb und decken Sie alles mit einem Tuch ab; oder packen Sie die Pflanzenteile in Papiertüten, das schützt vor Austrocknung und bewahrt die wertvollen Inhaltsstoffe.

WÜRZIGE WILDKRÄUTER (AUSWAHL)

Blutwurz
(Potentilla erecta)

Echtes Labkraut
(Galium verum)

Echter Steinklee
(Melilotus officinalis)

Gewöhnliche Nachtkerze
(Oenothera biennis)

Giersch, Geißfuß
(Aegopodium podagraria)

Hederich
(Raphanus raphanistrum)

Knoblauchsrauke
(Alliaria petiolata)

Kriechender Günsel
(Ajuga reptans)

Roter Wiesenklee
(Trifolium pratense)

Schmalblättriges Weidenröschen
(Epilobium angustifolium)

Vogelmiere
(Stellaria media)

Waldsauerklee
(Oxalis acetosella)

Praxis

Würze auf Vorrat

Damit Sie auch außerhalb der Erntesaison Kräuter vorrätig haben, können Sie einen Teil Ihrer Ernte haltbar machen. Wenn sie schonend getrocknet oder eingefroren werden, bewahren viele Kräuterarten ihr Aroma. Das entsprechende Know-how dafür ist ganz schnell gelernt.

MIT KONSERVIERTEN KRÄUTERN wecken Sie schöne Erinnerungen an den sommerlichen Kräutergarten. So brauchen Sie selbst in der kalten Jahreszeit nicht auf wohlschmeckende Würze beim Kochen zu verzichten. Und wie gut tut ein heißer Kräutertee aus eigenem Anbau, wenn es draußen kalt und unfreundlich geworden ist. Getrocknet haben Sie auch stets einen Vorrat heilender Grundsubstanzen parat.

Sorgsam vorbereiten

Das Erntegut muss sauber und trocken sein. Wenn möglich, sollten Sie insbesondere bei Blüten und zarten Blättern auf Waschen verzichten, schütteln Sie nur den Staub ab. Sonst brausen Sie die Kräuter kurz unter fließendem Wasser ab, breiten sie zum Abtrocknen auf Küchenpapier oder Handtücher (die nicht mit Weichspüler behandelt wurden!) und tupfen sie vorsichtig ab. Bei Wurzeln schrubben Sie mit einer weichen Bürste anhaftende Erde herunter, ohne die Wurzelrinde zu verletzen.

Manche mögen's kalt

Zum Einfrieren werden die Kräuter am besten vorher fertig portioniert. Die ideale Größe dafür haben Eiswürfelfächer. Dort füllen Sie die vorher klein gehackten Blätter hinein und gießen die Fächer mit Wasser oder Brühe auf. In Wasser eingefrorene Kräuterblüten werden auf diese Weise zu dekorativen Eiswürfeln für sommerliche Drinks. Die gefrorenen Würfel können Sie in Gefriertüten oder -dosen monatelang aufbewahren.

Vom richtigen Trocknen

Das Trocknen ist eine der gängigsten Methoden, um Kräuter haltbar zu machen. Besonders geeignet sind dafür Gewürz- und Teekräuter, etwa Salbei, Thymian, Rosmarin oder Pfefferminze und Zitronenverbene (→ Tab.). Vor allem dünnblättrige und sehr saftreiche Kräuterarten verlieren beim Trocknen einen Großteil ihres Geschmacks; Borretsch, Sauerampfer, Portulak, Kresse oder Rauke sind also zum Trocknen wenig geeignet. Blüten und Samen sowie Wurzeln wiederum können durch Wasserentzug sehr gut konserviert werden, z. B. von Ringelblumen, Anis oder Baldrian.

Immer schön luftig

Binden Sie je 5–10 Triebe mit Gummiband (das hält noch, wenn die Stiele beim Trocknen schrumpfen) zu lockeren Bündeln und hängen Sie sie kopfüber an einen schattigen, luftigen, aber windstillen Platz.
Sehr schonend trocknen die Kräuter auf Tabletts, Gitterrosten oder mit Gaze bespannten Holzrahmen. Man kann das Erntegut auch in mehreren übereinander gestapelten, mit Butterbrotpapier ausgelegten Obstkisten in dünner Lage ausbreiten. Als Trockenraum eignet sich ein überdachter Vorplatz im Freien, ein sauberer Speicher oder ein Gartenhäuschen.

Hitze schadet

Kräuter dürfen nie in der prallen Sonne, bei Zugluft oder im heißen Backofen gedörrt werden, denn dabei gehen wertvolle Inhaltsstoffe verloren. Hängen Sie die Kräuterbüschel auch

GUT ZU TROCKNEN
Baldrian *(Valeriana officinalis)*
Balsamkraut *(Tanacetum balsamita)*
Beifuß *(Artemisia vulgaris)*
Bohnenkraut *(Satureja)*
Kamille *(Matricaria recutita)*
Lavendel *(Lavandula)*
Lorbeer *(Laurus nobilis)*
Mariengras *(Hierochloe odorata)*
Oregano *(Origanum)*
Peperoni *(Capsicum annuum)*
Pfefferminze *(Menta × piperita)*
Ringelblume *(Calendula officinalis)*
Rosmarin *(Rosmarinus officinalis)*
Salbei *(Salvia)*
Thymian *(Thymus)*
Ysop *(Hyssopus officinalis)*
Zitronenverbene *(Aloysia triphylla)*

Einzelne Blätter trocknen 1

Erntefrische Blätter breitet man einzeln auf einen Rost, den man zum Trocknen aufstellt (täglich wenden).

Kräuterbündel trocknen 2

Binden Sie 5–10 Stängel zu einem Strauß und hängen Sie ihn kopfüber an einem luftig-schattigen Platz auf.

Kräuter einfrieren 3

Kräuter werden gehackt, in Eiswürfelbehälter gefüllt, mit Wasser oder Brühe aufgegossen und eingefroren.

nicht in die Küche, da sich Kochdünste und Fett darauf niederschlagen. Bei sehr niedrigen Temperaturen (etwa 30 °C) können Sie Kräuter (vor allem fleischige Blätter, Wurzelstücke, Samen) auch im Backofen trocknen – die Backofentür muss jedoch einen Spalt weit offen bleiben (Kochlöffel dazwischenklemmen). In Haushaltswarengeschäften gibt es auch spezielle Dörrgeräte mit Temperaturregler.

Wurzelgut vorbereiten

Reinigen Sie die Wurzeln nach dem Ausgraben unter fließendem Wasser und tupfen Sie sie trocken. Da sie leicht faulen und Ungeziefer anziehen, sollten Sie sie schnell verarbeiten. Entfernen Sie alle angenagten, unschönen Teile. Dicke Wurzeln und Rhizome (z. B. Ingwer) schneiden Sie vor dem Trocknen in Scheiben oder halbieren bzw. vierteln sie der Länge nach. Zum Trocknen fädeln Sie die Wurzelstücke mit einer Stopfnadel auf Küchengarn oder Bast. Lassen Sie etwas Abstand zwischen den Stücken, sodass alle Teile genug Luft bekommen. Hängen Sie die Wurzeln dann an einem schattigen Ort auf. Wenn sie sich leicht in Stücke brechen lassen, sind sie durchgetrocknet.

Mit Stumpf und Stiel

Knollen und Zwiebeln trocknen Sie im Ganzen. Binden Sie die Teile an einem Stück Bast oder Schnur auf oder füllen Sie sie in Netzbeutel (z. B. ein Zwiebel- oder Gemüsenetz), die Sie an luftiger Stelle aufhängen. Fruchtstände ernten Sie, wie auf Seite 78/79 beschrieben. Tüten Sie sie ein oder hängen Sie sie wie Kräutersträuße zum Trocknen und Nachreifen auf. Befestigen Sie darunter einen Stoffbeutel oder eine Tüte, in den die reifen Samen hineinfallen. Schließlich schütteln Sie letzte Samen noch aus den trockenen Fruchtständen heraus.

Dunkel lagern

Wenn die Pflanzenteile rascheltrocken sind, beim Drücken knistern und sich zwischen den Fingern zerbröseln lassen, füllen Sie sie in sorgfältig beschriftete Schraubgläser oder Blechdosen. Vorher schneiden Sie sie eventuell noch klein oder streifen die Blätter von den Stängeln. Lagern Sie die Behälter dann an einem dunklen, trockenen Ort. Die verschiedenen Kräuterteile behalten so bis zu einem Jahr Geschmack und Inhaltsstoffe.

Praxis

Kräuter für den Gaumen

Die Seele der Kochkunst – das sind Kräuter für kreative Köche! Mit ihnen werden Alltagsgerichte zu pikanten und gleichzeitig gesunden Gaumenfreuden, egal ob mit orientalischer Note im Tee, als raffinierte Würze im Salat, asiatischer Schärfe zum Reis oder in süßem Gebäck.

Zerkleinern Sie Kräuter immer erst kurz vor dem Genuss, so verfliegen die ätherischen Öle nicht.

MIT KRÄUTERN haben Sie unendlich viele Möglichkeiten in der Küche, denn welche Speise würde mit Gewürzen nicht wohlschmeckender und bekömmlicher?
Es gibt kaum eine Geschmacksnuance, die Kräuter nicht abdecken:
- **frisch-säuerlich** wirken z. B. Zitronenmelisse, Sauerampfer und Borretsch;
- **salzig** schmeckt die Austernpflanze;
- **süß-aromatisch** sind Kerbel, Anis und Fenchel, süß wie Honig ist das Süßkraut;
- **scharf-würzig** ist der Geschmack von Kresse, Meerrettich und Löffelkraut;
- **bitter-aromatisch** ist die würzende Note von Wermut und Beifuß.

1001 Kochideen mit Kräutern

Experimentieren Sie ruhig mit den verschiedenen Kräutern, doch mischen Sie besser nicht zu viel durcheinander. Der typische Geschmack einer Art sollte im Vordergrund stehen. Vorsicht ist vor allem bei Kombinationen zwischen den verschiedenen Geschmacksrichtungen geboten, sonst gehen die Kräuter mit feinem Aroma leicht unter.
Damit Kräuter nicht zu viel Saft und Aroma verlieren, sollten sie schonend vorbereitet und verwendet werden. Nach vorsichtigem Abbrausen und Trocknen auf Küchenpapier sollten Sie Kräuter immer erst unmittelbar vor dem Gebrauch zerkleinern. Nehmen Sie dazu am besten ein schweres, sehr scharf geschliffenes Küchenmesser oder ein Wiegemesser bzw. zupfen Sie die Teile grob mit den Fingern auseinander. Mixer oder ein Pürierstab kommen zum Einsatz, wenn man die Kräuter in eine Flüssigkeit, z. B. Sahne, Öl oder Brühe, mischt.
Derbe Würzkräuter wie Rosmarin oder Lorbeer können mitgegart werden, dagegen gibt man zarte wie Dill oder Kerbel immer erst im allerletzten Moment zu den Speisen. Sie dürfen auch nicht aufkochen, sonst geht die frische grüne Farbe verloren. Ein Spritzer Zitrone verhindert, dass sich die Kräuter verfärben. Damit bleiben sie appetitlich grün.

Frischer Genuss

Unverfälscht und pur können Sie die Würze Ihrer Kräuter genießen, wenn Sie Schnittlauch, Kresse, Pimpinelle oder Senfblättchen auf ein Butterbrot streuen oder unter Quark, Frischkäse oder Joghurt rühren.
Mit Wildkräutern, etwa Gänseblümchen oder Wiesenschaumkraut, hat man erstaunliche Geschmackserlebnisse. Kräuter sind auch für Salate unverzichtbar. Zum einen verleihen sie Blatt-, Gemüse- und Obstsalaten raffinierte Würze, zum anderen ergeben Kräuter wie Rauke, Sauerampfer, Löwenzahn oder Brunnenkresse selbst schmackhafte Salate.
Erfrischend und rundum gesund sind Kräuter in Drinks. Aus klarem Wasser (auch mit Kohlensäure) und ein paar Stängeln Zitronenmelisse, Zitronenverbene oder Minze wird so ein spritziges Vergnügen, selbst Fruchtsaft lässt sich durch Kräuter noch aufpeppen. Milch, Kefir oder Trinkjoghurt können Sie auch mit Borretsch, Dill oder Limonen-Ysop würzen.

Würziges Kochvergnügen

Mit dem klassischen Bouquet garni werden Suppen, Eintöpfe, Saucen und Schmorgerichte aromatisiert. So ein Kräutersträußchen aus Petersilie, Thymian und Lorbeer sowie weiteren Kräutern wird mit einem Faden zusammengebunden oder in ein Baumwollsäckchen gefüllt und vor dem Servieren wieder entfernt. Ob einfache Hausmannskost oder exklusive Sterneküche: in Frankfurter Grüner Sauce, Kerbelsuppe, Liebstöckel im Gemüseeintopf, Majoran in der Leberwurst, Beifuß im Gänsebraten, Lamm mit Minze oder im Omelett sind Kräuter einfach unverzichtbar.
Auch Backwaren und Grillgut kann man mit Kräutern verfeinern. Fleisch- und Gemüsestücke spießt man z. B. auf Rosmarinzweige oder Zitronengras, ein paar Thymian- und Salbeizweige würzen den Rauch über der Glut, und im Brot sorgen u. a. Kümmel und Koriander für eine würzige Note.

Kräutersalz und Aromazucker

Um Zucker und Salz geschmacklich zu verfeinern mischen Sie 20–30 g getrocknete Kräuter (z. B. Majoran, Rosmarin, Salbei, Thymian, Liebstöckel) unter 200 g grobes Meersalz aus dem Reformhaus und mahlen Sie alles fein, z. B. in einer alten Kaffeemühle.
Zum Aromatisieren von 500 g Zucker benötigen Sie ca. 70 g getrocknete Blüten (Lavendel, Veilchen, Gewürztagetes) oder fruchtige Blätter (Zitronenverbene, Duftpelargonien, Limonen-Ysop). Füllen Sie Zucker und Kräuter in ein Schraubglas, lassen Sie die Mischung etwa 2 Wochen ziehen und schütteln Sie ab und zu.

Blüten – zum Essen schön

Auch Kräuterblüten sind sehr schmackhaft; meist etwas milder als Blätter und Triebe (→ Seite 164/165). Streuen Sie sie aber immer erst zum Schluss über das fertige Gericht, z. B. einzelne Blütenblätter von Indianernessel oder Ringelblume unter Wildreis, Bärlauch oder Schnittlauchblüten ins Rührei, Oregano- oder Thymianblüten auf die Pizza und Borretschblüten über den Gurkensalat. Die Trichterblüten von Stockrosen machen sich gut als Dessertschalen und Kapuzinerkresse ist nicht nur eine tolle Garnierung, ihre Blütenknospen kann man auch wie Kapern einlegen.

Kräuterbutter 1

Weiche Butter, schaumig gerührt und mit gehackten Kräutern vermengt, ist tiefgekühlt etwa 3 Monate haltbar.

Kräuteressig 2

Geben Sie Zweige und/oder Samen in Weißwein- oder Apfelessig und filtern Sie ihn nach 4 Wochen durch.

Kräuteröl 3

Mischen Sie kaltgepresstes Öl in getönten Flaschen mit Kräutern. Es muss 3 Wochen ziehen.

Kräuterpesto 4

Kräuter werden mit Öl, Nüssen und geriebenem Hartkäse gemixt und würzig abgeschmeckt.

➤ *Praxis*

Für Körper und Seele

• • • Kräuter sind nicht nur für ihren Duft und Geschmack berühmt, sondern auch für ihre Heilkraft. Seit Jahrtausenden stehen sie im Dienst der Gesundheit und des Wohlbefindens. Es gibt wohl kaum ein Kraut, das sich nicht als wirkungsvolles Mittel einsetzen ließe.

Altbewährte Kräuteranwendungen sind wieder in – als Mittel zur Linderung harmloser Alltagsbeschwerden ebenso wie zur Steigerung körperlicher, geistiger oder seelischer Harmonie. Kräuteranwendungen in Form von Tee, Salben, Bädern und Ölen erweisen sich heute noch als genauso wirksam wie vor Hunderten von Jahren. Nehmen Sie im Zweifelsfall vor der Anwendung mit Ihrem Arzt Rücksprache – insbesondere während der Schwangerschaft, bei chronischen Krankheiten oder Allergien.

Medizin aus der Natur

Probieren Sie doch mal, nach einem anstrengenden Tag die Müdigkeit mit einem anregenden Kräutertee zu vertreiben – ein einfaches Mittel, das in seiner Wirkung nicht lange auf sich warten lässt. Ob als Muntermacher oder Sedativ: Für jedes Bedürfnis ist ein Kraut gewachsen. Während man mit Hopfen, Melisse und Baldrian zur inneren Ruhe findet, gilt Rosmarin als anregend und bei Halsweh und Husten sind Thymian und Salbeitees erste

1

Wärme von Innen

Je nach Mischung weckt Kräutertee die Lebensgeister, lindert Beschwerden und wirkt entspannend.

2

Wohltuendes Aroma

Angenehme Düfte wirken nachhaltig auf das Bewusstsein, lösen positive Gefühle aus und rufen Erinnerungen wach.

Wahl. Drückt der Magen, helfen Kamille und Pfefferminze, Blähungen vertreiben Kümmel-, Anis- und Fenchelsamen, und die Liste der Teekräuter lässt sich beliebig verlängern (→ auch Seite 127).
Um einen Heiltee oder einen Aufguss zum Inhalieren zuzubereiten, zerkleinern Sie die Pflanzenteile der gewünschten Kräuter und übergießen Sie pro Tasse etwa 1–2 Teelöffel davon mit kochendem Wasser. Je nach Feinheit der Bestandteile seiht man die Kräuter nach etwa 2–10 Minuten ab. Einige Kräuter, wie Spitzwegerich oder Ringelblume, enthalten Gerbstoffe, Saponine oder andere Inhaltsstoffe, die den Magen reizen können. Sie übergießt man besser nicht mit kochendem, sondern etwas abgekühltem Wasser oder macht einen so genannten Kaltauszug, bei dem die Pflanzen in kaltem Wasser angesetzt werden und über Nacht ziehen.

Hautnah erprobt

Salben, Heilöle oder Umschläge schmeicheln der Haut und kommen äußerlich bei Entzündungen und Blessuren zum Einsatz. Insbesondere Aloe, Beinwell, Johanniskraut, Melisse, Ringelblume und Spitzwegerich haben sich hier bewährt und Arnika vermeidet blaue Flecken nach Quetschungen und Verstauchungen. Manchmal reicht es schon, Blüten oder Blätter zu zerreiben und auf die verletzte Stelle zu legen, z. B. ein Blatt von Spitzwegerich, Zitronenmelisse oder Ringelblumenblüten bei Mücken-, Bienen- oder Wespenstichen. Erfrischend und lindernd ist das kühlende Gel von *Aloe vera*, z. B. bei kleineren Brandwunden oder nach einem Sonnenbad. Auch Johanniskraut wirkt in solchen Fällen Wunder.

Heilsalbe im Handumdrehen

Eine einfache Salbe aus Ringelblume, Beinwell, Kamille, Arnika, Eibisch, Salbei oder Schafgarbe eignet sich wunderbar, um bei Hautproblemen Erleichterung zu schaffen, etwa Sonnenbrand, kleinen Abschürfungen oder auch bei Hautausschlag. Als Basis dient Vaseline, von der man 100 g im Wasserbad schmilzt und 20 g getrocknete bzw. 50 g frische Kräuter unterrührt. Den Ansatz lässt man 2–3 Stunden unter häufigem Rühren bei milder Hitze ziehen – er darf aber nicht kochen! Dann seiht man die Kräuter ab, drückt die Reste gut aus und rührt die Masse weiter, bis sie fast erstarrt ist. Nun füllt man sie in Schraubgläser oder Cremetiegel um. Kühl und lichtgeschützt gelagert bleibt die Salbe rund 3 Monate haltbar.

3 *Lindernde Kräuterdämpfe*
Der eingeatmete Dampf von Kräuterauszügen in heißem Wasser hilft bei Hautproblemen und Erkältungen.

4 *Balsam für Haut und Haar*
Kräuteröle, -salben und -tinkturen dienen nicht nur der Körperpflege – sie haben einen richtigen Verwöhneffekt.

Wickel und Kompressen

Ein leichter Sonnenbrand oder ein verstauchter Knöchel lässt sich auch mit einem feuchten Umschlag gut lindern. Dazu bereiten Sie einen Kräutertee wie auf Seite 86/87 beschrieben zu, tauchen ein Baumwolltuch in den Sud und wringen es aus. Dann legen Sie es sofort auf die betroffene Stelle, umwickeln es mit einem Handtuch und lassen den Wickel etwa 30 Minuten einwirken.
Der Teeaufguss eignet sich auch für Kompressen, z. B. für eine kosmetische Behandlung. Das mit dem Tee getränkte Tuch drückt man dazu so heiß wie möglich fest an und lässt es bis zum Erkalten aufliegen; später kann man die Behandlung eventuell mit dem kalten Kräutertee wiederholen.

Belebende Tinkturen

Einreibungen oder Umschläge mit wenigen Tropfen einer Kräutertinktur z. B. aus Arnika, Melisse oder Ringelblume machen müde Muskeln ganz schnell wieder munter. Legen Sie dazu etwa 100 g frische oder 20–30 g getrocknete Kräuter in einen halben Liter 70-prozentigen medizinischen Alkohol (Ethanol) ein und lassen Sie die Lösung bis zum Abseihen 4 Wochen an einem kühlen, dunklen Ort ziehen. Anschließend können Sie sie mehrere Monate verwenden, Sie sollten sie aber lichtgeschützt und kühl lagern.

Kräuterseifen aus eigener Herstellung sind auch ein schönes Geschenk.

Entspannung aus dem Garten

Mit aromatisch duftenden Kräuterbädern und -ölen lässt sich wunderbar vom Alltag abschalten. Damit tun Sie Körper und Seele gleichermaßen etwas Gutes. Allein der Anblick und das Schwelgen im Duft sowie die feinfühlige Berührung der Kräuter sind Momente der Erholung, in denen man neuen Schwung tanken kann. Sie schmeicheln nicht nur der Seele, sondern fördern und bewahren auch die Schönheit. Als Wohlfühl-Kraut par excellence gilt Lavendel, das „blaue Wunder“, dessen Duft allein eine befreiende und entspannende Wirkung hat, von der zellerneuernden und entschlackenden Wirkung seiner Inhaltsstoffe ganz zu schweigen. Natürlich erweisen sich aber auch viele weitere Kräuter als überaus vielseitig, wenn es um „Wellbeing“ und „Fitness“, kurz um Wellness geht, wie sich mit den folgenden leicht durchzuführenden Rezepten sehr gut belegen lässt.

Reinheit & Duft

Seife lässt sich mit duftenden Kräutern ganz einfach aromatisieren. Als Basis verwendet man eine parfümfreie, milde Körperseife, beispielsweise eine Baby- oder Olivenölseife. Diese raspelt man in feine Flocken und erwärmt sie unter stetigem Rühren im Wasserbad, bis sie flüssig ist. Dann gibt man 4–5 Esslöffel starken Kräutersud hinzu. Dazu übergießt man eine gute Handvoll Kräuter mit einer Tasse kochendem Wasser, lässt es erkalten und filtert die Kräuter dann ab. Nach Belieben rührt man noch den Saft einer halben Zitrone und/oder einige Tropfen ätherische Öle sowie getrocknete Kräuter hinein.
Wenn alles gut vermengt ist und die Masse etwas abgekühlt und breiig geworden ist, lässt sie sich formen. Kneten Sie die Seife stückweise zu Kugeln, wickeln Sie sie in Klarsichtfolie und lassen Sie sie an einem warmen Ort mehrere Stunden trocknen. Dann glätten Sie die Seifenkugeln mit befeuchteten Händen (verwenden Sie dazu am besten wiederum Kräutersud oder Zitronensaft) und lassen Sie nochmals in Folie verpackt trocknen. Nach etwa 24 Stunden können Sie die Seifenkugeln in Seidenpapier wickeln und sie anschließend an einem trockenen Ort aufbewahren.
Für Kräuterseifen empfehlen sich insbesondere Rosmarin, Kamille, Lavendel, Borretsch, Frau-

enmantel, Holunder, Rosen und Duftpelargonien. Wer eine Gärtnerseife herstellen möchte, mit der man schmutzige Finger wieder sauber bekommt, mischt 2–3 Esslöffel Hafermehl und 1–2 Esslöffel Aprikosenkernmehl unter.

Wohlige Wärme: Badezusätze

Verstärken Sie die entspannende Wirkung eines warmen Bades durch beruhigende Kräuter, z. B. Rosmarin, Lavendel, Melisse, Kamille, die Sie frisch oder getrocknet in einen Waschhandschuh oder alten Baumwollsocken füllen. Diesen hängt man zugebunden am Hahn in den Wasserstrahl und drückt ihn dann sorgfältig aus. Ebenso kann man einen stark gebrühten Kräutertee zum Badewasser mischen.

Schmeichelweiche Creme

Kräutercremes pflegen und schützen nicht nur die Haut, sie sind auch Balsam für die Seele. Zu 100 g Bienenwachs, das man im Wasserbad schmilzt, rührt man 25 ml Olivenöl und 30 ml Wasser. Dann fügt man in die gut handwarme Mischung rund 20 g getrocknete bzw. 50 g frische Kräuter, z.B. Ringelblume, Kamille, Römische Kamille, Johanniskraut oder Lavendel. Die Mischung muss nun 2–3 Stunden warm gehalten und immer wieder umgerührt werden. Anschließend filtert man den Ansatz durch ein feines Sieb oder Mulltuch. Damit die Creme nicht gerinnt, muss sie beim Abkühlen weiter gerührt werden. Ist sie fest geworden, füllt man sie in Schraubgläser oder Tiegel. So bleibt sie im Kühlschrank bleibt etwa 2 Monate haltbar.

Gesichtswasser und Body-Splash

Schnelle Erfrischung garantiert ein Kräutertee (z. B. aus Kamille, Fenchel, Frauenmantel, Schafgarbe, Minze), der noch leicht warm oder auch gut gekühlt als Gesichtswasser zu verwenden ist. Tragen Sie ihn mit Watte auf Gesicht und Dekolletee auf und reiben Sie die Haut damit leicht ab.

Pflegende Haarspülung

Seidig glänzende, farbintensive und gut gepflegte Haare sind mit Kräutern kein Problem. Mischen Sie unter eine Kanne starken, auf Handwärme abgekühlten Kräutertee (z. B. aus Kamille, Beinwell, Petersilie, Labkraut, Schachtelhalm oder Rosmarin) einen Esslöffel Obstessig und gießen Sie diesen Sud in mehreren Portionen über das frisch gewaschene, noch nasse Haar. Massieren Sie dabei die Kopfhaut. Zuletzt spülen Sie den Sud mit etwas klarem Wasser wieder aus.

Potpourris für sinnlichen Duft

Um die Raumluft zu aromatisieren, mischen Sie eine Tasse getrockneter Duftkräuter (z. B. Lavendel, Balsamstrauch, Minzen, Duftpelargonien, Eberraute, Mariengras) mit einem Esslöffel Veilchenwurzelpulver (gemahlenes Rhizom von *Iris florentina*, z. B. in Biomärkten), das als Fixiermittel wirkt. Füllen Sie alles zusammen in eine flache Schale oder einen Pomander (spezieller Behälter für Duftkräutermischungen). Zum Auffrischen verwenden Sie einfach ein paar Tropfen ätherisches Öl.

Mit Holunder- oder anderen Kräuterblüten veredeln Sie Körperöle und Hautcremes.

Kräuter im Haushalt

• • • Bei der täglichen Reinigung der Wohnung, vom Wäscheschrank bis zum Badezimmer leisten Kräuter wertvolle Dienste. Man muss die Kniffe nur kennen, schon vertreiben die würzigen Gewächse so manches Ärgernis und erleichtern einem das „bisschen“ Haushalt.

STATT MOTTENKUGELN
Ein Duftsäckchen gefüllt mit Lavendel, Rosmarin oder Eberraute zwischen der Wäsche entfaltet eine abwehrende Wirkung und hält das Ungeziefer fern.

• • •

• • •

FRISCHE LUFT
Ein duftender Tee, z.B. aus Duftperlargonien, Lavendel, Pfefferminze oder Zitronenmelisse im Zimmer versprüht, vertreibt schlechte Gerüche und parfümiert die Raumluft.

• • •

ALLES BLITZSAUBER!
Die Pfanne wird im Handumdrehen spiegelblank, wenn man ein paar Senfkörner darin erwärmt und anschließend mit einem Tuch nachreibt.

FLIEGENSCHRECK
Basilikum können Fliegen nicht riechen! Stellen Sie ein Töpfchen auf die Fensterbank und streichen Sie oft über die Blätter.

GLÄNZEND POLIERT
Zerstoßen Sie einen Esslöffel Süßdolden-Samen im Mörser und füllen Sie diese dann in ein weiches Tuch. Mit dieser Politur bringen Sie Ihre Holzmöbel garantiert auf Hochglanz.

WIRKSAME DUFTSPERRE
Ein Sträußchen Rainfarn vertreibt Ameisen, wenn man es mitten auf deren Straßen legt und hält auch Asseln oder Ohrwürmer auf Distanz.

Kräuterkur für den Garten

Kräuter gelten nicht nur als besonders gesunde Gartenpfleglinge. Sie helfen auch, die übrigen Pflanzen fit zu halten.

IM KRÄUTERGARTEN sind Pilzkrankheiten und starker Schädlingsbefall bei guter Pflege und richtiger Standortwahl die Ausnahme. Die würzigen Pflanzen helfen mit ihren ätherischen Ölen jedoch nicht nur sich selbst, sondern wirken sich auch äußerst positiv auf die Gesundheit von Blumen, Obst und Gemüse im Zier- und Nutzgarten aus.

Kamillentee tut auch Pflanzen gut! Kräuterbrühen beugen Schädlingen vor und stärken alle Gewächse.

Zur Stärkung der Abwehrkräfte

Kräuter verfügen über besondere Inhaltsstoffe, die ihnen zum Schutz vor Fraßfeinden und dem Eindringen von Keimen dienen – es sind die gleichen ätherischen Öle und speziellen Substanzen, die auch den famosen Duft und den würzigen Geschmack ausmachen und belegen, was für Multitalente Kräuter sind.

Schäden vorbeugen

Zwiebelgewächse wie Knoblauch oder Schnittlauch enthalten scharfe, beißende Senfölglykoside, die Bakterien und Pilze abtöten. Ein Tee aus Knoblauch kann, regelmäßig über die Pflanzen versprüht, antibakteriell und pilzabweisend wirken. Überbrühen Sie dazu einige grob gehackte Knoblauchzehen mit heißem Wasser, lassen Sie alles abkühlen, sieben Sie die Rückstände ab und nebeln Sie mit dem Sud die Pflanzen ein. Vorbeugend ab dem Austrieb alle zwei Wochen angewendet, verhindert diese Behandlung Pilzerkrankungen an Gartenpflanzen, z. B. den gefürchteten Mehltau oder Sternrußtau an Rosen.

Präventiv gegen Pilzbefall hat sich auch eine Schachtelhalm-Brühe bewährt. Schachtelhalm enthält Kieselsäure, die die Blattoberfläche stärkt und Pilzen das Eindringen erschwert. Weichen Sie Schachtelhalm-Kraut etwa einen Tag ein (200 g frisches Kraut bzw. 50 g trockenes Kraut auf 1 Liter Wasser) und bringen Sie es dann zum Sieden. Die abgekühlte Brühe wird abgesiebt und im Verhältnis von 1:5 mit Wasser verdünnt. Das Grundrezept für Kräuterbrühen finden Sie auf Seite 67.

Gegen saugende und beißende Schädlinge wie Blattläuse, Spinnmilben oder Raupen helfen vorbeugend und auch bei einem Befall verschiedene Kräutertees, z. B. aus Wermut, Rainfarn oder Dalmatiner Insektenblume. Hilfreich ist auch ein Lavendelauszug. Entgegen der weit verbreiteten Ansicht, dass ein Lavendelbusch zwischen Rosen Blattläuse fernhält, wirkt Lavendel tatsächlich nämlich nur, wenn seine Wirkstoffe direkt auf die zu schützenden Pflanzen gelangen.

Tagetes vertreiben durch ihre Wurzelausscheidungen lästige Wurzelälchen. Benachbarte Pflanzen profitieren davon.

Milde Düngung

Auch im Kompost können zerkleinerte Kräuter Wunder bewirken. Zum einen fördern Sie damit die Rotte, denn die Bodentiere und Mikroorganismen werden dadurch aktiviert (Regenwürmer z. B. schätzen insbesondere Schnittlauch); zum anderen werden damit wertvolle Mineralien zugeführt, die bei der Zersetzung von Pflanzenmaterial frei werden. Gehäckselte Kräuter eignen sich auch ausgezeichnet als Mulchmaterial – Bodenpflege und Nährstoffzufuhr gehen dabei Hand in Hand. Mit einer Düngung bzw. Mulchschicht aus besonders kaliumreichen Beinwellblättern und -wurzeln setzen z. B. Rosen und Blütenstauden reichen Blütenflor an.

Gesunde Mischkultur

Viele Kräuter beeinflussen mit ihren Ausdünstungen und Ausscheidungen das Wuchsumfeld günstig. Es kann daher nur von Vorteil sein, wenn Sie Kräuter nicht bloß untereinander geschickt kombinieren, damit sie sich gegenseitig Schädlinge und Krankheiten vom Leib halten (→ Seite 74/75 und Tab. unten), sondern die Wirkung nutzen, indem Sie sie vor allem auch zwischen andere Nutzpflanzen und Ziergewächse in Ihrem Garten setzen.
Selbst das Aroma können Kräuter positiv beeinflussen: Kombinieren Sie doch einmal Kresse mit Radieschen oder Kümmel mit Kartoffeln – das Geschmacksergebnis wird überzeugen! Und die Mischkultur hat noch einen anderen großen Vorteil: Sie haben zum Gemüse immer gleich auch die passende Würze für die Küche parat.

GUTE PARTNER IM BEET

Basilikum: zu Paprika, Tomaten	Knoblauch: zu Erdbeeren
Beifuß: zu Kohlgemüse	Kümmel: zu Gurken, Kartoffeln, Möhren
Borretsch: zu Gurken, Möhren	Lavendel: zu Rosen
Bohnenkraut: zu Bohnen	Petersilie: zu Paprika, Tomaten
Dill: zu Gurken, Möhren, Rote Bete	Pfefferminze: zu Rauke, Rosen
Estragon: zu Kartoffeln	Ringelblume: zu Petersilie
Fenchel: zu Möhren, Zwiebeln	Schnittlauch: zu Gurken, Möhren
Kapuzinerkresse: zu Obstbäumen, Zucchini	Schnittsellerie: zu Bohnen, Tomaten
Kerbel: zu Salat, Möhren	Tagetes: zu Petersilie
Koriander: zu Gurken, Möhren, Zwiebeln	Ysop: zu Kohlgemüse
Kresse: zu Radieschen	Zwiebeln: zu Kümmel, Fenchel, Koriander

Minze

Kräuter im Porträt

Würze, Wellness und Gesundheit – das Kräuterreich von A bis Z

Anschauliche Porträts bieten den besten Überblick über die Fülle an Formen, Farben und Aromen. So finden Sie sicher Ihre Favoriten!

NEBEN PETERSILIE, Schnittlauch, Dill, Basilikum und Knoblauch hält die große Welt der Kräuter noch viele weitere Arten parat – von heimischen Wiesen ebenso wie aus fernen Ländern. Mit den markanten Merkmalen der einzelnen Arten und Sorten und ihren wichtigsten Eigenschaften verschaffen Sie sich in ausführlichen Porträts einen guten Eindruck über das reichhaltige Sortiment.

Einzelporträts und Tabellen

Alphabetisch sortiert nach ihren botanischen Namen finden Sie auf den folgenden Seiten eine Vielzahl verschiedener Kräuter, ergänzt durch eine Reihe von Tabellen mit weiteren, weniger bekannten, aber ebenso interessanten Arten und Sorten.

In der Regel handelt es sich um Beschreibungen einer bestimmten Art, es gibt aber auch Sammelporträts, in denen mehrere, einander ähnliche Arten oder Sorten behandelt werden, z. B. die zahlreichen Minzen (→ Seite 140 bis 143), die in zwei verschiedene Gruppen aufgeteilt wurden.

Anhand der ergänzenden Tabellen kann man sich unter bestimmten Gesichtspunkten eine Kräuterauswahl nach Wuchsformen oder Anwendungsmöglichkeiten ganz individuell und gezielt zusammenstellen.

Nicht nur der Inhalt, auch die Verpackung bringt die ganze Vielfalt der Kräuter dekorativ zum Ausdruck.

Nomen est omen: Der Fuchsschwanz ist nach seinen schweifartigen Blütenständen benannt.

➤ **Duft und Würze von Gehölzen** (→ Seite 105) listet Bäume und Sträucher auf, die würzige und duftende Teile vor allem für Küche und Wellness bieten.
➤ **Teekräuter** (→ Seite 127) lassen sich zu wohlschmeckenden Aufgüssen zubereiten.
➤ Aus **Salatkräutern** (→ Seite 132) können Sie Salate mit Pfiff anrichten.
➤ **Spinatkräuter** (→ Seite 157) ergeben leckere Gemüse nach Art des Spinats.
➤ Unter den **Kräuterspezialitäten** (→ Seite 170) können Sie ausgefallene Arten wählen.
➤ Mit **Badekräutern** (→ Seite 179) lassen sich wohlige Badezusätze herstellen.

Der richtige Name

In der Überschrift finden Sie unter dem gängigsten deutschen Namen in kursiver Schrift dessen botanische Benennung, bestehend aus zwei Teilen, sozusagen Vor- und Nachname. Der erste, großgeschriebene bezeichnet die Gattung, z. B. *Salvia* für Salbei. Ihm folgt, stets kleingeschrieben, der Artzusatz, etwa *officinalis*. Mit *Salvia officinalis* ist der Gewürzsalbei eindeutig beschrieben. Zu Deutsch heißt er auch Echter Salbei oder Gartensalbei, woran deutlich wird, dass die deutsche Bezeichnung verschieden sein kann, was leicht zu Verwechslungen führt. Der botanische Name ist dagegen präzise und international verständlich.

Aufbau der Porträts

Im „Kopf" der Porträts folgen unter dem Namen der Pflanze Angaben zur Ernte- und Blütezeit im allgemein üblichen Rahmen. Je nach Standort, Witterung und Kultur kann sie sich auch etwas verschieben. Die Lebensform sagt aus, ob das Kraut einjährig bzw. zweijährig ist oder ob es mehrjährig als Staude, Halbstrauch oder Strauch wächst (→ auch Seite 42/43).

Darunter folgt eine Symbolleiste (→ nebenstehende Übersicht), die auf einen Blick wichtige Details zu Standort und Verwendung nennt. Ein Charakteristikum bringt die Eigenschaften schließlich schlagwortartig auf den Punkt. Die einzelnen Rubriken beschreiben die Arten bzw. Sorten dann genauer:
Andere Namen: weitere geläufige deutsche Namen oder botanische Bezeichnungen, die zwar veraltet, aber noch gebräuchlich sind
Familie: deutscher und botanischer Name der Pflanzenfamilie, zu der das Kraut gehört
Herkunft: Hinweise auf das geografische Verbreitungsgebiet sowie zum Vegetationstyp
Wuchs: Angaben zu Höhe, Wuchsform, Blattgestalt und weiteren Eigenschaften
Blüten/Früchte: Blütenfarbe und -form und, falls bedeutsam, Art und Aussehen der Früchte
Standort: erläutert die Licht-, Feuchtigkeits- und Bodenansprüche und die Möglichkeit zur Gefäßkultur
Pflegen: alles Wichtige zu Bewässerung, Düngung, Schnitt und Überwinterung; das Schlagwort „anspruchslos" (vor allem bei Wildkräutern) bedeutet, dass Pflegemaßnahmen entfallen, wenn der Standort stimmt
Vermehren: gängige und leicht durchführbare Methoden, um Nachkommen zu ziehen
Ernten: Angaben zu Zeitpunkt und Erntegut
Verwenden: Ratschläge, was von dem Kraut verwendet wird und wie man es gebraucht
Hinweis: besondere Angaben z. B. zum Duft oder zur Dosierung, auch Warnhinweise
Arten/Sorten: weitere, nahe verwandte Arten bzw. geläufige oder besondere Sorten.

VERWENDETE SYMBOLE

- Sonniger Platz, › 5 Std. volles Licht pro Tag
- Halbschattiger Platz (v. a. über Mittag)
- Schattiger Platz möglich
- Verwendung des Krauts in frischem Zustand
- Getrocknet verwendbar
- Kraut mit viel Würze für die Küche
- Kraut mit Heilkräften
- Kraut für Anwendung im Wellnessbereich
- Kraut eignet sich für Dekorationen

Schafgarbe

Achillea millefolium ssp. millefolium

ERNTEZEIT: April – September
BLÜTEZEIT: Juni – Oktober
LEBENSFORM: Staude

➤ *würzig duftende Wiesenstaude*

Andere Namen: Bauchwehkraut, Frauenkraut, Tausendblatt
Familie: Korbblütler *(Asteraceae)*
Herkunft: Europa, Sibirien; von Wiesen, Wegen und Feldrändern
Wuchs: bis 80 cm hoch; buschig; gefurchte Stängel; dunkelgrüne, fein gefiederte Blätter
Blüten: weiß, oft rosa überhaucht, in doldenartigem Blütenstand
Standort: sonnig; normaler Boden
Pflegen: sehr anspruchslos
Vermehren: durch Teilung
Ernten: zarte Blätter im Frühling frisch pflücken; während der Blütezeit alle krautigen Teile nutzbar
Verwenden: frisch zu Salaten oder Quark; frische Blüten für Gesichtsdampfbad bei fettiger Haut; getrocknetes Kraut als Tee bei Magen-, Darmbeschwerden und bei Menstruationsschmerzen; auch für Sitzbäder; fördert die Kompostrotte
Hinweis: nicht anwenden in der Schwangerschaft und bei Allergie auf Korbblütler (Wiesendermatitis)

Parakresse

Acmella oleracea

ERNTEZEIT: Mai – Oktober
BLÜTEZEIT: Mai – Oktober
LEBENSFORM: einjährig

➤ *alte indianische Heilpflanze*

Andere Namen: Brasilkresse, Husarenknopf, Augapfel-, Zahnwehpflanze, Prickelknöpfchen, *Spilanthes oleracea*
Familie: Korbblütler *(Asteraceae)*
Herkunft: tropisches Brasilien
Wuchs: breitet sich teppichförmig aus; etwa 25 cm hoch; dunkles, rötlich grünes Laub
Blüten: gelb bis rot, knopfartig
Standort: sonnig bis halbschattig; warm; normaler Gartenboden; gut für Frühbeet oder Gewächshaus
Pflegen: gleichmäßig feucht halten
Vermehren: durch Aussaat, Vorkultur ab März, Direktsaat ab Mai; Keimtemperatur 18–20 °C
Ernten: Blätter und Blüten bei Bedarf frisch abzupfen oder -schneiden
Verwenden: Blätter und Blüten hinterlassen auf Zunge und Lippen ein prickelndes Gefühl mit pikant-scharfem Geschmack; als Gemüse oder Gewürz für Suppen, Salate usw.; zerkaute Blätter erfrischen den Atem, haben eine zahnfleischstärkende Wirkung und lindern Zahnschmerz.

Echter Kalmus

Acorus calamus

ERNTEZEIT: Juni – Juli
BLÜTEZEIT: Juni – Juli
LEBENSFORM: Staude

➤ *aromatisches Bittermittel*

Andere Namen: Deutscher Ingwer, Deutscher Zitwer, Magenwurz
Familie: Kalmusgewächse *(Acoraceae)*
Herkunft: Ostasien, in Europa eingebürgert; Sümpfe und Gewässerufer
Wuchs: wintergrün; dicht buschige Rhizomstaude mit schwertförmigen, über 1 m langen Blättern
Blüten: in gelb-grünlichem Kolben von blattartigem Stängel überragt
Standort: sonnig bis halbschattig; auf stets nassem Boden
Pflegen: altes Laub im Frühjahr entfernen; neigt zum Wuchern
Vermehren: Teilen des Rhizoms (→ Seite 70)
Ernten: die Wurzeln während der Blütezeit ausgraben, in Scheiben schneiden und trocknen
Verwenden: gemahlene Wurzeln als Würze wie Ingwer, in Marmeladen; Tee bei Magen-, Darm- und Gallenbeschwerden
Hinweis: kann hautreizend wirken; sollte nicht in der Schwangerschaft angewendet werden

Moskitopflanze

Agastache cana

ERNTEZEIT: Juni – September
BLÜTEZEIT: Juli – September
LEBENSFORM: Staude

➤ *Blätter mit Kaugummiaroma*

Familie: Lippenblütler *(Lamiaceae)*
Herkunft: Mexiko; Wiesen, Gebüsche und Waldränder
Wuchs: aufrecht bis buschig; 50–80 cm hoch; lanzettliche, mattgrüne Blätter
Blüten: rosa, röhrenförmig, in üppig blühenden Kerzen
Standort: sonnig bis halbschattig; leicht feuchter, durchlässiger Boden
Pflegen: häufig gießen; mit Kompost düngen; wird für gewöhnlich nur einjährig gezogen
Vermehren: nach der Blüte teilen
Ernten: Blüten und junge Blätter nach Bedarf zupfen
Verwenden: frisch zum Würzen von Salaten, Süßspeisen, für Tees
Hinweis: soll angeblich Mücken und andere Insekten abwehren; wertvolle Bienenweide
Arten/Sorten: Ähnlich ist der Anis-Ysop, auch Duftnessel *(A. foeniculum)* genannt, die purpurn blüht und duftende Blätter hat. Sie haben ein Anis- und Lakritzaroma und erinnern auch im Geschmack daran.

Limonen-Ysop

Agastache mexicana

ERNTEZEIT: Juni – September
BLÜTEZEIT: Juli – September
LEBENSFORM: Staude

➤ *zitronig mit Anisaroma*

Familie: Lippenblütler *(Lamiaceae)*
Herkunft: Mexiko; Wiesen, Gebüsche und Waldränder
Wuchs: aufrechte, bis 1 m hohe, buschig wachsende Staude; ovale bis lanzettförmige, mattgrüne Blätter mit gesägtem Rand; frostempfindlich
Blüten: karminrot, in Ähren
Standort: sonnig bis halbschattig; humose, leicht feuchte Böden
Pflegen: zum Austrieb mit Kompost düngen; gleichmäßig feucht halten; Winterschutz ratsam
Vermehren: nach der Blüte teilen
Ernten: Blüten und Blätter werden nach Bedarf gepflückt
Verwenden: frisch als Würze für Salate, Saucen, Fisch, Geflügel, Süßspeisen oder als Tee
Hinweis: intensiver Duft und Geschmack nach Anis; herrliche Schmuckstaude für Beete und Rabatten
Arten/Sorten: 'Toronjil Morado' (Purpurmelisse) bringt ein frisches, reines Zitronenaroma hervor und blüht leuchtend purpurrot.

Koreanische Minze

Agastache rugosa

ERNTEZEIT: April – Juli
BLÜTEZEIT: Juli – September
LEBENSFORM: Staude

➤ *Schmetterlingsmagnet*

Familie: Lippenblütler *(Lamiaceae)*
Herkunft: China, Japan; in Wiesen
Wuchs: straff aufrecht bis buschig; schnellwüchsig; bis 1,2 m hoch; verzweigte Stängel; Blätter etwa 8 cm lang und leicht klebrig
Blüten: rosa mit weißen Spitzen, in 10 cm langen Ähren
Standort: sonnig; durchlässige, humose, leicht feuchte Böden
Pflegen: zum Austrieb mit Kompost düngen; im Frühjahr bis knapp über den Boden zurückschneiden
Vermehren: nach der Blüte teilen
Ernten: frische Blätter und Stängel mit kräftigem Minzearoma vor Blühbeginn; Blüten im Sommer zupfen
Verwenden: Blätter für Teemischungen; Blüten zum Garnieren oder für Duftpotpourris
Hinweis: wird in der traditionellen chinesischen Medizin (TCM) gegen Erkältungskrankheiten verwendet
Arten/Sorten: 'Alba' (Weißblühende Koreanische Minze) erweist sich als robust und ausdauernd.

Chinesische Stockrose

Alcea rosea

ERNTEZEIT: Juli – September
BLÜTEZEIT: Juli – September
LEBENSFORM: zweijährig

➤ *samtige Blütentrichter*

Andere Namen: Stockmalve, Rosenpappel, Bauernrose, Stangenrose, Schwarze Malve
Familie: Malvengewächse *(Malvaceae)*
Herkunft: östliches Mittelmeergebiet, Balkan und Kleinasien; Grasländer und Felsfluren
Wuchs: aus verzweigtem, tief reichendem Wurzelstock treibt im ersten Jahr eine Blattrosette; erst im zweiten Jahr bildet sich der rau behaarte, 1,2–2 m lange Blütenschaft aus; die lang gestielten Blätter sind handförmig gelappt, mit steifen Filzhaaren überzogen und weisen auffällige, stark hervortretende Adern auf.
Blüten: in der Regel schwarzpurpurn, bei Sorten auch in Weiß, Gelb, Apricot oder Violett sowie in verschiedenen Rosa- und Rottönen, groß, trichterförmig in lockerer Traube im mittleren und oberen Bereich langer Blütenstängel
Standort: sonnig; bevorzugt eine windgeschützte Lage; benötigt einen lockeren, tiefgründigen und möglichst nahrhaften Gartenboden
Pflegen: reichlich mit Kompost versorgen; bei trockenem Wetter häufig gießen; bei Bedarf an einem hohem Stützstab aufbinden
Vermehren: durch Samen im Spätsommer oder im Frühjahr, entweder direkt an Ort und Stelle oder mit Vorkultur im Frühbeet; sät sich auch selbst aus; Sämlinge sollten auf einen Abstand von etwa 50 cm vereinzelt werden, sobald sie 4–5 Blätter haben.
Ernten: voll entwickelte Blüten samt Kelch abpflücken oder -schneiden
Verwenden: frische Blüten für Garnierungen, als außergewöhnliche „Dessertschalen" zum Füllen mit Creme, Pudding oder Eis sowie zum Verzuckern; heilkundlich in Form von Tee gegen Husten, Rachen- und Halsentzündungen, dazu Blüten an schattigem, luftigem Ort trocknen
Hinweis: Besonders gut kommen Stockrosen zur Geltung, wenn man sie in einer Reihe oder als Gruppe entlang eines Zauns pflanzt.
Arten/Sorten: Als besonders heilkräftig gilt die fast schwarz blühende Sorte 'Nigra' (→ Abb.); die halb- und dicht gefüllten Sorten eignen sich dagegen nur als Gartenzierden oder zur Garnierung von Süßspeisen.

Gelbgrüner Frauenmantel

Alchemilla xanthochlora

ERNTEZEIT: Mai – August
BLÜTEZEIT: Mai – August
LEBENSFORM: Staude

➤ *anmutiger Blattschmuck*

Andere Namen: Alchemistenkraut, Marienkraut, Frauenhilf, Taukraut
Familie: Rosengewächse *(Rosaceae)*
Herkunft: Europa bis Asien; Gebüsche, Wiesen, Waldränder
Wuchs: rosettenartig; bis 50 cm hoch; weichhaarige, sieben- bis neunlappige Blätter, aus deren gezähnten Rändern kleine Wassertröpfchen austreten
Blüten: gelblich grün, knäuelartig in lockeren Rispen
Standort: sonnig bis halbschattig; humusreicher, leicht feuchter, aber durchlässiger Boden
Pflegen: nach der Blüte kräftiger Rückschnitt; mit Kompost düngen
Vermehren: Teilung im Spätwinter oder zeitigen Frühjahr
Ernten: Blätter oder blühendes Kraut
Verwenden: frische Blättchen für Salate, Suppen; Tee aus getrocknetem Kraut bei Menstruationsstörungen und Beschwerden in den Wechseljahren, gegen Magen-Darm-Beschwerden
Hinweis: nicht während der Schwangerschaft anwenden

Winterheckzwiebel

Allium fistulosum

ERNTEZEIT: ganzjährig
BLÜTEZEIT: Juli – August
LEBENSFORM: Zwiebelpflanze

➤ *angenehme Schärfe*

Andere Namen: Lauchzwiebel, Frühlingszwiebel, Jakobslauch, Winter-Zwiebel, Grober Schnittlauch
Familie: Lauchgewächse *(Alliaceae)*
Herkunft: Sibirien bis Nordwestchina
Wuchs: bis 60 cm hoch; länglich walzenförmige Zwiebeln; röhrenförmige, hohle Laubblätter
Blüten: grünlich weiß, in kugeligem Blütenstand, anfangs von einem Hüllblatt umschlossen
Standort: sonnig; nährstoffreiche, wasserdurchlässige Böden
Pflegen: anspruchslos; bei Trockenheit gießen; Boden unkrautfrei halten und regelmäßig lockern
Vermehren: Aussaat Ende März bis Anfang April; bei *Allium fistulosum* ssp. *bulbifera* steckt man die Brutzwiebeln (→ Seite 71), die sich an langen Röhrentrieben bilden
Ernten: frische Blätter (Schloten) nach Bedarf schneiden oder die ganze Pflanze herausziehen
Verwenden: frisch, ähnlich Schnittlauch und Küchenzwiebel; Blätter klein geschnitten einfrieren; die Zwiebeln gelten allgemein als gesundheitsfördernd und desinfizierend.
Hinweis: ganzjährige Ernte möglich, wenn im Frühbeet gezogen oder mit gutem Winterschutz versehen
Arten/Sorten: Ähnlich ist Etagen- oder Luftzwiebel *(Allium-Proliferum-Gruppe)*, bei der sich auf dem Blütenschaft Tochterzwiebeln bilden. Diese Zwiebeln können ebenso wie die Schloten (Röhrenblätter) und die im Boden steckenden Zwiebeln verwendet werden, am besten schmecken sie frisch.

Knoblauch

Allium sativum

ERNTEZEIT: Mai – Oktober
BLÜTEZEIT: Juli – August
LEBENSFORM: Zwiebelpflanze

➤ *pflanzliches Antibiotikum*

Familie: Zwiebelgewächse *(Alliaceae)*
Herkunft: Zentralasien
Wuchs: einzelner, bis 80 cm hoher Stängel; graugrüne, linealisch-zugespitzte Blätter; Knolle im Boden besteht aus eiförmiger Hauptzwiebel mit vielen Nebenzwiebeln (Zehen)
Blüten: rötlich weiß in Dolden, anfangs von Hochblatt umgeben
Standort: sonnig; schwere, gut gedüngte, nur mäßig feuchte Böden
Pflegen: anspruchslos
Vermehren: im März oder August Zehen oder Brutzwiebeln stecken (5 cm tief, mit 15 cm Abstand)
Ernten: ganze Zwiebeln erst nach dem Vergilben der Blätter; Brutzwiebeln und frische grüne Blätter werden nach Bedarf gepflückt
Verwenden: frisch, Zwiebeln auch getrocknet als Gewürz oder Gemüse; frisch gepresster Saft gegen Husten
Hinweis: Sprüht man Knoblauchtee nach dem Austrieb alle 2–3 Wochen über andere Pflanzen, wirkt dies vorbeugend gegen Pilzkrankheiten.

Schnittlauch

Allium schoenoprasum var. *schoenoprasum*

ERNTEZEIT: ganzjährig
BLÜTEZEIT: Juni – August
LEBENSFORM: Staude

➤ *regt den Appetit an*

Andere Namen: Binsenlauch, Schnittzwiebel, Pfannkuchenkraut
Familie: Zwiebelgewächse *(Alliaceae)*
Herkunft: Europa; Feuchtwiesen und Flussauen
Wuchs: grüne, röhrenförmige Blätter in Horsten; 20–30 cm hoch
Blüten: rötlich lilafarben, in halbkugeligen Köpfchen
Standort: sonnig bis halbschattig; feuchte, kalkhaltige und nährstoffreiche Böden
Pflegen: gut feucht halten; Kompostdüngung im Frühjahr; alle 2–3 Jahre durch Teilung verjüngen; eignet sich gut für Gefäßkultur
Vermehren: Teilung im Frühjahr oder Herbst; Aussaat ab März in Reihen oder Horsten
Ernten: im Freiland von März bis November, im Frühbeet, Gewächshaus oder von der Fensterbank ganzjährig (um Schnittlauch im Topf ab Dezember im Haus vorzutreiben, sollten die Zwiebeln draußen zunächst richtig durchfrieren); Blätter büschelweise nach Bedarf bis etwa 2 cm über dem Boden abschneiden; die Lauchblätter des ersten Frühjahrsaustriebes schmecken am würzigsten; Blüten abzupfen oder abschneiden
Verwenden: schmeckt am besten frisch zu verschiedenen Speisen wie Salaten, Saucen, Suppen, Rührei, Kräuterbutter usw.; auch die Blüten kann man sowohl als Würze wie zur Garnierung nutzen; Schnittlauch ist zum Trocknen ungeeignet, kann aber geschnitten eingefroren werden; er verliert dabei jedoch an Aroma; frisch verwendet enthält der Schnittlauch viel Vitamin C, damit dieses nicht verloren geht, sollte man ihn nicht mitkochen, sondern erst ganz zum Schluss über die Speisen geben; Schnittlauchreste im Kompost locken Regenwürmer an und fördern damit dessen Umsetzung.
Hinweis: Zupft man regelmäßig die Blütenknospen ab, bleiben die Röhrenblätter besonders lange zart und saftig; lässt man die Pflanzen blühen, werden die Blätter derber, können aber ebenso verwendet werden. Schnittlauch eignet sich gut als Beetumrandung.
Arten/Sorten: Zur Auswahl stehen grob- (z. B. 'Grolau'), mittel- und feinröhrige Sorten.

Schnittknoblauch

Allium tuberosum

ERNTEZEIT: März – November
BLÜTEZEIT: Juni – Juli
LEBENSFORM: Staude

➤ *beliebt in der chinesischen Küche*

Andere Namen: Knolau
Familie: Zwiebelgewächse *(Alliaceae)*
Herkunft: Ostasien; Wiesen
Wuchs: ähnlich wie Schnittlauch, Blätter aber flach; etwa 40 cm hoch; Blütentriebe ähneln Pfeilspitzen
Blüten: sternförmige, weiße Blüten in Dolden; zart duftend
Standort: sonnig; lockerer, humoser, mäßig feuchter Boden
Pflegen: viel gießen und düngen; Blütentriebe laufend ausbrechen
Vermehren: durch Aussaat am besten in Schalen, da Keimblätter Grashalmen ähneln und man sie sonst leicht damit verwechselt; Samen keimen langsam bei 10–15 °C in 3–6 Wochen; Teilung älterer Stöcke im Spätsommer oder Frühjahr nach dem Austrieb
Ernten: mild nach Knoblauch duftende Blätter nach Bedarf schneiden, Blüten abzupfen
Verwenden: frische Blätter wie Schnittlauch, z. B. zu Suppen, Salaten oder Quark, auch als Gemüse; Blüten als Garnierung, auch in Potpourris

Bärlauch

Allium ursinum

ERNTEZEIT: April – Juli
BLÜTEZEIT: Mai – Juni
LEBENSFORM: Zwiebelpflanze

➤ *wirksam wie Knoblauch*

Andere Namen: Wilder Knoblauch, Waldknoblauch, Hexenzwiebel
Familie: Zwiebelgewächse *(Alliaceae)*
Herkunft: Europa, Asien; natürliche Vorkommen an Bachufern, an Waldrändern, in feuchten Laubwäldern
Wuchs: Aus einer länglichen Zwiebel wächst ein 25–35 cm langer Blütenstängel, der am Grund meist zwei lang gestielte, eiförmig-lanzettliche Blätter aufweist. Bärlauch bildet rasch ausgedehnte Teppiche. Die Pflanze zieht im Sommer komplett ein.
Blüten: weiß, sternförmig, in lang gestielten, halbkugelförmigen Dolden, die zu mehreren aus der Blattbasis entspringen
Standort: halbschattig bis schattig; feuchte, lehmig-humose, kalkhaltige Böden; am besten unter großen Bäumen und Sträuchern
Pflegen: sehr anspruchslos; nur bei lange anhaltender Trockenheit während der Wachstumszeit gießen; nicht düngen; im Herbst Falllaub von den Bäumen liegen lassen bzw. mit Laub mulchen (→ Seite 67), damit ergänzt man Humus und Nährstoffe
Vermehren: durch Aussaat von Sommer bis Frühherbst 1–2 cm tief ins Beet oder in Gefäße, Saaten feucht halten, keimt erst nach Frosteinwirkung im folgenden Frühjahr; einfacher ist Vereinzelung der Zwiebeln nach der Blüte.
Ernten: die nach Knoblauch duftenden Blätter, Blütenknospen sowie Blüten von April bis Juni pflücken oder schneiden; die schlanken Zwiebeln nach der Blüte aus dem Boden ziehen
Verwenden: am besten frisch, dann ist der Vitamin-C-Gehalt am höchsten; klein geschnitten, roh oder gedünstet zu Suppen und Salaten, Saucen, als Gemüse wie Spinat; zur Konservierung in Öl oder Essig einlegen bzw. Pesto zubereiten; die Blätter lassen sich auch gut einfrieren; heilkundlich genauso wirksam wie Knoblauch
Hinweis: Es besteht Verwechslungsgefahr mit den giftigen Arten Maiglöckchen *(Convallaria majalis)*, Herbstzeitlose *(Colchicum autumnale)* und Aronstab *(Arum maculatum)*. Allein Bärlauchblätter verströmen aber beim Zerreiben einen typischen Knoblauchgeruch, brechen leicht und kommen stets einzeln an langen Stielen aus dem Boden.

Echte Aloe

Aloe vera

ERNTEZEIT: ganzjährig
BLÜTEZEIT: Frühjahr
LEBENSFORM: Staude

➤ *erste Hilfe bei Verbrennungen*

Andere Namen: Wahre Aloe; auch als *Aloe barbadensis* geführt
Familie: Aloegewächse *(Aloaceae)*
Herkunft: Trockengebiete in Afrika, Madagaskar, Arabien
Wuchs: Sukkulente; grundständige Rosette aus schmalen, fleischigen, am Rand bestachelten Blättern, grau-grün mit weißen Flecken; bis 60 cm hoch; frostempfindlich
Blüten: nur an älteren Exemplaren leuchtend gelbe bis orangefarbene, glockige Blüten in etwa 1 m hohen, verzweigten Blütenständen
Standort: sonnig und warm, ganzjährig bei Zimmertemperatur (etwa 21 °C) heller Platz am Fenster; im Sommer regengeschützt auch im Freien
Pflegen: Kultur nur im Gefäß; in gut wasserdurchlässige Erde (am besten in spezielles Kakteen- oder Sukkulentensubstrat) pflanzen; sparsam wässern, vor allem während der Wintermonate; im Frühjahr und Sommer etwa alle 4–6 Wochen schwach dosiert Kakteendünger geben
Vermehren: über Seitensprosse (Ableger), die neben der Mutterpflanze entstehen; diese werden abgetrennt und einzeln in ein Gemisch aus gleichen Teilen Vermehrungserde und Sand eingepflanzt.
Ernten: frische Blätter nach Bedarf abschneiden; am besten ein älteres Blatt mit einem Messer abschneiden und das klare, schleimige Gel aus dem Blatt herauspressen oder ein benötigtes Stück Blatt schälen; Reste in Alufolie wickeln und im Kühlschrank aufbewahren (hält sich etwa 2 Wochen)
Verwenden: besitzt antibakterielle Wirkung; äußerlich zur Förderung der Wundheilung bei Verbrennungen, bei Sonnenbrand oder bei Insektenstichen, dazu einfach Blattstück auflegen oder etwas frisch ausgepresstes Gel einreiben; als Maske Blattstücke auf die Haut legen und einige Zeit einwirken lassen; innerlich zur Regeneration der Darmschleimhaut und als abführendes Mittel (nicht ohne ärztlichen Rat einnehmen!)
Hinweis: Wird mit der Zeit recht ausladend und braucht einen stabilen, standfesten Topf. Vorsicht vor den harten Blattspitzen und den Stacheln an den Blatträndern, an denen man sich leicht verletzen kann.

Zitronenverbene

Aloysia triphylla

ERNTEZEIT: Juli – Oktober
BLÜTEZEIT: September
LEBENSFORM: Strauch

➤ *aromatischer Zitronenduft*

Andere Namen: Zitronenstrauch, Duftverbene, Vervaine
Familie: Eisenkrautgewächse *(Verbenaceae)*
Herkunft: Südamerika; Gebüsche
Wuchs: bis 2 m hoher Strauch; lanzettliche, bis 10 cm lange Blätter
Blüten: weiß, zierlich, duftend, in endständigen Rispen
Standort: sonnig bis halbschattig; durchlässiges Substrat bzw. Gartenerde; im Sommer windgeschützt im Freien
Pflegen: Kultur als Kübelpflanze; gleichmäßig leicht feucht halten; im Sommer alle 2 Wochen düngen; bei 5–10 °C hell überwintern; im Frühjahr zurückschneiden
Vermehren: über Stecklinge
Ernten: Blätter und Blüten nach Bedarf abschneiden oder pflücken
Verwenden: frisch oder getrocknet; zum Würzen und Aromatisieren, wirkt beruhigend; Teekraut; für Potpourris
Hinweis: kann, als Tee über einen längeren Zeitraum eingenommen, zu Verdauungsbeschwerden führen

Echter Eibisch

Althaea officinalis

ERNTEZEIT: Juni – November
BLÜTEZEIT: Juni – August
LEBENSFORM: Staude

➤ *bewährtes Hustenmittel*

Andere Namen: Hustenkraut
Familie: Malvengewächse *(Malvaceae)*
Herkunft: östliches Mittelmeergebiet; Küsten, Wiesen, auf Salzböden
Wuchs: aufrecht buschig; bis 1,5 m hoch; behaarte, kaum verzweigte Stängel; fleischige Pfahlwurzel; herzförmige, weichhaarige Blätter
Blüten: weißlich, zartviolett oder hellrosa, trichterförmig
Standort: sonnig; feuchte, tiefgründige, auch salzhaltige Böden
Pflegen: bei Trockenheit gießen
Vermehren: Teilung im Herbst
Ernten: Blüten und junge Blätter pflücken, Wurzel im Herbst ausgraben
Verwenden: frisch oder getrocknet; Tee (Wurzel kalt ansetzen und mild erwärmen) bei Husten, Magen- und Darmbeschwerden, Blasen- und Harnwegsentzündung; Tee bzw. Brei aus Blättern als Umschlag bei Hautverletzungen, Geschwüren und Furunkeln; junge Blätter für Salate oder Gemüse; schöne Schnittblumen für die Vase
Hinweis: wertvolle Bienenweide

DUFT UND WÜRZE VON GEHÖLZEN

Deutscher Name / ***Botanischer Name***	**Verwendung**	**Bemerkungen**
Tanne *Abies alba*	junge Triebspitzen für Brotaufstrich (mit Zucker einkochen)	immergrün; im Garten oder wild sammeln
Ahorn *Acer*-Arten	junge Blätter für Gemüse; Blüten als Salatbeigabe	Laubabwurf; im Garten od. wild sammeln
Birke *Betula*-Arten	Blutungssaft als süßer Sirup; Blätter für Tee (harntreibend)	Laubabwurf; im Garten od. wild sammeln
Gewürzstrauch *Calycanthus floridus*	Blätter, Blüten, Früchte als Gewürz, ähnlich Muskat und Nelken	Laubabwurf; aus dem Garten
Zistrose *Cistus*-Arten	Blätter als Fixativ für Düfte; duftende Blüten für Desserts, Tees	immergrün; Kübelkultur
Zitronenblatt *Citrus hystrix*	Blätter mit Zitronenaroma; Würze für asiatische Gerichte	immergrün; Kübelkultur
Weißdorn *Crataegus monogyna*	Blüten für Süßspeisen, zu Salaten; Früchte als Tee, Stärkungsmittel	Laubabwurf; im Garten od. wild sammeln
Chinesischer Gewürzstrauch *Elsholtzia stauntonii*	Blätter als Würze für asiatische Gerichte	Laubabwurf; Kübelkultur
Eukalyptus *Eucalyptus citriodora*	Blätter als Würze, für Tee, als Badezusatz	immergrün; Kübelkultur
Jasmin *Jasminum*-Arten	Blüten als Würze für Tee und Süßspeisen	immergrün; Kübelkultur oder Garten
Wacholder *Juniperus communis*	blauschwarze Beeren der weiblichen Pflanzen als Gewürz	immergrün; im Garten od. wild sammeln
Lärche *Larix decidua*	Blütenknospen kandiert; junge Triebe für Salate, für Tee, als Brotaufstrich	Laubabwurf; im Garten od. wild sammeln
Chilenische Myrte *Luma chequen*	harzig-würzige Blätter; Gewürz ähnlich wie Lorbeer	immergrün; Kübelkultur
Curryblatt *Murraya koenigii*	Blätter als Würze für asiatische Gerichte	immergrün; Kübelkultur
Brautmyrte *Myrtus communis*	Blätter, Beeren; zum Aromatisieren von Likören, zum Räuchern, als Würze	immergrün; Kübelkultur empfohlen
Rotfichte *Picea abies*	Triebspitzen als Braten- und Wildgewürz; Badezusatz	immergrün; im Garten od. wild sammeln
Australischer Minzestrauch *Prostanthera rotundifolia*	Blätter mit Minzaroma; als Würze, für Tee	immergrün; Kübelkultur
Traubenkirsche *Prunus padus*	Blüten kandiert und f. Tee; Früchte für Süßspeisen, Essig oder Kompott	im Garten od. wild sammeln
Rosen *Rosa*-Arten und -Sorten	Blüt. für Salat, als Garnierung, Badezusatz; Früchte für Konfitüre, für Tee	Laubabwurf; im Garten od. wild sammeln
Schwarzer Holunder *Sambucus nigra*	Blüten als Würze, für Sirup; Früchte für Tee	Laubabwurf; im Garten od. wild sammeln
Flieder *Syringa*-Arten	Blüten als Gewürz für Desserts, für Tee	Laubabwurf; aus dem Garten
Linde *Tilia*-Arten	Blüten zu Süß-, Quark-, Eierspeisen, für Tee; jg. Blätter für Salat, Gemüse	Laubabwurf; im Garten od. wild sammeln

Garten-Fuchsschwanz

Amaranthus caudatus

ERNTEZEIT: Juni – November
BLÜTEZEIT: Juni – September
LEBENSFORM: einjährig

➤ *heiliges Kraut der Azteken*

Andere Namen: Amarant, Meier, Inka-Weizen
Familie: Fuchsschwanz- oder Amarantgewächse *(Amaranthaceae)*
Herkunft: Mittel- und Südamerika; Wegränder, Ödland, Schuttplätze
Wuchs: buschig; 40–120 cm hoch; meist roter Stängel, flaumig behaart; ovale, stumpfgrüne, kahle Blätter
Blüten: dunkelrote Blüten in langen, hängenden Scheinähren
Standort: sonnig, warm, windgeschützt; nahrhafte, gut durchlässige und humusreiche Gartenböden
Pflegen: gleichmäßig leicht feucht halten; Pflanzen eventuell leicht anhäufeln, das fördert die Standfestigkeit und bringt mehr Ertrag
Vermehren: Aussaat an Ort und Stelle 1–2 cm tief ab Mitte Mai, in Reihen mit 40 cm Abstand oder breitwürfig; sät sich leicht selbst aus
Ernten: junge Blätter sowie ganze Triebe nach Bedarf fortlaufend pflücken; reife Fruchtstände ab September (die Samen reifen jedoch nur in warmen Klimagebieten und nach warmen Sommern richtig aus)
Verwenden: frische Blätter und Triebe wie Spinat zubereiten, roh oder gekocht als Salat, Gemüse; zarte Stängel ähnlich wie Spargel; die winzigen, an hochwertigem Eiweiß reichen und glutenfreien Samen aus Fruchtständen herausschütteln, frisch (im Kühlschrank etwa 1 Woche haltbar) oder getrocknet in Müsli, gemahlen (in alter Kaffee-, Getreidemühle) zur Herstellung von Brei, Fladen und Teigwaren; wie Puffmais rösten („poppen") als Knabberei
Hinweis: Amarant ist ein vollwertiger Getreideersatz bei Glutenunverträglichkeit (Zöliakie); hoher Eisengehalt, gegen Eisenmangel im Blut (z. B. in der Schwangerschaft) wirksam; in Europa vor allem als Zierpflanze wegen der attraktiven, langen, quastenähnlichen Blütenstände kultiviert; auch als Trockenblume geeignet
Arten/Sorten: Im Angebot sind Gemüse- bzw. Körneramarant; Erstere sind Arten wie *A. tricolor* (auch Chinesischer Spinat genannt), *A. blitum*, *A. dubius*, bei denen man vorwiegend die Blätter erntet, Letztere wie *A. edulis*, *A. hypochondriacus* nutzt man sowohl als Gemüse- wie als Körnerlieferanten.

Bischofskraut

Ammi majus

ERNTEZEIT: Juni – Oktober
BLÜTEZEIT: Juni – Oktober
LEBENSFORM: einjährig

➤ *üppige Blütendolden*

Andere Namen: Große Knorpelmöhre, Weißer Dill, Ammei
Familie: Doldenblütler *(Apiaceae)*
Herkunft: Mittelmeerraum; Ödland, felsige Standorte, Wegränder
Wuchs: straff aufrecht; bis 1 m hoch; Blätter fein gefiedert, graugrün
Blüten/Früchte: kleine, weiße Blüten in schirmförmigen Doppeldolden; braune, gefurchte Früchte
Standort: sonnig bis halbschattig; mäßig trockene, nährstoffreiche Böden
Pflegen: bei Bedarf stützen
Vermehren: Direktaussaat ab April
Ernten: junge Blättchen nach Bedarf; reife Früchte im Herbst
Verwenden: frische Blätter wie Petersilie; Samen frisch oder getrocknet wie Kümmel; als Zierpflanze (blühende Triebe) in Sträußen
Hinweis: kann bei empfindlichen Personen Wiesendermatitis auslösen
Arten/Sorten: Von *Ammi visnaga,* dem Zahnstocherkraut, bricht man die harten Strahlen getrockneter Blütendolden ab und nutzt sie wie Zahnstocher.

Garten-Dill

Anethum graveolens var. *hortorum*

ERNTEZEIT: Mai – November
BLÜTEZEIT: Juni – August
LEBENSFORM: einjährig

➤ *uralte Heil- und Küchenpflanze*

Andere Namen: Gurkenkraut
Familie: Doldenblütler *(Apiaceae)*
Herkunft: in Kultur entstanden; ursprünglich aus Vorderem Orient
Wuchs: aufrecht buschig; bis 1,25 m hoch; fein gefiederte Blätter
Blüten/Früchte: gelb, in großen schirmförmigen Dolden; eiförmige, flache, geflügelte Samen
Standort: sonnig, windgeschützt; lockerer, humoser Gartenboden
Pflegen: gleichmäßig feucht halten
Vermehren: Direktaussaat ab April, Folgesaaten bis August; in Reihen oder breitwürfig; sät sich selbst aus
Ernten: junge Blätter fortlaufend zupfen, Blüten schneiden; Früchte, wenn sie bräunlich werden
Verwenden: Blätter und Blüten frisch oder getrocknet zum Würzen, z. B. für Salate, Fisch, Saucen; gut zum Einfrieren geeignet; Früchte sowie Blütenstände zum Einlegen von Gurken, für Kräuteressig, als Würze ähnlich wie Anis; getrocknete Früchte als Tee wirkungsvoll gegen Blähungen

Echte Engelwurz

Angelica archangelica

ERNTEZEIT: April – Mai, Okt. – Nov.
BLÜTEZEIT: Juli – August
LEBENSFORM: Staude

➤ *imposante Großstaude*

Familie: Doldenblütler *(Apiaceae)*
Herkunft: Europa, Asien; an Flussufern und auf Wiesen
Wuchs: hohle, gerillte Stängel; bis 2,5 m hoch; große, gefiederte Blätter
Blüten: grünlich weiß, in großen, halbkugeligen Dolden
Standort: halbschattig; feuchte, nahrhafte, durchlässige Böden
Pflegen: Werden die Blütenstände entfernt, ist die Pflanze langlebiger.
Vermehren: Aussaat (Frostkeimer, → Seite 61) im frühen Herbst, im nächsten Jahr mit mindestens 1 m Abstand versetzen
Ernten: frische Blätter und Blattstiele; Wurzel im Frühjahr oder Spätherbst ausgraben, schneiden und zum Trocknen auffädeln (→ Seite 83)
Verwenden: Blätter und Blattstiele zu Suppen, Saucen und Salaten; Stängel kandieren; getrocknete Wurzel als Tee gegen Magen-Darm-Beschwerden
Hinweis: Dicht verschlossen aufbewahren, da die aromatischen Wurzeln Schadinsekten anziehen!

Färberkamille

Anthemis tinctoria

ERNTEZEIT: Juni – Oktober
BLÜTEZEIT: Juni – September
LEBENSFORM: Staude

➤ *alte Färbepflanze*

Andere Namen: Färber-Hundskamille
Familie: Korbblütler *(Asteraceae)*
Herkunft: Europa und Westasien; Trockenrasen, Äcker, Straßenränder
Wuchs: buschig; bis 60 cm hoch; Blätter graugrün, fein gefiedet, farnartig, gekräuselt
Blüten: bis 4 cm groß, einzeln, lang gestielt, goldgelb, margeritenartig
Standort: sonnig und warm; auf mageren Böden
Pflegen: anspruchslos; im Herbst kräftig zurückschneiden
Vermehren: Teilen nach der Blüte; Aussaat (Lichtkeimer, → Seite 61)
Ernten: Blüten, Blätter und Stängel
Verwenden: frische Blüten als essbare Garnierung, zum Einlegen in Honig oder Öl (gibt schöne Farbe), als Beimengung zu Tees (zum „Schönen“); frische Blätter als Würze, z. B. für Quark und Butter; getrocknete Blüten und Stängel zum Färben von Wolle und Naturstoffen
Hinweis: wertvolle Bienenweide; üppig blühende Zierde für naturnahe Gärten und magere Blumenwiesen

Kerbel

Anthriscus cerefolium ssp. *cerefolium*

ERNTEZEIT: April – September
BLÜTEZEIT: Mai – August
LEBENSFORM: einjährig

➤ *würzig duftende Wiesenstaude*

Andere Namen: Gartenkerbel, Suppenkraut, Küchenkerbel
Familie: Doldenblütler *(Apiaceae)*
Herkunft: Kulturform
Wuchs: locker buschig; 30–60 cm hoch; gerillte Stängel; weiche, hellgrüne Blätter, drei- bis vierfach gefiedert, zart nach Anis duftend
Blüten: weiße Blütchen in schirmförmigen Dolden
Standort: halbschattig; lockere, mäßig feuchte Böden
Pflegen: anspruchslos; bei Trockenheit kräftig gießen
Vermehren: ab Ende März direkt ins Freie säen, Folgesaaten bis August; sät sich leicht selbst aus
Ernten: junge Blätter vor Beginn der Blüte
Verwenden: frisch zu Suppen, Saucen, Quark und Salaten; wirkt als Tee leicht wassertreibend
Hinweis: Kerbelblättchen ganz zum Schluss zu Speisen geben, niemals mitkochen; mit anderen Doldenblütlern zu verwechseln (→ Seite 80)

Wundklee

Anthyllis vulneraria

ERNTEZEIT: Juni – August
BLÜTEZEIT: Mai – September
LEBENSFORM: Staude

➤ *fördert Wundheilung*

Andere Namen: Gelber Klee, Apothekerklee, Tannenklee
Familie: Schmetterlingsblütler *(Fabaceae)*
Herkunft: Europa; sonnige Hänge, Trockenwiesen und Kalkmagerrasen; Pionierpflanze auf Rohböden
Wuchs: bis 35 cm hoch; Stängel meist aufrecht und seidig behaart; Stängelblätter mit oval-lanzettlichen Fiedern, Grundblätter meist einfach
Blüten: hellgelbe bis orangegelbe Blüten in lang gestielten, endständigen Köpfchen mit zottig-filzigem Kelch, der nach der Blüte aufgeblasen ist
Standort: sonnig; kalkhaltige, durchlässige Böden
Pflegen: anspruchslos; frosthart
Vermehren: Aussaat, Stecklinge
Ernten: Blüten, zarte Triebspitzen
Verwenden: Blüten wirken getrocknet als Tee gegen Husten und als Blutreinigungsmittel; als feuchter Umschlag bei schlecht heilenden Wunden; frische Triebspitzen eignen sich gut als Gemüsebeigabe.

Schnittsellerie

Apium graveolens var. *secalinum*

ERNTEZEIT: April – Oktober
BLÜTEZEIT: Juni – August
LEBENSFORM: zweijährig

➤ *universelle Suppenwürze*

Andere Namen: Blattsellerie, Küchensellerie, Suppenkraut
Familie: Doldenblütler *(Apiaceae)*
Herkunft: Kulturform
Wuchs: dicht buschig; 30–50 cm hoch; Stängel kantig, stark gerillt; dunkelgrüne, gefiederte Blätter
Blüten: gelblich weiß, in Dolden, erscheinen im zweiten Jahr
Standort: sonnig bis halbschattig; nahrhafte, feuchte Böden
Pflegen: feucht halten; organisch düngen (Kompost, Kräutersud); Boden mulchen (→ Seite 67)
Vermehren: Aussaat mit Vorkultur (Lichtkeimer, → Seite 61), im März/April; ab Anfang Mai Direktsaat ins Freiland
Ernten: zarte Blätter nach Bedarf
Verwenden: frisch, tiefgefroren oder getrocknet; Blätter zu Suppen, Eintöpfen, Saucen und Salaten
Hinweis: wird einjährig kultiviert; bildet im Gegensatz zum Knollensellerie *(Allium graveolens* var. *rapaceum)* nur spindelförmige Wurzeln

Meerrettich

Armoracia rusticana

ERNTEZEIT: ganzjährig
BLÜTEZEIT: Juni – Juli
LEBENSFORM: Staude

➤ *macht den Kopf frei*

Andere Namen: Kren, Bauernsenf
Familie: Kreuzblütler *(Brassicaceae)*
Herkunft: Südosteuropa und Westasien; feuchte Stellen
Wuchs: Rosette aus derben, gewellten, bis 1 m langen Blättern; stangenförmige Hauptwurzel; breitet sich über Wurzelrhizome (Fechser) aus, aus denen neue Triebe sprießen
Blüten: weiß, in Trauben, im zweiten Jahr an langen Stielen
Standort: sonnig oder halbschattig; feuchte, nahrhafte Böden
Pflegen: Übermäßiges Wuchern lässt sich durch Kübelkultur vermeiden.
Vermehren: dünne Wurzelableger (Fechser) ab März pflanzen
Ernten: Wurzeln (bei frostfreiem Boden ganzjährig)
Verwenden: frische Wurzeln schälen, fein schneiden oder reiben und roh verwenden bzw. einkochen; scharfe, typische Würze zu gekochtem Fleisch, Fisch, Eiern oder als Brotaufstrich zusammen mit Quark; mit Honig gegen Husten und Bronchitis

Amerikanische Arnika

Arnica chamissonis

ERNTEZEIT: Juni – August
BLÜTEZEIT: Juni – August
LEBENSFORM: Staude

➤ *Wichtiges Wundkraut*

Andere Namen: Wiesenarnika
Familie: Korbblütler *(Asteraceae)*
Herkunft: Nordamerika; auf sauren Moorwiesen
Wuchs: bildet Rhizome; bis 60 cm hoch; grundständige Rosette aus ovalen Blättern
Blüten: einzelne, gelbe Körbchenblüten an langen, blattlosen Stielen
Standort: sonnig; feuchte, saure Humusböden
Pflegen: anspruchslos; bei Trockenheit gießen
Vermehren: Aussaat oder Teilung
Ernten: voll entfaltete Blüten
Verwenden: frisch oder getrocknet, als Tee, Tinktur, Salbe oder Umschlag; äußerlich bei Zerrungen, Quetschungen, Blutergüssen, Muskelkater und Verstauchungen; bei Sonnenbrand und Insektenstichen; zum Gurgeln bei Entzündungen in Mund und Rachen
Hinweis: ist wesentlich einfacher zu kultivieren als die Echte Arnika *(Arnica montana)* und nicht so empfindlich gegen winterliche Nässe

Echte Arnika

Arnica montana

ERNTEZEIT: Juni – August
BLÜTEZEIT: Juni – August
LEBENSFORM: Staude

➤ *geschützte, seltene Art*

Andere Namen: Bergwohlverleih
Familie: Korbblütler *(Asteraceae)*
Herkunft: Europa und Westasien; in Gebirgslagen auf mageren, sauren Wiesen und Mooren; selten
Wuchs: bis 60 cm; grundständige Blattrosette; gegenständige, schmale Blätter an behaartem Stängel
Blüten: gelbe Korbblüten, einzeln auf langen Stielen
Standort: sonnig; durchlässige, feuchte, humusreiche Moorböden
Pflegen: schwierige Kultur; Moorbeeterde nötig; feucht halten; nicht düngen; empfindlich gegen winterliche Nässe ohne schützende Schneedecke
Vermehren: Aussaat oder Teilung
Ernten: Blüten; Wildsammlung nicht erlaubt (Naturschutz!), Bezug über Kräutergärtnereien
Verwenden: wie Amerikanische Arnika; als Gesichtsdampfbad gegen unreine Haut, mit Weizenkleie als Gesichtsmaske; Ölauszug zur Massage
Hinweis: Es sind allergische Reaktionen möglich.

Eberraute

Artemisia abrotanum

ERNTEZEIT: Mai – Oktober
BLÜTEZEIT: Juli – Oktober
LEBENSFORM: Halbstrauch

➤ *vertreibt Fliegen und Motten*

Andere Namen: Zitronenkraut
Familie: Korbblütler *(Asteraceae)*
Herkunft: wahrscheinlich Südeuropa und Vorderasien
Wuchs: wintergrün; buschig; bis 1,5 m hoch; feingliedrige, graugrüne, ca. 5 cm lange Blätter
Blüten: gelbe, kugelige Köpfchen in rispenartigen Blütenständen
Standort: sonnig, geschützt; humose, kalkhaltige, nicht zu feuchte Böden
Pflegen: Winterschutz ratsam
Vermehren: Kopfstecklinge, Teilung
Ernten: die aromatischen Blätter und Triebspitzen
Verwenden: frisch oder getrocknet, zitronig und leicht bitter schmeckend, zum Würzen von Saucen, Fleisch, Salaten, sparsam verwenden; als Kräutersträußchen auch gegen Motten wirksam (→ Seite 90), dient zur Abwehr von Stechmücken; Tee wirkt appetitanregend, magenstärkend
Hinweis: Es gibt zweierlei Kulturtypen, einer duftet mehr zitronig, der andere mehr nach Kampfer („Cola-Kraut").

Wermut

Artemisia absinthium

ERNTEZEIT: Juni – September
BLÜTEZEIT: Juni – September
LEBENSFORM: Staude

➤ *Bittermittel für die Verdauung*

Andere Namen: Absinth, Wurmkraut
Familie: Korbblütler *(Asteraceae)*
Herkunft: Europa, Asien; steinige, trockene Stellen
Wuchs: dicht buschig; bis 1 m hoch; fein gefiederte Blätter, silbergrau behaart; stark moschusartig duftend
Blüten: gelbe, kugelige Blütchen in lockeren Rispen
Standort: sonnig und warm; trockene, sandige Böden
Pflegen: anspruchslos; braucht viel Platz; keine Staunässe; winterhart
Vermehren: Aussaat direkt ins Beet, Stecklinge, Teilung
Ernten: bitter-aromatische Blätter laufend frisch pflücken, Triebspitzen
Verwenden: frisch oder getrocknet zu fettem Fleisch und Eintöpfen, zum Würzen von Wein und Likören; Tee bei Appetitlosigkeit, Gallen- und Verdauungsbeschwerden; Absud als Mittel gegen Schadinsekten im Garten
Hinweis: nicht in der Schwangerschaft anwenden; gut schnittverträglich, kann als Hecke um Beete gezogen werden

Estragon

Artemisia dracunculus

ERNTEZEIT: April – Oktober
BLÜTEZEIT: Juli – September
LEBENSFORM: Staude

➤ *Mitbringsel der Kreuzfahrer*

Andere Namen: Schlangenkraut, Bertram, Dragon
Familie: Korbblütler *(Asteraceae)*
Herkunft: Asien
Wuchs: breitbuschig; bis 1,5 m hoch; schmale, lanzettförmige Blätter
Blüten: gelb-grün, unscheinbar
Standort: sonnig bis halbschattig; warm, geschützt; humusreiche, feuchte Böden
Pflegen: mit Kompost düngen; Winterschutz ratsam
Vermehren: Aussaat, Teilung
Ernten: Blätter oder Triebspitzen nach Bedarf von Frühling bis Herbst
Verwenden: frisch, auch getrocknet oder eingefroren; zu Salaten, Suppen und Saucen, zum Einlegen von Gurken, in Essig und Öl, Senf; als Tee gegen Appetitlosigkeit
Arten/Sorten: Es gibt zwei Kulturformen, den feineren Aromatischen, Französischen oder Deutschen Estragon sowie den derben Russischen (Sibirischen) Estragon, der aber weniger Würzkraft besitzt.

Gletscher-Edelraute

Artemisia glacialis

ERNTEZEIT: Juni – August
BLÜTEZEIT: Juni – August
LEBENSFORM: Staude

➤ *seltene, geschützte Alpenpflanze*

Familie: Korbblütler *(Asteraceae)*
Herkunft: Südwestalpen; in Felsspalten, auf Felsschutt
Wuchs: bis 20 cm hoch; graufilzig behaarte Pflanze; Rosetten aus dreispaltigen, seidig behaarten Blättern
Blüten: hellgelbe Köpfchen in Knäueln auf kurzem Stängel
Standort: sonnig; magere Böden
Pflegen: ungestört wachsen lassen; nicht düngen
Vermehren: Stecklinge, Teilung
Ernten: blühendes Kraut; Wildsammlung verboten (Naturschutz!), Bezug über Kräutergärtnereien
Verwenden: getrocknet; Tee wirkt appetitanregend, verdauungsfördernd; für Kräuterschnaps und als Aperitif; für Duftrasen geeignet
Hinweis: Pflanze verströmt einen stark aromatischen Geruch
Arten/Sorten: Sehr ähnlich sind die Echte Edelraute *(A. umbellifera*, auch *A. mutellina)* und die Schwarze oder Ährige Edelraute *(A. genipi)* mit dunklem Hautrand an den Hüllblättern.

Pontischer Beifuß

Artemisia pontica

ERNTEZEIT: Juni – September
BLÜTEZEIT: August – Oktober
LEBENSFORM: Staude

➤ *feinstes Wermut-Aroma*

Andere Namen: Römischer Wermut, Silberraute
Familie: Korbblütler *(Asteraceae)*
Herkunft: Südosteuropa; Trockenwaldgebiete
Wuchs: bis 40 cm hoch; filigran, aufrecht wachsend; fedrige, silbergrüne Blätter; aromatisch
Blüten: winzig kleine, gelbliche Blüten in Rispen
Standort: sonnig, warm; trockene und magere Böden
Pflegen: für kleinere Flächen nicht empfehlenswert, da die Pflanze wuchert; schön für Kübel
Vermehren: Stecklinge, Teilung
Ernten: die aromatischen Blätter
Verwenden: frisch oder getrocknet; Würze für Speisen und Wein; früher medizinische Verwendung bei Magen-Darm-Beschwerden; Duftpflanze für Potpourris und Duftsträuße; als dekorative, duftende Zierpflanze
Hinweis: Art mit dem feinsten Wermut-Aroma; wird v. a. zur Herstellung von Wermutwein verwendet

Beifuß

Artemisia vulgaris

ERNTEZEIT: Mai – Juli
BLÜTEZEIT: Juli – September
LEBENSFORM: Staude

➤ *altes Heil- und Zauberkraut*

Andere Namen: Besen- oder Gänsekraut, Wilder Wermut
Familie: Korbblütler *(Asteraceae)*
Herkunft: Europa, Asien; an Wegrändern und auf Geröllhalden
Wuchs: dicht buschig; bis 2 m hoch; stark verzweigter, weich behaarter Stängel, oft rötlich überlaufen; Blätter gefiedert, Oberseite grün, Unterseite weißlich grau; aromatischer Duft
Blüten: gelbliche bis bräunlich rötliche, behaarte Köpfchen in Rispen
Standort: sonnig; trockene, durchlässige, sandige Böden
Pflegen: anspruchslos; im Frühjahr bis zur Basis zurückschneiden
Vermehren: Aussaat, Teilung
Ernten: Triebspitzen, ganze Zweige mit noch geschlossenen Blüten
Verwenden: frisch oder getrocknet; leicht bittere Würze zu fetten Speisen wie Schweine- oder Gänsebraten; Tee hilft bei Magenverstimmungen
Hinweis: Beifuß kann zu allergischen Reaktionen führen; nicht in der Schwangerschaft verwenden.

Wasserysop

Bacopa monnieri

ERNTEZEIT: Januar – Dezember
BLÜTEZEIT: März – Oktober
LEBENSFORM: Staude

➤ *ayurvedische Heilpflanze*

Andere Namen: Kleines Fettblatt, Brahmi, Baby Tears
Familie: Braunwurzgewächse *(Scrophulariaceae)*
Herkunft: Nord- und Mittelamerika, Ostasien; Sumpfgebiete
Wuchs: bis 30 cm hoch; kriechend, Matten bildend; hellgrüne Blättchen, spitzoval, fleischig
Blüten: klein, hellblau oder weiß
Standort: sonnig bis halbschattig; feuchte bis nasse Gartenerde; Gefäßkultur empfohlen
Pflegen: anspruchslos; sehr feucht halten; warm und hell überwintern
Vermehren: Kopfstecklinge
Ernten: junge Sprosse
Verwenden: frisch; Blättchen roh verzehren, als Presssaft, alkoholischer Auszug oder Tee; als Nerventonikum, wirkt wassertreibend; für Aquarien
Hinweis: soll Gedächtnis und Konzentrationsfähigkeit verbessern
Arten/Sorten: Ähnlich ist Lemon-Bacopa *(Bacopa caroliniana)* mit ausgeprägtem Karottenaroma.

Gewöhnliches Barbarakraut

Barbarea vulgaris

ERNTEZEIT: Oktober – Mai
BLÜTEZEIT: Mai – Juli
LEBENSFORM: zweijährig

➤ *erinnert im Geschmack an Kresse*

Andere Namen: Echte Winterkresse
Familie: Kreuzblütler *(Brassicaceae)*
Herkunft: Europa; auf Kies- und Sandbänken entlang von Flüssen
Wuchs: im ersten Jahr Rosette aus dicken, gefiederten Blättern; im zweiten Jahr bis 80 cm hoher Stängel mit gezähnten Blättern
Blüten: goldgelb, in Trauben
Standort: halbschattig; feuchte, lehmige Böden
Pflegen: anspruchslos; Mulchen verhindert Austrocknung
Vermehren: Aussaat im Frühjahr oder Herbst; sät sich gern selbst aus
Ernten: nur Rosettenblätter pflücken; rettich- bis kresseartiger Geschmack, leicht bitter; Samen
Verwenden: frische, vitaminreiche Blätter als pikanter Salat, blanchiert zu Bouillon oder als Gemüse; die zerdrückten Samen ergeben in Wein angesetzt ein harntreibendes Mittel.
Hinweis: Der Name beruht darauf, dass man das Kraut mindestens bis zum 4. Dezember (Barbaratag) findet.

Gänseblümchen

Bellis perennis

ERNTEZEIT: März – November
BLÜTEZEIT: März – November
LEBENSFORM: Staude

➤ *blutreinigend und appetitanregend*

Andere Namen: Maßliebchen
Familie: Korbblütler *(Asteraceae)*
Herkunft: Europa, Türkei; auf Wiesen, Weiden und Rasen
Wuchs: bis 15 cm hoch; Blätter oval, spatelförmig, sattgrün, in grundständiger Rosette
Blüten: weiße Zungenblüten mit gelben Röhrenblüten in der Mitte
Standort: sonnig; humose, leicht feuchte Böden
Pflegen: anspruchslos; gute Nährstoffversorgung für üppigen Wuchs
Vermehren: Teilung
Ernten: frische, zarte Frühlingsblätter und Blütenköpfe; das blühende Kraut sammeln und trocknen
Verwenden: frische Blätter und Blüten zu Salaten, in Quark, Gemüsegerichten, aufs Butterbrot zur Frühjahrskur; Blütenköpfe zum Garnieren; Blütenknospen wie Kapern einlegen; Tee aus getrocknetem Kraut gilt als blutreinigend, wirkt anregend auf Leber, Galle und den Appetit; äußerliche Anwendung bei Wunden und Blutungen

Wiesenknöterich

Bistorta officinalis ssp. officinalis

ERNTEZEIT: Januar – Dezember
BLÜTEZEIT: Mai – Juli
LEBENSFORM: Staude

➤ *nektarreiche Bienenweide*

Andere Namen: Schlangenwurz, Kalbszunge; *Polygonum bistorta*
Familie: Knöterichgewächse *(Polygonaceae)*
Herkunft: Eurasien; auf nassen Fettwiesen, an Bachufern
Wuchs: kräftige Rhizome (Ausläufer) bildend; bis 1,2 m hoch; aufrecht, unverzweigt; länglich eiförmige Grund- und Stängelblätter
Blüten: rosa, walzenförmige Ähren
Standort: sonnig bis halbschattig; feuchte, nährstoffreiche Böden
Pflegen: anspruchslos
Vermehren: Ausläufer abtrennen
Ernten: junge Blätter und Stängel; Wurzelstock (Rhizome)
Verwenden: frische Blätter und Stängel zu Gemüsegerichten; frische Wurzel wie Spargel; als Heilmittel bei Durchfall und als Gurgelmittel bei Mund- und Rachenentzündungen verwendet; Umschläge und Teilbäder zur Wundbehandlung; Gartenzierde
Hinweis: Blüten sind nektarreich und als Bienenweide wertvoll.

Borretsch

Borago officinalis

ERNTEZEIT: ab Juni
BLÜTEZEIT: Mai – September
LEBENSFORM: einjährig

➤ *dekorativ und herzerfrischend*

Andere Namen: Gurkenkraut, Himmelsstern, Herzfreude
Familie: Raublattgewächse *(Boraginaceae)*
Herkunft: Mittelmeerraum, Vorderasien; feuchte Stellen
Wuchs: locker buschig; bis 80 cm hoch; kräftige, rau behaarte und reich verzweigte Stängel; elliptische, beidseitig behaarte Blätter mit gurkenähnlichem Geruch
Blüten: sternförmig, himmelblau bis blaulila, selten weiß oder rosa, in lockeren Ähren
Standort: sonnig; feuchte Böden
Pflegen: sehr anspruchslos; an heißen Tagen gießen; Borretschpflanzen sollten nicht zu dicht stehen, sonst werden sie für Blattläuse anfällig; am besten an den Rand des Beetes pflanzen, damit weniger wuchsfreudige Kräuter nicht überwuchert werden
Vermehren: von April bis Juni direkt ins Freiland aussäen (Dunkelkeimer, → Seite 61) und dabei einen Abstand von etwa 50 cm einhalten; Borretsch sät sich oft selbst aus; die Pflanze ist nur in jungem Zustand verpflanzbar, solange noch keine ausgeprägte Pfahlwurzel vorhanden ist.
Ernten: die zarten, jungen, sich noch samtig anfühlenden Blätter nach Bedarf, am besten erst kurz vor dem Anrichten, da sie schnell welken; Borretsch hat einen fein-säuerlichen, gurkenähnlichen Geschmack und ist reich an Vitamin C. Ältere, borstig behaarte Blätter schmecken streng. Die Pflanze ist zum Trocknen ungeeignet, weil dabei die Wirkstoffe und das Aroma verloren gehen. Konservierung in Essig oder Öl ist möglich.
Verwenden: frisch; junge Blätter klein gehackt aufs Butterbrot, zu Salaten, Eierspeisen, Quark, als Würze in Spinat oder zu Kohlgemüse; zum Ansetzen von Kräuteressig; dekorative Blüten zur Garnierung von Desserts, Salaten, Erfrischungsgetränken, zum Kandieren oder Einfrieren in Eiswürfel; ein Tee aus Blättern und Blüten soll herzstärkend und schleimlösend wirken
Hinweis: Das ätherische Öl aus den Samen wirkt gegen Neurodermitis. In der Antike galt das Kraut als Heilmittel gegen Melancholie und depressive Verstimmung.

Schwarzer Senf

Brassica nigra

ERNTEZEIT: Juli – August
BLÜTEZEIT: Juni – September
LEBENSFORM: einjährig

➤ *schon in der Bibel erwähnt*

Familie: Kreuzblütler *(Brassicaceae)*
Herkunft: Europa, Nordafrika; an Rainen, Wegen, Schuttplätzen
Wuchs: bis 1,2 m hoch; Stängel aufrecht, im oberen Teil verästelt; Blätter leicht gelappt, in der Mitte gesägt
Blüten/Früchte: goldgelbe Blüten in lockeren Doldentrauben; daraus entwickeln sich lange Schoten mit runden, braunen Samen
Standort: sonnig; kalkhaltige Lehm- oder Sandböden
Pflegen: anspruchslos
Vermehren: Aussaat Mitte März bis Ende Mai in Reihen (Abstand 25 cm)
Ernten: zarte Blätter nach Bedarf; Schoten mit reifen Samen
Verwenden: Blätter frisch ähnlich wie Kresse als Würze zu Quark, Salat u. a.; Senfkörner getrocknet für Senf und Gewürzmischungen; altbewährtes Hausmittel bei Rheuma und Gicht (Senf-Pflaster) sowie bei fiebrigen Katarrhen (Senf-Wickel)
Hinweis: Senf eignet sich als Gründünger (Wurzeln lockern den Boden).

Römische Minze

Calamintha spec.

ERNTEZEIT: Juli
BLÜTEZEIT: Juli – September
LEBENSFORM: Staude

➤ *Duft nach Pfefferminze*

Andere Namen: Würzminze
Familie: Lippenblütler *(Lamiaceae)*
Herkunft: Mittel- und Südeuropa; steinige Hänge
Wuchs: buschig; 20–50 cm hoch; Stängel verzweigt, behaart; Blätter gestielt, fein gekerbt; Duft nach Pfefferminze oder Melisse
Blüten: rosa bis lila Lippenblüten
Standort: sonnig bis halbschattig; frische bis trockene Böden
Pflegen: anspruchslos
Vermehren: Aussaat oder Stecklinge
Ernten: Stängel mit Blättern und Blüten zu Beginn der Blütezeit
Verwenden: frisch und getrocknet; zum Würzen von mediterranen Fleisch- und Wildgerichten; als Tee krampflösende Eigenschaften; für Duftblumensträuße geeignet
Hinweis: wächst im Gegensatz zur Pfefferminze *(Mentha)* horstig, d. h., wuchert nicht
Arten/Sorten: Ähnlich ist die Echte oder Wald-Bergminze *(C. menthifolia,* auch *C. sylvatica).*

Großblütige Bergminze

Calamintha grandiflora

ERNTEZEIT: Juli
BLÜTEZEIT: Juli – August
LEBENSFORM: Staude

➤ *köstlicher, winterlicher Teegenuss*

Andere Namen: Großblütiger Steinquendel, Gartenbergminze
Familie: Lippenblütler *(Lamiaceae)*
Herkunft: Südeuropa, Nordafrika, Westasien; Wälder, Hecken, Wegränder
Wuchs: aufrecht, buschig; bis 50 cm hoch; Blätter behaart, gezähnt
Blüten: rosa, in reichblütigen Büscheln
Standort: sonnig bis halbschattig; leicht feuchte, humose Böden
Pflegen: anspruchslos; winterhart
Vermehren: Aussaat oder Stecklinge
Ernten: Blätter im Juli sammeln
Verwenden: frisch oder getrocknet; köstliches Teekraut; früher als schweißtreibendes Mittel verwendet; Umschlag mit Blättern soll rheumatische Schmerzen lindern
Hinweis: gute Bienenweide; Pflanze verströmt einen aromatischen Duft
Arten/Sorten: Ähnlich ist die Kleinblütige Bergminze *(C. nepeta* ssp. *nepeta)* mit kleinen, nach Minze riechenden Blättern. Die Weißbunte Bergminze *(C. grandiflora* 'Variegata'*)* hat weiß-grün panaschierte Blätter.

Ringelblume

Calendula officinalis

ERNTEZEIT: Juni – Oktober
BLÜTEZEIT: Juni – Oktober
LEBENSFORM: einjährig

➤ *altbewährtes Heilkraut*

Andere Namen: Goldblume, Sonnwendblume
Familie: Korbblütler *(Asteraceae)*
Herkunft: Mittelmeerraum, Asien; Äcker, Unkrautfluren
Wuchs: bis 70 cm hoch; aufrechter, verzweigter, kantiger, fleischiger Stängel mit filziger Behaarung; längliche, behaarte Blätter, die wechselständig über den ganzen Stängel verteilt angeordnet sind
Blüten: große, gelbe oder orangefarbene Korbblüten, bei Sorten gibt es auch cremefarbene oder rotbraune Töne
Standort: sonnig bis halbschattig; durchlässige Gartenböden
Pflegen: anspruchslos; für Balkonkästen; blüht den ganzen Sommer, wenn man regelmäßig die verblühten Stiele abschneidet (Ausputzen, → Seite 69)
Vermehren: Aussaat mit Vorkultur oder direkt ins Freie; auf 20–30 cm Abstand vereinzeln; sät sich auch selbst aus
Ernten: zarte Blätter junger Pflanzen; aufgeblühte Blütenköpfe oder nur die Zungenblüten auszupfen
Verwenden: frisch oder getrocknet; Blüten und Blätter zu Salaten; die Blütenblätter dienen seit der Antike als Safranersatz zu Fisch- oder Geflügelgerichten; Blüten zur Dekoration für Salate, Reis oder Süßspeisen; Blütenknospen (sauer eingelegt) als falsche Kapern; Tee aus getrockneten Ringelblumenblüten wirkt blutreinigend und leicht krampflösend; Salbe, Tinktur oder Umschläge zur Behandlung von Wunden, Entzündungen, Sonnenbrand und Quetschungen; laut Volksmedizin als erfolgreiches Mittel gegen Warzen; als Gesichtsdampfbad gegen unreine Haut und bei Akne; als Spülung für glanzlose oder fettige Haare; als wohltuender Badezusatz
Hinweis: sehr selten treten Allergien auf; in der Schwangerschaft nicht innerlich anwenden; der ganzen Pflanze haftet ein streng würziger Geruch an; der botanische Name *Calendula* ist auf den römischen Kalender zurückzuführen und soll angeblich auf die lange Blütezeit vom Frühling bis in den Spätherbst Bezug nehmen.
Arten/Sorten: Neben den einfachen gibt es auch gefüllte Sorten. Die gefüllten Formen werden im erwerbsmäßigen Anbau bevorzugt.

Hirtentäschel

Capsella bursa-pastoris

ERNTEZEIT: März – Oktober
BLÜTEZEIT: März – November
LEBENSFORM: zweijährig

➤ *Tee zur Blutreinigung*

Andere Namen: Taschenkraut, Bauernsenf
Familie: Kreuzblütengewächse *(Brassicaceae)*
Herkunft: weltweit; auf Äckern, an Wegen, auf Wiesen und Mauern
Wuchs: aufrecht; 20–40 cm hoch; rosettige Grundblätter stumpf gesägt, variabel in der Form, kleine Stängelblätter
Blüten/Früchte: weiße, vierzählige Blüten in endständiger Traube; markante, herzförmige Kapselfrüchte
Standort: sonnig; keine besonderen Bodenansprüche
Pflegen: anspruchslos
Vermehren: Direktaussaat im Frühjahr; sät sich auch selbst aus
Ernten: im Frühjahr Blätter, Blüten und weiche Triebe, ab Sommer auch das ganze Kraut und Wurzeln
Verwenden: würzig-scharfe, senfartig schmeckende Blättchen, Blüten und Früchte frisch zu Salaten und Gemüse; Wurzeln mit ingwerartigem Geschmack als Würze; ganzes Kraut frisch oder getrocknet für Tee zur Blutreinigung

Peperoni

Capsicum annuum

ERNTEZEIT: August – Oktober
BLÜTEZEIT: Juni – September
LEBENSFORM: einjährig, Strauch

➤ *Schärfe in allen Graden*

Andere Namen: Spanischer Pfeffer, Chili, Roter Pfeffer
Familie: Nachtschattengewächse *(Solanaceae)*
Herkunft: tropisches Süd- und Mittelamerika; Regenwälder
Wuchs: je nach Sorte sehr verschieden; bis 1 m hoch; sparrig verzweigt; Blätter dunkelgrün, elliptisch oder eiförmig
Blüten/Früchte: klein, sternförmig, weiß oder lila; Blähfrüchte hohl, länglich bis kugelig, manche eingeschnürt, grün bis rot, auch violett, gelb, orange oder mehrfarbig; in der Größe variabel, je nach Sorte
Standort: vollsonnig, geschützt; humusreiche, durchlässige Böden; Gefäßkultur möglich
Pflegen: anspruchslos; wird oft einjährig gezogen; gleichmäßig leicht feucht halten; kühl und hell überwintern; im Frühjahr umtopfen und stark zurückschneiden
Vermehren: Aussaat ab Februar unter Glas bei 20–25 °C
Ernten: Früchte in allen Reifestadien nach Bedarf
Verwenden: frisch oder getrocknet; Schärfegrad der Schoten sehr unterschiedlich; regt Appetit und Verdauung an; als Gewürz zu Fleisch, Suppen und pikanten Saucen, Salaten; zum Marinieren, Einkochen oder als Grillgewürz; in Essig und Öl eingelegt; äußerlich gegen Rheuma; in der Homöopathie bei Gallenstörungen; für florale Dekorationen, Kräutersträußchen
Hinweis: Insbesondere bei scharfen Sorten unbedingt Handschuhe tragen, nicht die Augen reiben! Die schärfsten Teile sind die inneren Scheidewände sowie die Samen. Zur Milderung der Schärfe Milchprodukte, Brot oder Kokos essen. Empfindliche Menschen können bei höherer Dosierung mit Herzklopfen und Atemnot reagieren.
Arten/Sorten: Neben den zur Longum-Gruppe der Art *C. annuum* gehörenden Peperoni oder Cayennepfeffer werden auch Sorten der Art *C. frutescens*, Chili oder Tabasco, angeboten, die meist höhere Schärfegrade aufweisen; weniger scharf ist der im Handel weit verbreitete Gemüsepaprika, der zur Grossum-Gruppe gehört.

Wiesenschaumkraut

Cardamine pratensis

ERNTEZEIT: März – Juni
BLÜTEZEIT: April – Juli
LEBENSFORM: Staude

➤ *guter Ersatz für Brunnenkresse*

Andere Namen: Kuckucksblume, Wilde Kresse
Familie: Kreuzblütler *(Brassicaceae)*
Herkunft: Nordhalbkugel; feuchte Wiesen, Auwälder, Gewässerufer
Wuchs: aufrecht; bis 30 cm hoch; hohler, gerillter Stängel; Grundblätter in Rosette, Stängelblätter gefiedert
Blüten: weiß bis zartviolett, oft dunkel geädert; in Trugdolden
Standort: halbschattig; feuchte, nährstoffreiche Böden
Pflegen: anspruchslos
Vermehren: Aussaat (Lichtkeimer, → Seite 61), Teilung
Ernten: junge Blätter und Knospen mit bitter-scharfem Geschmack
Verwenden: frisch zu Quark, Suppen oder Salaten; getrocknet als pfeffrige Würze; mit Löwenzahn, Sauerampfer und anderen Frühlingskräutern als Gemüse oder Saft zur Frühjahrskur; Blutreinigungsmittel
Hinweis: Larve der Schaumzikade saugt an den Blättern, hüllt sich in Schaum (Kuckucksspeichel)

Färberdistel

Carthamus tinctorius

ERNTEZEIT: Juli – Oktober
BLÜTEZEIT: Juli – September
LEBENSFORM: einjährig

➤ *alte Färbe- und Ölpflanze*

Andere Namen: Öldistel, Saflor, Falscher Safran, Hong Hua
Familie: Korbblütler *(Asteraceae)*
Herkunft: Westasien, in Europa eingebürgert; Ödland, Felshänge
Wuchs: 60–100 cm hoch; straff aufrecht; Blätter oval, stachelig, geädert
Blüten/Früchte: gelbe bis orangerote Einzelblüten in distelartigen Köpfen; weiße, glänzende Früchte
Standort: sonnig, warm und geschützt; trockene, sandige Böden
Pflegen: anspruchslos; nicht düngen; nur bei starker Trockenheit gießen
Vermehren: breitwürfige Aussaat direkt ins Freie ab Mai
Ernten: Blüten und Samenkörner
Verwenden: frisch oder getrocknet; ausgezupfte Blüten zum Färben von Speisen (dient als Safranersatz) und Stoffen; ölhaltige Samen zu Müsli; hübsche Schnitt- und Trockenblume, für Dekorationen
Hinweis: Aus den Samen wird ein sehr wertvolles, cholesterinarmes Speiseöl (Distelöl) gewonnen.

Kümmel

Carum carvi

ERNTEZEIT: Juni – Oktober
BLÜTEZEIT: Mai – Juli
LEBENSFORM: zweijährig

➤ *ältestes Gewürz Europas*

Andere Namen: Garbe
Familie: Doldenblütler *(Apiaceae)*
Herkunft: Europa, Nordafrika, Nordamerika; auf Wiesen, Weiden und an Ackerrändern
Wuchs: im 1. Jahr nur Blattrosette, im 2. Jahr bis 1,2 m hoher, kantiger, verzweigter Stängel; Blätter 2–3-fach gefiedert
Blüten: weiß bis zartrosa, in Dolden
Standort: sonnig bis halbschattig; feuchte, tiefgründige Böden
Pflegen: anspruchslos
Vermehren: Direktaussaat im April oder Spätsommer (Lichtkeimer, → Seite 61)
Ernten: junge Blätter, Triebspitzen im 1. Jahr; Blüten, reife Samen im 2. Jahr; Wurzeln ab September
Verwenden: Blätter, Triebe, Blüten und Wurzeln frisch zu Salaten, Suppen, Gemüse; getrocknete Samen machen Fleischgerichte, Kohl und Bratkartoffeln bekömmlicher; als Brotgewürz; Tee aus zerstoßenen Samen hilft bei Blähungen sowie Magen- und Darmkrämpfen.

Balsamstrauch

Cedronella canariensis

ERNTEZEIT: April – Juli
BLÜTEZEIT: Juli – August
LEBENSFORM: Halbstrauch

➤ *kräftiger Eukalyptusduft*

Andere Namen: Kanarischer Zitronenstrauch
Familie: Lippenblütler *(Lamiaceae)*
Herkunft: Kanaren, Azoren, Madeira
Wuchs: sehr wüchsig, locker buschig bis sparrig; bis 1 m hoch; Triebe verholzen am Grund; dreilappige, gezähnte Blätter, die balsamisch duften; Pflanze ist frostempfindlich
Blüten: rosa bis malvenfarbige Lippenblüten in endständigen, ährenförmigen Blütenständen
Standort: sonnig, geschützte Lage; durchlässiger Boden
Pflegen: Gefäßkultur ratsam; nach der Blüte zurückschneiden; in der Wachstumsphase gut wässern; hell und kühl (5–10 °C) im Haus überwintern
Vermehren: Kopfstecklinge
Ernten: Blätter vor der Blüte
Verwenden: frisch oder getrocknet; zur Aromatisierung von Kräutertees, erfrischend und kreislaufanregend; Dampfbad zur Befreiung der Nebenhöhlen im Kopf bei Erkältungen; für Potpourris oder Duftsträuße

Kornblume

Centaurea cyanus

ERNTEZEIT: Juni – Oktober
BLÜTEZEIT: Juni – Oktober
LEBENSFORM: einjährig

➤ *leuchtend blaue Blüten*

Familie: Korbblütler *(Asteraceae)*
Herkunft: Europa, Nordafrika, Asien; Äcker, trockene Plätze
Wuchs: bis 60 cm hoch; aufrecht, auf dünnen, behaarten Stängeln, wenig verzweigt; graugrüne, lanzettförmige Blätter
Blüten: blaue Körbchenblüten
Standort: sonnig bis halbschattig; durchlässige, nährstoffreiche Böden
Pflegen: wenig gießen; blüht monatelang, wenn die verwelkten Blüten regelmäßig entfernt werden
Vermehren: Direktaussaat im Frühjahr oder Herbst
Ernten: halb geöffnete Blüten
Verwenden: frische Blütenblätter zu Salat, als Garnierung; Blüten mit leicht harntreibender Wirkung als Magen- und Darmtee, als Beigabe zu anderen Tees; Schnittblume; trockene Blütenblätter für Potpourris
Hinweis: Es gibt diverse Sorten, auch mit andersfarbigen und gefüllten Blüten, die jedoch keine heilkräftige Wirkung zeigen.

Asiatisches Sumpfpfennigkraut

Centella asiatica

ERNTEZEIT: ganzjährig
BLÜTEZEIT: Juni – September
LEBENSFORM: Staude

➤ *wichtige Heilpflanze Südasiens*

Andere Namen: Gotu Kola, Tigerkraut, Indischer Wassernabel
Familie: Doldenblütler *(Apiaceae)*
Herkunft: Südasien; in Sümpfen und auf Reisfeldern
Wuchs: 10–15 cm hoch; an den Knoten wurzelnd, kriechend; leuchtend grüne, nierenförmige Blätter
Blüten: sehr klein, pinkfarben, in doldenförmigen Köpfchen
Standort: halbschattig; ganzjährig warm; nährstoffreiches Substrat
Pflegen: als Topfpflanze halten; jährlich umtopfen; viel gießen; im Winter hell und warm, oft übersprühen
Vermehren: Stecklinge (Frühjahr, Sommer); Teilung (Sommer); Ausläufer
Ernten: junge Blätter für die Küche, ältere Blätter für Heilzwecke
Verwenden: frisch oder getrocknet; zu Gemüse, Salaten, als Tee; harntreibend, wirkungsvoll gegen Stress und gut zur Gedächtnisstärkung
Hinweis: wichtiges Ayurveda-Mittel; sollte nicht in der Schwangerschaft angewendet werden

Römische Kamille

Chamaemelum nobile

ERNTEZEIT: Juli–Oktober
BLÜTEZEIT: Juli – Oktober
LEBENSFORM: Staude

➤ *entspannendes Aroma*

Familie: Korbblütler *(Asteraceae)*
Herkunft: Süd- und Westeuropa, Nordafrika; Gebüsche, Grasfluren
Wuchs: dicht buschig, niederliegend, teppichbildend; bis 30 cm hoch; gefiederte Blätter
Blüten: silberweiß mit gelber Mitte, auf langen Stielen
Standort: sonnig; lockere, nährstoffreiche Böden
Pflegen: Rückschnitt nach der Blüte
Vermehren: Aussaat mit Vorkultur; im Herbst und Frühjahr Teilung
Ernten: voll geöffnete Blüten
Verwenden: frisch oder getrocknet; als Tee bei Schlaflosigkeit; als Umschlag zur Wundheilung; Gesichtsdampfbad für weiche Haut, Handpflege; Spülung für helles Haar; in Potpourris und Duftsträußen
Hinweis: nicht in der Schwangerschaft anwenden; Schnittgut zum Kompost geben, um Rotte zu fördern
Arten/Sorten: Die nicht blühende Teppichkamille 'Treneague' eignet sich für Duftrasen.

Gewöhnliche Wegwarte

Cichorium intybus var. *intybus*

ERNTEZEIT: Juli–Oktober
BLÜTEZEIT: Juli – September
LEBENSFORM: Staude

➤ *einst als Gemüse beliebt*

Andere Namen: Verzauberte Jungfrau, Zichorie
Familie: Korbblütler *(Asteraceae)*
Herkunft: Europa; auf Weideflächen, an Wegrändern
Wuchs: aufrecht; bis 1,5 m hoch; Rosette aus löwenzahnähnlichen Blättern, am Stängel lanzettförmige Blätter
Blüten: blaue, auch rosa, violette oder weiße Körbchen
Standort: sonnig; kalkhaltige, lehmige, trockene Böden
Pflegen: anspruchslos; nicht düngen
Vermehren: Samen im Spätsommer 3–4 cm tief aussäen; Wurzelteilung
Ernten: junge Grundblätter nur vor Blühbeginn; Blüten; Wurzeln im Spätherbst ausgraben
Verwenden: frische Blätter als Gemüse und für Salate; Blüten als Garnierung, zum Kandieren; geröstete Wurzel als Kaffeeersatz sowie als bitteres Anregungsmittel bei Appetitlosigkeit
Hinweis: Die Pflanze enthält einen bitteren Milchsaft und ist verwandt mit Chicorée und Radicchio.

Benediktenkraut

Cnicus benedictus

ERNTEZEIT: Juni – Juli
BLÜTEZEIT: Juni – September
LEBENSFORM: einjährig

➤ *Heilmittel gegen die Pest*

Andere Namen: Bitterdistel, Kardobenediktenkraut
Familie: Korbblütler *(Asteraceae)*
Herkunft: Mittelmeergebiet, Orient; Öd- und Schuttplätze, Ackerränder
Wuchs: bis 50 cm hoch mit Pfahlwurzel, distelartig; Stängel steif, behaart; Blätter bedornt, schrotsägezähnig bis fiederspaltig
Blüten: gelbe Köpfchen mit stacheligen Hüllblättern
Standort: sonnig; trockene, sandige Böden
Pflegen: anspruchslos; nicht düngen
Vermehren: Direktaussaat
Ernten: Blätter und Zweigspitzen mit Blütenköpfchen; trocknen
Verwenden: in Teemischungen als Bittermittel zur Anregung der Verdauung; als Magentonikum in Kräuterlikören; für Umschläge bei schlecht heilenden Wunden
Hinweis: Bei Überdosierung kann es zu Übelkeit und Erbrechen kommen. Nicht anwenden bei Magen- und Darmgeschwüren!

Exotische Kräuter

Würze aus fernen Ländern dringt in europäische Küchen vor. Die Kräuterwelt fremder Kulturen kitzelt den Gaumen mit ungewohnten Aromen und macht selbst kulinarische Klassiker zu einer neuen Entdeckung.

FERNÖSTLICHE MISCHUNG
Ingwer, Lorbeer, Zimt, Muskat und Galgant sind unverzichtbar für eine Vielzahl von Gewürzmischungen von Indien bis China.

VIVA TOMATE!
Mit typischer Würze von Chili oder Mexikanischem Koriander erhält eine klassische Tomatensuppe mittelamerikanisches Feuer.

ORIENTALISCHE TEESZENE
Das Aroma frisch gebrühten Pfefferminztees entführt in ein Märchen aus Tausendundeiner Nacht.

NICHT NUR FÜR SUSHI
Wasabi gibt Fisch, Fleisch, Gemüse und Reis scharfe Würze – und ist unentbehrlich für Sushi und Sashimi.

WEINROTE SPROSSEN
Die jungen Triebe des Roten Shiso sind mild aromatisch und die jungen Blätter stecken voller Vitalstoffe.

VON DEN MÄRKTEN THAILANDS
Zitronengras und Zitronenblätter gehören zu den tropischen Gewächsen, die man auch hierzulande gut kultivieren kann.

Löffelkraut

Cochlearia officinalis

ERNTEZEIT: ganzjährig
BLÜTEZEIT: Mai – Juni
LEBENSFORM: Staude

➤ *besonders reich an Vitamin C*

Andere Namen: Löffelkresse, Skorbutkraut, Scharbocksheil
Familie: Kreuzblütler *(Brassicaceae)*
Herkunft: Nordeuropa; Küsten
Wuchs: bis 30 cm hoch; wintergrün; Blätter löffelförmig, lang gestielt, in Rosetten
Blüten: weiß, in Trauben, duftend
Standort: sonnig bis halbschattig; leicht feuchte Böden
Pflegen: anspruchslos; wird zweijährig gezogen; bei Trockenheit gießen
Vermehren: Direktsaat im Frühjahr oder Herbst, in Reihen (20 cm Abstand)
Ernten: kresseartig schmeckende Blätter nach Bedarf
Verwenden: frisch als Würze zu Salaten, Suppen, Saucen, Quark- und Eierspeisen; als Gemüse, aufs Butterbrot; zur Frühjahrskur, Presssaft zur Stoffwechselanregung; ein Kaltwasserauszug, bei dem die Inhaltsstoffe etwa 12 Std. im kalten Wasserbad aus der Pflanze herausgelöst werden, dient zur Zahnspülung (vorbeugend gegen Parodontose) und zum Gurgeln.

Koriander

Coriandrum sativum

ERNTEZEIT: April – August
BLÜTEZEIT: Juni – Juli
LEBENSFORM: einjährig

➤ *exotische Würze*

Andere Namen: Cilantro, Wanzenkraut
Familie: Doldenblütler *(Apiaceae)*
Herkunft: Südeuropa, Vorderer Orient; auf Ödland
Wuchs: aufrecht; bis 70 cm hoch; gerillter Stängel; untere Blätter dreilappig, obere fein gefiedert
Blüten/Früchte: weiß bis rosa, in Dolden; rundliche, gerippte Früchte
Standort: sonnig; gut durchlässige Gartenböden
Pflegen: anspruchslos; stützen
Vermehren: durch Direktaussaat im Spätfrühling
Ernten: frische Blätter und Blüten; würzig-süß duftende Früchte trocknen
Verwenden: aromatische Blätter und Früchte als Gewürz, zum Einmachen von Kürbis und Gurken; unverzichtbar als Lebkuchengewürz; zu Saucen und Marinaden; reife Samen für Potpourris, als Tee; wirkt verdauungsfördernd; hilft angeblich gegen Mundgeruch, v. a. nach Knoblauchgenuss
Hinweis: Die grünen Blätter sind ein Hauptbestandteil des indischen Currys.

Safran-Krokus

Crocus sativus

ERNTEZEIT: September – November
BLÜTEZEIT: September – November
LEBENSFORM: Knollenpflanze

➤ *teuerstes Gewürz der Welt*

Familie: Schwertliliengewächse *(Iridaceae)*
Herkunft: Kulturform
Wuchs: aufrecht; bis 10 cm hoch; schmale, linealische Blätter mit hellem Mittelstreifen
Blüten: violett, trichterförmig mit langen Griffeln
Standort: sonnig bis halbschattig; durchlässige Gartenböden
Pflegen: anspruchslos; Blätter nach der Blüte stehen lassen
Vermehren: Brutknollen; Aussaat
Ernten: aromatische, gelbe bis dunkelrote Narbenschenkel aus den Blüten zupfen
Verwenden: getrocknet; färbt Speisen intensiv goldgelb und würzt aromatisch herb (z. B. Paella, Risotto)
Hinweis: Für 1 kg Safran werden 150.000 Krokusblüten verarbeitet. Safran, vor allem gemahlener, wurde oft mit Blüten der Ringelblume *(Calendula officinalis)* oder Färberdistel *(Carthamus tinctorius)* gestreckt; in hohen Dosen giftig.

Japanische Petersilie

Cryptotaenia japonica

ERNTEZEIT: März – Oktober
BLÜTEZEIT: Mai – Juli
LEBENSFORM: Staude

➤ *Petersilie mit Sellerie-Geschmack*

Andere Namen: Mitsuba, Japanischer Geißfuß, Japanischer Kerbel
Familie: Doldenblütler *(Apiaceae)*
Herkunft: Asien; feuchte Stellen
Wuchs: bis 50 cm hoch; aufrecht; buschig; hellgrüne, pastinakenähnliche, dreiteilige Blätter
Blüten: unscheinbar, weiß
Standort: halbschattig; frische bis feuchte Böden; Gefäßkultur möglich
Pflegen: regelmäßig gießen; bei Überwinterung im Freien mit Reisig abdecken
Vermehren: Aussaat von Mai bis August
Ernten: frische Blätter bis zur Blüte sammeln; Wurzel im Herbst
Verwenden: Blätter samt Stängel frisch oder angedünstet in Suppen, Saucen oder in Salaten; Wurzeln gegart als Gemüse oder in Salaten; Bestandteil asiatischer Gerichte
Hinweis: Das Aroma der Blätter und Stängel ähnelt eher dem Sellerie *(Apium graveolens)* oder der Engelwurz *(Angelica archangelica)* als der Petersilie *(Petroselinum crispum)*.

Zitronengras

Cymbopogon citratus

ERNTEZEIT: ganzjährig
BLÜTEZEIT: Oktober – Dezember
LEBENSFORM: Staude

➤ *mit tropischem Zitronenduft*

Familie: Süßgrasgewächse (Poaceae)
Herkunft: wahrscheinlich Ostindien, subtropische und tropische Regionen
Wuchs: bis 2 m hoch; horstbildend; immergrün; robuste, rohrähnliche Stängel; dichte Büschel aus graugrünen, linealischen, rauen Blättern, die beim Zerreiben nach Zitrone duften; Pflanze ist frostempfindlich
Blüten: grünlich mit rötlichem Schimmer, in nickenden Dolden (blüht in kühleren Regionen selten, manche Kulturformen kommen gar nicht zur Blüte)
Standort: sonnig, warm; Gefäßkultur im Gewächshaus, Wintergarten, auf der Fensterbank; braucht humoses, durchlässiges Substrat
Pflegen: von April bis August alle 4 Wochen mit Volldünger versorgen; feucht halten; hell und warm überwintern; kann auch hell und kühl (um ca. 10 °C) überwintert werden, dann nur sehr sparsam gießen
Vermehren: ältere Pflanzen durch Teilung (mind. 2 Triebe pro Ballen); Aussaat unter Glas (20 °C)
Ernten: junge Blätter; Stängel werden am Grund abgeschnitten
Verwenden: frische oder getrocknete Blätter zu Geflügel, Fisch, Meeresfrüchten, Fleischgerichten, Saucen und Marinaden; zarte Stängel in Salate schneiden; Tee erfrischt, entspannt Magen und Darm, hilft gegen Blähungen und als Beruhigungsmittel; das ätherische Öl wirkt antiseptisch und desodorierend; als entspannender Badezusatz; für Potpourris
Hinweis: In der asiatischen Küche, vor allem in der Thai-Küche, gilt die Art als Grundgewürz, welches meist wie Lorbeer mitgekocht wird.
Arten/Sorten: Zitronellagras *(Cymbopogon nardus* ssp. *nardus,* → Abb. oben rechts*)* wird v. a. in der Parfümherstellung benötigt. Das Palmarosagras oder auch Roshagras *(Cymbopogon martinii)* aus Indien eignet sich für Tee oder Potpourris. Das ätherische Palmarosaöl wird durch Wasserdampfdestillation der Blätter gewonnen und in der Parfümindustrie, für Kosmetika und für Seifen genutzt. Wegen des rosenähnlichen Duftes und Geraniolgehaltes nimmt man es oft zum Strecken von Rosenöl. Es wirkt antibakteriell und entzündungshemmend.

Türkischer Drachenkopf

Dracocephalum moldavicum

ERNTEZEIT: Juni – Oktober
BLÜTEZEIT: Juni – September
LEBENSFORM: einjährig

➤ *mild zitroniges Teekraut*

Andere Namen: Moldavische Melisse, Moldauischer Drachenkopf, Türkische Melisse
Familie: Lippenblütler *(Lamiaceae)*
Herkunft: Osteuropa, Zentralasien, Sibirien
Wuchs: bis 60 cm hoch; aufrecht; vierkantiger Stängel, verzweigt; Blätter gesägt, kreuzgegenständig
Blüten: leuchtend blauviolette bis purpurrote, zweilippige Blüten in endständigen Wirteln
Standort: sonnig und geschützt; nahrhafte Böden
Pflegen: wächst sehr rasch; frosthart; gut für Gefäßkultur geeignet
Vermehren: Teilung; Direktaussaat von April bis Mai; sät sich selbst aus
Ernten: Blätter nach Bedarf
Verwenden: bevorzugt frisch; ergibt einen Tee mit einem mild-zitronigem Aroma; fein gehackt als Würzkraut zu Salaten, Obstsalaten; dekorativ im Staudenbeet und in Balkonkästen
Hinweis: aromatisch nach Zitrone duftend; gute Bienenweide

Schmalblättriger Scheinsonnenhut

Echinacea angustifolia

ERNTEZEIT: Juli – September
BLÜTEZEIT: Juli – September
LEBENSFORM: Staude

➤ *Heilpflanze der Indianer*

Andere Namen: Amerikanischer Sonnenhut, Igelkopf
Familie: Korbblütler *(Asteraceae)*
Herkunft: südwestliches Nordamerika; Grasfluren
Wuchs: bis 1,2 m hoch; aufrecht; dünner, borstiger Stängel; lanzettliche, ganzrandige Blätter
Blüten: große Körbchen mit flach kegelförmigem Blütenboden und langen, purpurroten Zungenblüten
Standort: sonnig; fruchtbare, sehr gut durchlässige Böden
Pflegen: im Frühjahr mulchen
Vermehren: Teilung
Ernten: voll erblühte Pflanzen; Wurzeln im Frühjahr oder Herbst ausgraben, reinigen und trocknen
Verwenden: Blütenblätter zur Garnierung; Auszug oder Tee zur Unterstützung der Abwehrkräfte bei Erkältungskrankheiten; als Zierpflanze, gute Schnittblume
Arten/Sorten: Ähnlich ist der Rote Schein- oder Purpursonnenhut *(Echinacea purpurea)*.

Malabar-Kardamom

Elettaria cardamomum

ERNTEZEIT: Oktober – Dezember
BLÜTEZEIT: Januar – Mai
LEBENSFORM: Staude

➤ *das i-Tüpfelchen im Kaffee*

Andere Namen: Blattkardamom
Familie: Ingwergewächse *(Zingiberaceae)*
Herkunft: Ghat-Gebirge an der Küste von Malabar in Südwestindien
Wuchs: aufrecht; bis 3 m hoch; rhizombildend; immergrün; Blätter lanzettförmig, unterseits seidig
Blüten/Früchte: weiß-violett gestreifte Lippenblüten in Rispen aus der Basis; Früchte grün, schwarze Samen in dreikantigen Kapseln
Standort: halbschattig, feuchtwarm; nährstoffreicher Boden; Gefäßkultur
Pflegen: von Frühjahr bis Herbst mit Algen- oder Beinwellextrakt düngen
Vermehren: Teilung im Frühjahr
Ernten: Blätter frisch; Samen, Fruchthülsen grün, getrocknet, gebleicht
Verwenden: Bestandteil des Currys; in Süßspeisen, Gebäck, Kompott; zu Suppen und Saucen, Fisch- und Fleischgerichten; verdauungsfördernd
Hinweis: Zitronenduft, bei Berührung auch nach Zimt; verfeinert das Kaffeearoma

Ackerschachtelhalm

Equisetum arvense

ERNTEZEIT: Mai – August
BLÜTEZEIT: März – April
LEBENSFORM: Staude

➤ *Bestandteil vieler Heiltees*

Familie: Schachtelhalmgewächse *(Equisetaceae)*
Herkunft: Nordhalbkugel; auf Ackerland, an Wiesenrändern, Ödland
Wuchs: im Frühjahr gelbbraune Sprosse mit kolbenartiger Sporenähre an der Spitze; im Sommer steril, grün, gefurcht, quirlig, verzweigt
Standort: sonnig; auf feuchten, lehmigen Böden
Pflegen: oft gießen; Pflanze frosthart
Vermehren: durch Teilung
Ernten: grüne Sprosse im Frühsommer sammeln und trocknen; gelbliche Sporenähren im Frühjahr
Verwenden: gelbliche Sporenähren frisch in Öl gebraten (auch im Omelett); getrocknete grüne Sprosse in Husten-, Rheuma-, Blasen und Nierentee; Sud aus grünem Kraut gegen Pilzbefall an Pflanzen (Rost, Mehltau); das Kraut lässt sich zur Reinigung von Zinngeschirr benutzen.
Hinweis: Nur bei genauer Kenntnis selbst sammeln! Der ähnliche Sumpf-Schachtelhalm *(E. palustre)* ist giftig.

Rauke

Eruca sativa

ERNTEZEIT: Mai – Oktober
BLÜTEZEIT: Mai – September
LEBENSFORM: zweijährig

➤ *Kult im Salat*

Andere Namen: Rucola, Salatrauke
Familie: Kreuzblütler *(Brassicaceae)*
Herkunft: Mittel- und Südeuropa
Wuchs: raschwüchsig; bis etwa 20 cm hoch; buschig; rundliche Blattrosetten mit leicht gewelltem Rand
Blüten/Früchte: klein, weißlich oder gelblich; Samen in länglichen Schoten
Standort: sonnig bis halbschattig; humusreiche, feuchte Böden
Pflegen: anspruchslos; bei trockener Witterung Erde lockern und feucht halten; Anbau im Freiland, unter Folie oder im Gewächshaus, auch als Balkongemüse in Kästen und Kübeln
Vermehren: Aussaat von April bis September ins Freiland (0,5 cm tief in Reihen mit etwa 20 cm Abstand); bis Anfang September kann laufend nachgesät werden; sät sich auch immer wieder selbst aus
Ernten: junge Blätter; im Gewächshaus ganzjährig, nicht zu tief abschneiden (dann wachsen neue nach); reife Samen
Verwenden: frische, junge Blätter besitzen einen scharf-aromatischen, kresseähnlichen Geschmack, ältere schmecken bitter; zu Salaten, Quark und vielen anderen Speisen; zu Saucen, italienischen Pasta-Gerichten, auf Pizza oder zu Risotto (Blätter verlieren beim Kochen rasch an Schärfe, deshalb nur kurz erhitzen); als Vorspeise zusammen mit grob geriebenem Parmesan, Olivenöl und Balsamico-Essig; ölhaltige Samen werden ähnlich wie Senfsaat als Gewürz verwendet oder beim Einkochen dazugegeben
Hinweis: Die Pflanze entwickelt einen stark aromatischen Geruch.
Arten/Sorten: Als Rauke oder Rucola werden verschiedene Pflanzenarten bezeichnet, die jeweils den typischen scharf-würzigen, nussigen Geschmack besitzen – wenn auch in unterschiedlicher Intensität. Die gezackten Blätter der Wilden Rauke *(Eruca vesicaria)* schmecken schärfer als die der Kulturform mit einteiligen Blättern. Der Mauerdoppelsame oder die Italienische Rauke *(Diplotaxis muralis)* zeichnet sich durch tief geteilte Blätter aus und ist ebenfalls kräftiger im Geschmack. Der Schmalblättrige Doppelsame oder die Wilde Rauke *(Diplotaxis tenuifolia)* hat stark gezähnte Blätter mit scharf würzigem Geschmack.

Mexikanischer Koriander

Eryngium foetidum

ERNTEZEIT: April – Juli
BLÜTEZEIT: Juli – August
LEBENSFORM: Staude

➤ *Küchenkraut der Karibik*

Andere Namen: Culantro, Culentro, Langer oder Wilder Koriander
Familie: Doldenblütler *(Apiaceae)*
Herkunft: Tropisches Amerika, Karibik; Wälder, Wegränder
Wuchs: bis 50 cm hoch; dunkelgrüne, verkehrt ei- bis spatelförmige Blätter in Rosetten mit gezähntem Blattrand; ähnlich Koriander
Blüten: grüngelb, in kopfigen Blütenständen
Standort: halbschattig; feuchte Böden
Pflegen: feucht halten; Gefäßkultur ratsam; warm und hell überwintern
Vermehren: Tochterpflanzen
Ernten: Blätter; schmecken ähnlich wie Koriander
Verwenden: frisch oder getrocknet; zu Gerichten mit Kokosmilch, für Saucen (Salsas); ein Blatt reicht aus, um ein ganzes Gericht zu würzen; vor dem Servieren über Suppen und Nudelgerichte streuen; als Tee bei Magenschmerzen; als Aphrodisiakum
Hinweis: einzige Korianderart, die sich zum Trocknen eignet

Echtes Mädesüß

Filipendula ulmaria

ERNTEZEIT: April – Oktober
BLÜTEZEIT: Juni – August
LEBENSFORM: Staude

➤ *liebliche Süße*

Andere Namen: Große Spierstaude
Familie: Rosengewächse *(Rosaceae)*
Herkunft: Europa; feuchte Wiesen, an Bachufern
Wuchs: aufrecht buschig; bis 1,5 m hoch; gefiederte, am Rand gesägte Blätter mit ausgeprägten Blattadern
Blüten: cremeweiß, in rispenartigen Trugdolden; Mandel-Honig-Duft
Standort: sonnig bis halbschattig; feuchte bis nasse Böden
Pflegen: nach der Blüte zurückschneiden; winterhart
Vermehren: Aussaat im Frühjahr; ältere Pflanzen im Frühjahr teilen
Ernten: junge Blätter, Blüten
Verwenden: frisch oder getrocknet; Blätter zu Salaten und Suppen; Blüten für Marmeladen, Desserts, zur Garnierung, für Kräuterwein, Limonade (wie Holunderblüten), für Potpourris; milder, schmerzlindernder, beruhigender Tee gegen Rheuma und Gicht
Hinweis: Aus den Stängeln wurde 1838 erstmals Salicylsäure isoliert, gilt als „pflanzliches Aspirin"

Gewürzfenchel

Foeniculum vulgare var. *dulce*

ERNTEZEIT: Juli – August
BLÜTEZEIT: Juli – Oktober
LEBENSFORM: Staude

➤ *der Klassiker gegen Bauchweh*

Andere Namen: Römischer Fenchel
Familie: Doldenblütler *(Apiaceae)*
Herkunft: Kulturform
Wuchs: buschig; bis 2 m hoch; gerillte, bläulich überlaufene, verzweigte Stängel; Blätter fein gefiedert; süßlich würziger Geruch
Blüten/Früchte: gelb, in Doppeldolden; braune, gerippte Früchte
Standort: sonnig; nährstoffreiche, kalkhaltige, feuchte Böden
Pflegen: in rauen Gegenden Winterschutz erforderlich
Vermehren: Aussaat im Frühling
Ernten: grüne Blätter; Dolden mit reifen Samen im September/Oktober abschneiden, zum Trocknen aufhängen
Verwenden: Blätter zu Salaten, Fisch und Saucen; Früchte zu Brot und Suppen; Tee aus den Früchten wirkt krampflösend und lindert Blähungen; mit Honig gesüßt, hilft er bei Husten; fördert den Milchfluss in der Stillzeit; als Gesichtsdampfbad, Badezusatz zur Hautreinigung; Kauen der Samen verbessert den Atem

Walderdbeere

Fragaria vesca

ERNTEZEIT: April – Mai
BLÜTEZEIT: Mai – Juni
LEBENSFORM: Staude

➤ *sehr aromatische Früchte*

Familie: Rosengewächse *(Rosaceae)*
Herkunft: Europa, Asien; Kahlschläge, lichte Wälder
Wuchs: bis 25 cm hoch; Ausläufer bildend; grundständige Blattrosette, Blätter dreizählig, grob gezähnt
Blüten/Früchte: weiß, röschenartig; rote Scheinfrüchte mit Nüsschen
Standort: sonnig bis halbschattig; feuchte, nährstoffreiche Böden
Pflegen: anspruchslos; Gefäßkultur möglich; mit Kompost düngen
Vermehren: sehr einfach über Ausläufer, die man im Sommer abtrennt und einpflanzt
Ernten: reife Früchte, Blätter
Verwenden: Früchte frisch oder tiefgefroren, zum Frischverzehr, für Desserts, Getränke; Blätter frisch oder getrocknet als Tee bei leichtem Durchfall, zur Blutreinigung, als Beimischung zu anderen Tees; Blattaufguss als Gesichtswasser bei fetter Haut
Hinweis: Ähnlich sind die Zimterdbeere *(F. moschata)* und die Knackerdbeere *(F. viridis)* mit gleicher Verwendung.

TEEKRÄUTER

Deutscher Name ***Botanischer Name***	**Verwendung**	**Bemerkungen**
Lemonysop *Agastache mexicana*	Blätter und Stängel; beruhigt die Nerven	Kultur-, Zierpflanze
Bergagastache *Agastache urticifolia*	zarte Blätter und hellrosa Blütenkerzen; für Mischungen	Kultur-, Zierpflanze
Großer Odermennig *Agrimonia procera*	Blüten und Blätter; honigartiger, zart bitterer Geschmack; Haustee	Wildpflanze
Zitronenverbene *Aloysia triphylla*	Blätter mit Zitronenaroma; erfrischend; Haustee	Kultur-, Zierpflanze
Kümmel *Carum carvi*	Früchte; bei Blähungen und leichten Magen-Darm-Krämpfen	Kultur-, Wildpflanze
Schmalblättriges Weidenröschen *Epilobium angustifolium*	Blütenknospen und Blätter; zart süßer Geschmack, Haustee	Wildpflanze
Zimterdbeere *Fragaria moschata*	Blätter; feinherber, zartwürziger, ausgewogener Geschmack, Haustee	Wild-, Zierpflanze
Jiaogulan *Gynostemma pentaphyllum*	süß-herb schmeckende Blätter; belebend, allgemein stärkend	Kulturpflanze
Malventee, Rosella *Hibiscus sabdariffa* var. *sabdar.*	rote Kelchblätter („Hibiskusblüten"), grüner Außenkelch; erfrischender Tee	Kulturpflanze; Gefäßkultur
Zitronenduftendes Johanniskraut *Hypericum hircinum*	Blüten und jg. Blätter; erfrischender Geschmack nach Zitrone und Kampfer	Zierpflanze
Zitronenwandelröschen *Lantana* spec.	Blätter mit herb würzigem Zitronenaroma; für Mischungen	Zierpflanze; Gefäßkultur
Alpenmutterwurz *Ligusticum mutellina*	Blätter; würzig-aromatischer, balsamischer Duft; magenstärkend	Wildpflanze
Argentinischer Minzestrauch *Lippia polystacha*	Bl. mit Spearmint-Duft; aromatisiert Mate-Tee; bei Magenverstimmungen	Zier-, Kulturpflanze; Gefäßkultur
Kreta-Melisse *Melissa officinalis* ssp. *altissima*	haarige Blätter mit Limettenaroma; für Mischungen	Zierpflanze
Moujean-Tee *Nashia inagnensis*	Blätter mit Bergamotte- und Vanilleduft; Blüten mit Honigduft	Zier-, Kulturpflanze; Gefäßkultur
Weiße Katzenminze *Nepeta cataria* var. *citriodora*	Blätter mit Zitronenaroma; erfrischend; für Mischungen	Zier-, Kulturpflanze
Ginseng *Panax ginseng*	gelblich weiße Wurzeln; zur Kräftigung der körperlichen Abwehrkräfte	Kulturpflanze; Gefäßkultur
Rose *Rosa*-Arten und -Sorten	Blütenblätter; je nach Art und Sorte sehr verschieden; für Mischungen	Zier-, Wildpflanze
Himbeere *Rubus idaeus*	Blätter; erfrischend; gegen leichten Durchfall	Kulturpflanze
Altai-Katzenminze *Schizonepeta kokanica*	nach Pfefferminze duftende Blätter; für Mischungen	Kultur-, Zierpflanze
Weißklee *Trifolium repens*	Blütenköpfe; süßlicher Geschmack; Haustee	Wildpflanze
Echter Ehrenpreis *Veronica officinalis*	junge Triebe und Blätter; beruhigend, mild, verdauungsfördernd	Wildpflanze

Waldmeister

Galium odoratum

ERNTEZEIT: April – Juni
BLÜTEZEIT: Mai – Juni
LEBENSFORM: Staude

➤ *Waldkraut für die Maibowle*

Andere Namen: Maikraut, Maiblume, Duftlabkraut, Herzfreude, Leberkraut, Gliedkraut, Waldtee; früher unter *Asperula odorata* geführt
Familie: Rötegewächse *(Rubiaceae)*
Herkunft: Europa; in schattigen Buchenwäldern
Wuchs: bis 30 cm hoch; kriechender Wurzelstock; aufrechte, glatte, vierkantige Stängel; Quirle aus lanzettlichen Blättern in Etagen; angenehmer Heuduft, v. a. in angewelktem Zustand
Blüten: weiß, sternförmig, in lockeren Trugdolden
Standort: halbschattig oder schattig; auf nährstoffreichen, feuchten und stark humushaltigen Böden; braucht ähnliche Licht- und Bodenverhältnisse wie im Wald
Pflegen: bei Trockenheit wässern; nach der Blüte bzw. im Herbst mit reifem Kompost überziehen; Herbstlaub als Schutz über der Pflanzfläche liegen lassen bzw. locker darüber ausbreiten
Vermehren: durch Teilung im zeitigen Frühjahr oder nach der Blüte; Aussaat ist möglich, jedoch langwierig, geringe Keimrate
Ernten: das frisch-aromatisch schmeckende, junge Kraut; die oberirdischen Teile zur Blütezeit kurz über dem Erdboden abschneiden
Verwenden: vorzugsweise frisch, auch getrocknet; angewelkte Stängel traditionell zur Herstellung von Waldmeisterbowle in Weißwein einlegen; als aromatisierender Zusatz in Teemischungen; zu Obstsalaten, Süßspeisen, Pudding, Kompott oder Eis; als Heilpflanze bei Darmstörungen und krampfhaften Zuständen; Tee zur Förderung eines ruhigen Schlafs (dann am besten ungesüßt anwenden), als mildes Beruhigungsmittel, gegen Kopfschmerzen und Migräne (nach Geschmack gesüßt); wirkt antiseptisch, blutreinigend sowie leicht schweiß- und harntreibend; in Büscheln als Motten- und Insektenschutz in Kleiderschränken; auch zur Parfümierung der Bettwäsche; in Potpourris; als zierender Bodendecker unter Gehölzen
Hinweis: Stets nur in geringen Mengen genießen, die Inhaltsstoffe (Cumarin) können Kopfschmerzen verursachen, in hoher Dosierung und bei Langzeitanwendung gesundheitschädlich wirken.

Gundermann

Glechoma hederacea

ERNTEZEIT: März – Mai
BLÜTEZEIT: April – Juni
LEBENSFORM: Staude

➤ *bildet dichte, rasenartige Teppiche*

Andere Namen: Gundelrebe
Familie: Lippenblütler *(Lamiaceae)*
Herkunft: Europa; auf Wiesen und an Wegrändern
Wuchs: bis 30 cm hoch; kriechend; niederliegende, sich an den Knoten bewurzelnde Stängel; kleine, nieren- bis herzförmige Blätter, am Rand gekerbt
Blüten: hellviolett, in Scheinquirlen
Standort: sonnig oder halbschattig; feuchte, durchlässige Böden
Pflegen: viel Feuchtigkeit; neigt zum Wuchern, daher besser Topfkultur
Vermehren: Stecklinge oder Teilung
Ernten: frische Blätter, Blüten oder das ganze blühende Kraut
Verwenden: die herb-würzigen, frischen Blätter zu Frühlingssalaten, Suppen, Eierspeisen, Gemüse, Kräuterbutter; als Tee gegen Gallen- und Leberbeschwerden; äußerlich als Wundheilmittel, zum Gurgeln bei Mund- und Rachenentzündungen
Hinweis: ist für Pferde giftig
Arten/Sorten: Die Sorte 'Variegata' ist weiß panaschiert.

Lakritzpflanze

Glycyrrhiza glabra

ERNTEZEIT: September – Dezember
BLÜTEZEIT: Juni – Juli
LEBENSFORM: Staude

➤ *süßer als Zucker*

Andere Namen: Spanisches Süßholz
Familie: Schmetterlingsblütler *(Fabaceae)*
Herkunft: Mittelmeergebiet, Westasien
Wuchs: bis 1,5 m hoch; Stängel aufrecht, derb; Pfahlwurzel sowie Ausläufer bildend; Blätter unpaarig gefiedert, Unterseite harzig klebrig
Blüten: lilablau, in Trauben
Standort: sonnig; lockere, tiefgründige Böden
Pflegen: gleichmäßig feucht halten; vor Frost schützen
Vermehren: Teilung im Frühjahr; Aussaat im Herbst
Ernten: dicke Pfahlwurzeln (mindestens 4-jährig) ab Spätherbst
Verwenden: Wurzeln waschen, schälen und in der Sonne trocknen, dann auskochen und den gewonnenen Süßholzsaft eindicken; Saft gegen Husten und Magenbeschwerden, wirkt auswurffördernd, entzündungshemmend und krampflösend; eingedickter, erstarrter Saft mit Lakritzgeschmack als Leckerei, in Erfrischungsgetränken u. Ä.

Currystrauch

Helichrysum italicum ssp. serotinum

ERNTEZEIT: ganzjährig
BLÜTEZEIT: Juni – September
LEBENSFORM: Halbstrauch

➤ *in der Asia-Küche unverzichtbar*

Andere Namen: Currykraut, Italienische Strohblume, Sonnengold
Familie: Korbblütler *(Asteraceae)*
Herkunft: Südeuropa; an trockenen, sonnigen Plätzen
Wuchs: dicht buschig; bis 1 m hoch; immergrüne, silbrig graue, klebrige, linealische Blätter
Blüten: dunkelgelb, kugelige Köpfchen in Scheindolden
Standort: sonnig; durchlässige Erde
Pflegen: nach der Blüte kräftig zurückschneiden; wenig gießen
Vermehren: Stecklinge im Sommer
Ernten: zarte, junge Blätter und Blüten nach Bedarf pflücken
Verwenden: junge Blätter und Triebe zum Würzen von Reis, Saucen und Fleischgerichten; Zweige kurz mitkochen und vor dem Servieren entfernen; getrocknete Blütendolden und Triebe für Floristik; für Formschnitt und niedrige Hecken geeignet
Hinweis: Blätter verströmen Curry-Aroma; bei Überdosierung ist eine Magenreizung möglich.

Nachtviole

Hesperis matronalis

ERNTEZEIT: Mai – Juli
BLÜTEZEIT: Mai – Juli
LEBENSFORM: Staude

➤ *nächtlicher, süßer Wohlgeruch*

Andere Namen: Mondviole
Familie: Kreuzblütler *(Brassicaceae)*
Herkunft: Europa bis Zentralasien; lichte Laubwälder
Wuchs: bis 90 cm hoch; aufrecht buschig; glatte, schmal ovale Blätter
Blüten: weiß, fliederfarben, aromatisch, in Doldentrauben
Standort: sonnig, halbschattig; feuchte, durchlässige Böden
Pflegen: anspruchslos; Pflanzen alle 2–3 Jahre erneuern, da sie ihre Wuchskraft rasch verlieren
Vermehren: Aussaat mit Vorkultur März bis Juni; Direktsaat ab April
Ernten: Blüten, junge Blätter
Verwenden: frisch; Blätter als Zugabe zu Salaten; Blüten zu Fruchtsalat, in Butter, Zucker, Sirup, Essig, auch kandiert, mit veilchenartigem Aroma, auch getrocknet zu Potpourris; attraktive Zierstaude
Hinweis: Blüten duften intensiv an feuchten Abenden; zieht Nachtfalter an; die ähnliche Mondviole (*Lunaria annua*) hat herzförmige Blätter.

Duftendes Mariengras

Hierochloe odorata

ERNTEZEIT: Juli – September
BLÜTEZEIT: April – Mai
LEBENSFORM: Staude

➤ *intensiver Waldmeisterduft*

Andere Namen: Vanillegras, Senecagras, Süßgras, Sweetgras
Familie: Süßgräser *(Poaceae)*
Herkunft: Europa, Nordamerika, Nordasien; feuchte Wiesen
Wuchs: bis 90 cm hoch; horstbildend mit Ausläufern, neigt zum Wuchern; spitze, schlanke, am unteren Ende rötliche Blätter
Blüten: rotgolden, in kleinen Rispen
Standort: sonnig bis halbschattig; feuchte Böden
Pflegen: stets feucht halten; für Gefäßkultur geeignet
Vermehren: über Wurzelausläufer im Frühjahr oder Sommer
Ernten: Blätter oder ganze Pflanze mit Rhizom
Verwenden: als erfrischender Tee, auch bei Erkältungen; zum Räuchern; Blätter zum Aromatisieren von Likören; Extrakte für Süßigkeiten und Getränke; zur Parfümierung von Kleidung
Hinweis: Beim Trocknen entsteht durch den Inhaltsstoff Cumarin ein intensives Heu-Aroma wie beim Waldmeister.

Houttuynie

Houttuynia cordata

ERNTEZEIT: Mai – September
BLÜTEZEIT: Juli – August
LEBENSFORM: Staude

➤ *Duft nach Koriander und Orangen*

Andere Namen: Vap Ca, Eidechsenwurz, Koreanischer Koriander
Familie: Eidechsenschwanzgewächse *(Saururaceae)*
Herkunft: Himalaja bis Japan; Wald- und Sumpfgebiete
Wuchs: bis 30 cm hoch; kriechend; leuchtend rote Stängel; herzförmige, rotrandige Blätter
Blüten: Ähren winziger, gelblicher Blüten mit vier weißen Tragblättern
Standort: halbschattig; geschützt; feuchte Böden; winterhart
Pflegen: stets leicht feucht halten; mit Laubkompost versorgen
Vermehren: Teilung im Frühjahr
Ernten: frische Blätter mit aromatisch-herbem Geschmack
Verwenden: zu Salaten; Garnierung; für Potpourris und Duftsträuße
Hinweis: aromatischer Duft
Arten/Sorten: Es gibt 2 Sippen mit verschiedenen Inhaltsstoffen: Die chinesisch-vietnamesische Sippe riecht nach Koriander, die japanische Sippe nach Zitronen und Orangen.

Hopfen

Humulus lupulus

ERNTEZEIT: April – Mai, Aug. – Sept.
BLÜTEZEIT: Juli – September
LEBENSFORM: Staude

➤ *mildes Beruhigungsmittel*

Familie: Hanfgewächse *(Cannabaceae)*
Herkunft: Europa, Asien, Nordamerika; Gebüsche, Auwälder
Wuchs: bis 6 m hoch; zweihäusig; Stängel rechtswindend; Blätter rau, gelappt, am Rand stachelspitzig gezähnt
Blüten: gelbgrün, männliche in Rispen, weibliche in zapfenförmigen Büscheln; stark aromatischer Geruch, bitterer Geschmack
Standort: sonnig; durchlässige, lehmige Böden
Pflegen: benötigt viel Feuchtigkeit
Vermehren: Aussaat im Frühjahr; Wurzelschösslinge abtrennen
Ernten: weibliche Blütenstände pflücken, kurz bevor sie ausgereift sind; junge Hopfentriebe im Frühjahr
Verwenden: Geschmacksgeber im Bier; Hopfentriebe wie Spargel zubereiten; Blüten für Teemischungen mit beruhigender Wirkung, schlaffördernd, für Duftkissen, Badezusätze
Hinweis: frische Hopfenzapfen können unangenehme Hautreizungen hervorrufen; allergieauslösend

Johanniskraut

Hypericum perforatum

ERNTEZEIT: Juni – September
BLÜTEZEIT: Juni – August
LEBENSFORM: Staude

➤ *bewährtes Antidepressivum*

Andere Namen: Tüpfel-Hartheu, Blutkraut, Teufelsflucht
Familie: Johanniskrautgewächse *(Clusiaceae)*
Herkunft: Europa, Westasien, Nordafrika; lichte Wälder, Säume
Wuchs: aufrecht; bis 90 cm hoch; zweikantiger, oben verzweigter Stängel; Blätter elliptisch, ganzrandig, durch Öldrüsen punktiert
Blüten: goldgelb mit schwarzgelben Schuppen, die sich beim Zerquetschen blutrot verfärben
Standort: sonnig; fruchtbare, durchlässige Böden
Pflegen: anspruchslos; winterhart
Vermehren: Direktaussaat
Ernten: Blätter, Triebe, Blüten
Verwenden: Blätter und Triebe für Tee (wirkt stimmungsaufhellend und nervenberuhigend); Würze für Fisch oder Likör; Blüten für Kräuteröl, als essbare Garnierung; als Tinktur bei Rheuma; Färbepflanze
Hinweis: macht lichtempfindlich (pralle Sonne und Solarien meiden)

Ysop

Hyssopus officinalis ssp. *officinalis*

ERNTEZEIT: Mai – September
BLÜTEZEIT: Juli – August
LEBENSFORM: Halbstrauch

➤ *reinigend und heilend*

Andere Namen: Zwerg-Ysop, Gewürz-Ysop, Ispen, Eisenkraut
Familie: Lippenblütler *(Lamiaceae)*
Herkunft: Europa, Nordafrika, Asien; Gebüsche, felsige Heidesteppen und Kalkmagerrasen
Wuchs: 30–60 cm hoch; dicht buschig; wintergrün; vierkantige, im unteren Bereich verholzende Stängel; Blätter linealisch bis eiförmig
Blüten: lavendelblaue Lippenblüten in dichten Scheinähren, bisweilen auch weiß oder rosa
Standort: sonnig; gut durchlässige, humose und am besten auch kalkhaltige Gartenböden
Pflegen: anspruchslos; mit Algenkalk und Kompost düngen; im Frühling um etwa ein bis zwei Drittel zurückschneiden; winterhart
Vermehren: Stecklinge im Frühsommer (noch unverholzte Triebspitzen, so genannte Grünstecklinge); Teilung; Aussaat mit Vorkultur
Ernten: junge Triebe und die leicht bitteren Blätter laufend pflücken; das blühende Kraut (besonders die oberen, zarten Teile)
Verwenden: frisch oder getrocknet; sparsam verwenden, zum Würzen von fettem Fleisch, Wild und Fisch, zu Gemüse wie Bohnen, Salaten, Suppen und Eintöpfen; zum Grillen, dafür auf die Glut legen; zum Aromatisieren von Speiseöl; für Liköre und Kräuterschnäpse; Blüten zur Garnierung von Speisen; als Tee bei Magen- und Darmstörungen sowie als Schleimlösungsmittel bei Husten, auch zum Gurgeln bei Hals- und Zahnfleischentzündungen; zu Waschungen sowie innerlich bei übermäßiger Schweißabsonderung; für Duftsträuße und Potpourris; für niedrige Hecken und als Einfassungspflanze zur Begrenzung
Hinweis: die Pflanze enthält ein kampferartiges ätherisches Öl; aromatischer Duft; sehr gute Bienen- und Schmetterlingsweide
Arten/Sorten: Die schwach wachsende, nur 30–40 cm hohe Unterart *aristata*, der Grannen-Ysop, ist für kleine Kräutergärten und für Kultur in Töpfen und Kübeln weitaus besser geeignet als der eigentliche Ysop; 'Albus' blüht reinweiß, 'Roseus' ist eine intensiv rosafarben blühende Auslese.

SALATKRÄUTER
(KRÄUTER, DEREN TEILE DIE HAUPTZUTAT FÜR SALAT LIEFERN)

Deutscher Name *Botanischer Name*	Pflanzenteile	Lebensform/ Standort
Kriechender Günsel *Ajuga reptans*	junge Blätter und Triebe	Staude, Wildpflanze; sonnig-halbschattig
Goldaster *Aster linosyris*	junge Blätter, Blüten	Staude; sonnig
Türkische Rauke *Bunias orientalis*	Blätter schmecken angenehm scharf nach Rettich	Staude; sonnig
Rapunzelglockenblume *Campanula rapunculus*	junge Blätter und Triebe	Staude; sonnig
Spornblume *Centranthus ruber*	junge Blätter	Staude; sonnig-halbschattig
Weißer Gänsefuß *Chenopodium album*	junge Blätter	einjährig, Wildpflanze; sonnig
Wiesenpippau *Crepis biennis*	junge Blätter	zweijährig, Wildpflanze; sonnig
Mauerdoppelsame, Mauersenf *Diplotaxis muralis*	junge Blätter, weiche Triebe	zweijährig; sonnig
Weidenröschen *Epilobium angustifolium*	Blätter, Triebspitzen, Knospen	Staude, Wildpflanze; sonnig-halbschattig
Echte Nelkenwurz *Geum urbanum*	junge Blätter	Staude, Wildpflanze; halbschattig
Taglilie *Hemerocallis-Arten und -Sorten*	Blüten, Blütenknospen	Staude; sonnig-halbschattig
Luzerne *Medicago sativa*	junge Triebe, Blüten, Samen	Staude, Wildpflanze; sonnig
Tellerkraut, Winterportulak *Montia perfoliata*	junge Blätter	einjährig; sonnig-schattig
Sauerklee *Oxalis acetosella*	Blätter schmecken säuerlich; nur im Frühjahr verwenden	Staude, Wildpflanze; halbschattig-schattig
Portulak *Portulaca sativa*	Kraut schmeckt salzig und erfrischend	einjährig; sonnig-halbschattig
Echtes Lungenkraut *Pulmonaria officinalis*	junge Rosettenblätter	Staude; halbschattig-schattig
Sumpfkresse *Rorippa palustris*	junge Triebe und Blätter, Keimlinge	Staude, Wildpflanze; sonnig-halbschattig
Taubenkropf-Leimkraut *Silene vulgaris*	junge Blätter und Sprosse	Staude, Wildpflanze; sonnig
Kohl-Gänsedistel *Sonchus oleraceus*	junge Blätter	einjährig, Wildpflanze; sonnig-halbschattig
Vogelmiere *Stellaria media*	Blätter, Kraut	einjährig, Wildpflanze; sonnig-halbschattig
Wiesenbocksbart *Tragopogon pratensis*	frische, zuckerhaltige Blätter	zweijährig, Wildpflanze; sonnig
Bachbunge, Bach-Ehrenpreis *Veronica beccabunga*	junge Stängel und Blätter (gründlich waschen)	Staude, Wildpflanze; sonnig

Echter Alant
Inula helenium

ERNTEZEIT: März – Oktober
BLÜTEZEIT: Juni – September
LEBENSFORM: Staude

➤ *schmuckes Heilkraut*

Andere Namen: Helenenkraut, Odinskopf, Lungenwurz
Familie: Korbblütler *(Asteraceae)*
Herkunft: Zentralasien, Europa; Wiesen, Wälder und Hecken
Wuchs: aufrecht buschig; bis 2,5 m hoch; knollig verdickte Rhizome; Blätter breit lanzettlich, gezähnt, Unterseite behaart, bis 70 cm lang
Blüten: große, gelbe Blütenköpfe
Standort: sonnig; frische, nährstoffreiche Böden
Pflegen: mit Kompost düngen; im Herbst mulchen; braucht viel Platz
Vermehren: Aussaat im Frühjahr oder Teilung im Herbst
Ernten: Blätter im Frühjahr; Blüten im Sommer; Wurzeln kräftiger Pflanzen im Herbst oder Frühjahr
Verwenden: frische Blätter zu Gemüse, Umschlag (Wundheilung); schleim- und krampflösender Tee aus getrockneten Blättern und Wurzeln; Blüten (Garnierung), getrocknet als Farbgeber in Potpourris; Zierpflanze
Hinweis: aromatischer Geruch

Weiße Taubnessel

Lamium album

ERNTEZEIT: April – Oktober
BLÜTEZEIT: April – Oktober
LEBENSFORM: Staude

➤ *magnetische Wirkung auf Bienen*

Familie: Lippenblütler *(Lamiaceae)*
Herkunft: Europa, Nordasien; an Wegen, in Gebüschen
Wuchs: buschig; bis 40 cm hoch; kriechende Rhizome; vierkantiger, hohler Stängel; Blätter gegenständig, herzeiförmig (wie bei der Brennnessel, aber ohne Brennhaare), am Rand gesägt
Blüten: reinweiße Lippenblüten, in Quirlen angeordnet
Standort: sonnig bis halbschattig; nahrhafte, mäßig feuchte Böden
Pflegen: anspruchslos
Vermehren: Teilung im Frühjahr
Ernten: Blüten ohne Kelch; frische Blätter und Triebe
Verwenden: junge, vitaminreiche Blätter und Triebe im Frühjahr zu Salat, als Gemüse oder als Suppe; honigsüße Blüten für Desserts und zur Garnierung; getrocknet in Tee bei Magen- und Darmbeschwerden sowie Katarrhen der oberen Atemwege
Hinweis: Name beruht auf Ähnlichkeit mit Brennnessel; enthält gelben Farbstoff mit angeblich magischer Wirkung

Lorbeer

Laurus nobilis

ERNTEZEIT: Juni – November
BLÜTEZEIT: März – April
LEBENSFORM: Strauch

➤ *Aristokrat unter den Kräutern*

Familie: Lorbeergewächse *(Lauraceae)*
Herkunft: Mittelmeergebiet; Strauchgesellschaften
Wuchs: zweihäusig; immergrün; dicht buschig; bis über 10 m hoch; Blätter glänzend dunkelgrün, glatt, lederartig, am Rand gewellt
Blüten/Früchte: blattachselständig, klein, sternförmig, duftend (→ Abb. li.); schwarze, eiförmige Früchte (→ Abb. re.) nur an weiblichen Exemplaren
Standort: sonnig oder halbschattig, warm und geschützt; durchlässige, leicht feuchte, lehmige Böden
Pflegen: Kultur vorzugsweise im geräumigen Kübel, da nicht ganz frosthart; im Sommer ins Freie stellen, dann reichlich düngen und gießen; hell und kühl, aber frostfrei überwintern, Ballen nicht austrocknen lassen; Rückschnitt bei Bedarf im Frühjahr oder nach der Blüte, dabei am besten die jungen Triebe einzeln abschneiden und Blätter nicht verletzen
Vermehren: am besten durch Stecklinge im Sommer
Ernten: Blätter nach Bedarf; die reifen Früchte im Herbst
Verwenden: frisch, auch getrocknet, Früchte und besonders die Blätter; die herb-aromatischen, appetitanregenden Blätter würzen sehr stark, daher sparsam verwenden; in Suppen und Fonds mitkochen und vor dem Servieren entfernen; zu Marinaden, Braten, Rotkohl oder Sauerkraut; für die Likörherstellung; äußerlich bei Durchblutungsstörungen, auch bei Rheuma, z. B. als Badezusatz; Tee bei Verdauungsbeschwerden; in der Floristik, zum Binden von Kränzen, für Dekorationen; Blatt in Reis-, Mehl- oder Getreidevorräten hält Lebensmittelschädlinge fern
Hinweis: getrocknete Blätter verlieren nach etwa 1 Jahr an Aroma; schöne, immergrüne Kübelpflanze, die sich auch zum Formschnitt (z. B. Pyramide, Kugelform, Hochstämmchen) eignet; kann über hundert Jahre alt werden; wer Früchte ernten möchte, benötigt männliche und weibliche Exemplare. Im Altertum stand der Lorbeerbaum in hohem Ansehen. Aus den Zweigen wurden Kränze gewunden, mit denen die Häupter von Dichtern, erfolgreichen Sportlern und siegreichen Heerführern gekrönt wurden.

Lavendel

Lavandula-Arten und -Sorten

ERNTEZEIT: Mai – September
BLÜTEZEIT: Juli – September
LEBENSFORM: Halbsträucher

➤ *würzig-süßer Duft der Provence*

Familie: Lippenblütler *(Lamiaceae)*
Herkunft: Mittelmeergebiet, Kanarische Inseln; an sonnigen, steinigen Trockenhängen
Wuchs: dicht bis locker buschig; 50–100 cm hoch; immergrün; silbrig graue, linealische Blätter, fein behaart; beim Kanarischen Lavendel *(L. pinnata)* weiße, kammförmig gefiederte Blätter
Blüten: blau bis violett, teils weiß oder rosa, in schlanken, lang gestielten Ähren, meist stark duftend; beim Schopflavendel *(L. stoechas* ssp. *stoechas)* große Hochblätter
Standort: sonnig und warm; durchlässige, neutrale bis kalkhaltige, nicht zu nährstoffreiche Böden (*L. latifolia* und *L. stoechas* auch in schwach saurem Substrat); für Gefäßkultur geeignet
Pflegen: das Mulchen mit Sand sorgt für eine reichere Blütenbildung; Pflanze nach der Blüte für buschigen Wuchs stutzen; als Winterschutz Reisig oder trockenes Laub verwenden; Englischer Lavendel *(L. × intermedia)* und Schopflavendel möglichst hell und kühl im Haus überwintern
Vermehren: Aussaat im März im warmen Frühbeet oder am Fensterbrett (keimt langsam und unregelmäßig); Stecklinge (Englischer Lavendel sowie Hybriden nur über Stecklinge)
Ernten: junge Blütentriebe und frische Blätter
Verwenden: junge Blätter und Triebspitzen in geringen Mengen zu Fisch, Geflügel, Suppen und Eintopf; in Kräutermischungen der arabischen und südfranzösischen Küche; getrocknete Blüten für Süßspeisen, für Lavendelzucker

(trockene Blüten mit Kristallzucker vermahlen), als Garnierung; Tee aus Blüten lindert Kopfschmerzen und beruhigt die Nerven; Lavendelöl und Lavendelspiritus wird bei Muskelverkrampfungen und Kopfschmerzen zum Einreiben verwendet; ein Lavendelbad wirkt anregend und erfrischend; Säckchen mit Blüten im Kleiderschrank gegen Motten; frische Blüten des Echten Lavendels *(L. angustifolia* ssp. *angustifolia*, auch *L. officinalis)*, des Großen Lavendels oder Großer Speik *(L. latifolia)* sowie des Englischen Lavendels, auch Provence-Lavendel oder Lavandin *(L. × intermedia)*, dienen zur Herstellung von Essenzen und Öl; auch als Duftpflanze für Potpourris und Sträuße, für florale Dekorationen

Hinweis: Der Gattungsname *Lavandula* stammt angeblich vom lateinischen Wort „lavare" (waschen), da es eine Gewohnheit der Römer war, ihrem Badewasser Lavendel zuzufügen.

Arten/Sorten: Die frischen Blüten des Echten Lavendels *(L. angustifolia* ssp. *angustifolia*, auch *L. officinalis)* liefern eines der besten Lavendelöle. Wichtige Sorten sind 'Munstead' und die kleinwüchsige 'Hidcote', 'Alba' mit weißen Blüten sowie 'Jean Davis' mit weißrosa Blüten; der Schopflavendel oder auch Französische Lavendel *(L. stoechas* ssp. *stoechas)* besitzt ein süßes Aroma nach Zimt und Kampfer und wird traditionell wegen seines Öls kultiviert; die Hybriden können in Form und Größe voneinander abweichen. Der Wollige Lavendel oder Silberblattlavendel *(L. lanata)* wirkt mit seinen weißen, wollig behaarten Blättern und den dunkelvioletten Blütenrispen im Kübel besonders dekorativ. Den nicht winterharten Kanarischen Lavendel oder Farnlavendel *(L. pinnata)* sollte man besser als Topfpflanze kultivieren. Er duftet weniger stark als die anderen Lavendelarten.

1, 3 und 4: *Lavandula angustifolia* macht als Kübelpflanze oder im Spalier eine gute Figur. 'Nana Purpurea' (2) hat dunkle Blüten, *Lavandula stoechas* (5 und 6) auffällige Hochblätter.

WEITERE ARTEN UND SORTEN

Name	Merkmale
Französischer Lavendel *L. dentata*	hellblaue Blüten
Gezähnter Lavendel *L. dentata* var. *candicans*	blassviolette Blüten; blasslila Hochblätter
Grauer Zimmerlavendel *L. × heterophylla*	große, dunkelblaue Blüten; als Zimmerpflanze geeignet
L. stoechas ssp. *lusitanica*	dunkelviolette Blüten und dunklere Tragblätter
Lavendel 'Kew Red' *L. stoechas*	kirschrote Blüten
Lavendel 'Reve de Jean-Claude' *L. angustifolia*	pastellviolette Blüten; intensiver Duft
Lavendel 'Richard Grey' *L. × lanata*	tiefviolette Blüten mit himmelblauen Kelchen
Lavendel 'Sidonie' *L.*-Hybride	tiefblaue Blüten
Lavendel 'Silver Frost' *L. angustifolia × lanata*	silbrige Blätter; tiefrotviolette Blüten
Provence-Lavendel 'Abrialis' *L. × intermedia*	eine der Hauptsorten für ätherisches Öl in der Provence
Provence-Lavendel 'Grosso' *L. × intermedia*	besonders große und lange, dunkelviolette Blüten
Provence-Lavendel 'Sumian' *L. × intermedia*	rosaviolette Kelche, Blüte lavendelblau; Ölgewinnung

Herzgespann

Leonurus cardiaca

ERNTEZEIT: Juli – August
BLÜTEZEIT: Juli – August
LEBENSFORM: Staude

➤ *einst oft kultivierte Heilpflanze*

Andere Namen: Löwenschwanz, Herzheil, Wolfskraut
Familie: Lippenblütler *(Lamiaceae)*
Herkunft: Europa, Nordamerika; Wegränder, Schuttplätze
Wuchs: aufrecht; bis 1 m hoch; Stängel vierkantig, gerillt, hohl; Blätter gegenständig, oben dreilappig, unten handförmig gespalten, grob gezähnt
Blüten: kleine, rosa Lippenblütchen in Scheinquirlen
Standort: sonnig bis halbschattig; warme, stickstoffreiche Böden
Pflegen: anspruchslos
Vermehren: Direktaussaat
Ernten: ganzes Kraut zur Blütezeit; blühende, frische Sprossspitzen
Verwenden: Tee aus dem getrockneten Kraut bei Beschwerden im Klimakterium, gegen Magen-Darm-Beschwerden; altes Hausmittel bei Herz- und Nervenstörungen
Hinweis: intensiver Geruch; Hummelpflanze; nicht in der Schwangerschaft anwenden; die Pflanze steht unter Naturschutz.

Kresse

Lepidium sativum

ERNTEZEIT: ganzjährig
BLÜTEZEIT: Mai – November
LEBENSFORM: einjährig

➤ *schneller Keimer*

Andere Namen: Gartenkresse
Familie: Kreuzblütler *(Brassicaceae)*
Herkunft: Vorderer Orient, Afrika
Wuchs: aufrecht; bis 10 cm hoch; Blätter länglich eiförmig, gefiedert
Blüten: weiß
Standort: sonnig bis halbschattig; jeder Gartenboden, in Keimschalen
Pflegen: anspruchslos; stets leicht feucht halten
Vermehren: Aussaat unter Glas ganzjährig, im Freien ab März, nur leicht mit Erde bedecken; keimt rasch; laufend nachsäen
Ernten: Keimlinge bzw. Blätter und Blüten der ausgewachsenen Pflanze immer frisch abschneiden; enthalten viel Vitamin C; pfeffriger Geschmack
Verwenden: nur frisch zu Salat, Eiern und Quark, aufs Butterbrot, zu Fisch; zum Garnieren, als Gemüse; Muntermacher im Frühjahr und bei Blutarmut
Hinweis: Kresse und Radieschen stärken sich im Beet nebeneinander.
Arten/Sorten: Es gibt glatt- und krausblättrige Sorten.

Liebstöckel

Levisticum officinale

ERNTEZEIT: März – Mai; September
BLÜTEZEIT: Juli – August
LEBENSFORM: Staude

➤ *mildes Aphrodisiakum*

Andere Namen: Maggikraut, Luststecken, Selleriestrauch
Familie: Doldenblütler *(Apiaceae)*
Herkunft: Vorderasien
Wuchs: stattlich buschig; bis 2 m hoch; Stängel hohl und gerippt; Blätter tief geteilt, gezähnt, duften beim Zerreiben nach Sellerie; gelbbraune Spaltfrüchte
Blüten: blass grün-gelb, in Dolden
Standort: sonnig bis halbschattig; nährstoffreiche Böden
Pflegen: im Herbst mit Kompost düngen; winterhart
Vermehren: im Frühjahr oder Spätsommer aussäen; teilen
Ernten: frische, junge Blätter vor der Blüte; Samen, wenn sie braun werden
Verwenden: Blätter zu Salaten, Suppen, Eintöpfen; mit zerdrückten Samen Brot würzen; Tee aus Samen und Blättern bei Verdauungsstörungen
Hinweis: Im 16. Jahrhundert galt das Kraut als Aphrodisiakum. Liebstöckel sollte man in der Schwangerschaft oder bei Nierenleiden nicht als Medizin einnehmen.

Lein

Linum usitatissimum

ERNTEZEIT: September
BLÜTEZEIT: Juni – August
LEBENSFORM: einjährig

➤ *eine der ältesten Kulturpflanzen*

Familie: Leingewächse *(Linaceae)*
Herkunft: Kulturform
Wuchs: straff aufrecht; bis 1 m hoch; schmal-lanzettliche Blätter; rundliche Kapseln mit glänzenden, flachen Samen
Blüten: himmelblau
Standort: sonnig; fruchtbare, leichte (sandige) Böden
Pflegen: sparsam düngen; Staunässe vermeiden
Vermehren: Direktaussaat
Ernten: reife Samen; Blätter
Verwenden: Leinsamen zu Müsli, in Joghurt oder anderen Speisen zur Anregung der Verdauung; Gurgelmittel bei Entzündungen in Mund und Zahnfleisch; lauwarm getrunken gegen Magenschleimhautentzündung; Samen kalt pressen, Leinöl hilft äußerlich bei Hautausschlägen; als Speiseöl; Blätter zu Salaten; für Sträuße und Geschenke
Hinweis: leuchtende Zierde im Blumenbeet; zur Samengewinnung verwendet man bevorzugt den so genannten Schließlein, dessen Früchte geschlossen bleiben.

Aztekisches Süßkraut

Lippia dulcis

ERNTEZEIT: ganzjährig
BLÜTEZEIT: Juli – September
LEBENSFORM: Halbstrauch

➤ *süßer als Zucker*

Familie: Eisenkrautgewächse *(Verbenaceae)*
Herkunft: Mittel- und Südamerika
Wuchs: kriechend; bis 30 cm hoch; überhängend mit meterlangen Ranken; Blätter dunkelgrün, oval, enthalten natürlichen Süßstoff; frostempfindlich
Blüten: klein, weiß, blattachselständig
Standort: sonnig; durchlässige, sandig-lehmige Böden
Pflegen: Triebe regelmäßig stutzen; Gefäßkultur ratsam; hell und kühl überwintern
Vermehren: Stecklinge
Ernten: Blätter mit minzigem Aroma
Verwenden: Süßungsmittel für Speisen und Kräutertees; leicht entspannende Wirkung; Duftpflanze für Potpourris; dekorativ in Ampeln
Hinweis: Blätter mit minzigem Aroma, Blüten mit intensivem Honigduft; schon die Azteken nutzten das Süßkraut, das sie „Tzopelic Xlhuitl" nannten, als Allheilmittel; das ätherische Öl enthält Kampfer, dem eine schleimlösende Wirkung nachgesagt wird.

Mexikanischer Oregano

Lippia graveolens

ERNTEZEIT: ganzjährig
BLÜTEZEIT: Juli – August
LEBENSFORM: Strauch

➤ *Gewürz der Tex-Mex-Küche*

Familie: Eisenkrautgewächse *(Verbenaceae)*
Herkunft: Südwesten der USA, Mexiko; trockene Täler, Felsen
Wuchs: buschig, immergrün, nicht frosthart; spitz-ovale, gesägte Blätter mit deutlichen Blattadern
Blüten: klein, in Blattachseln, gelb oder weiß
Standort: sonnig; gut durchlässige, sandige Böden
Pflegen: Gefäßkultur ratsam; hell und mäßig warm überwintern
Vermehren: Stecklinge
Ernten: Blätter
Verwenden: in texanischer und mexikanischer Küche als oreganoähnliche Würze für Chilis, Eintopf und Bohnengerichte; in Gewürzmischungen und Potpourris
Hinweis: Blätter duften beim Zerreiben nach Oregano, Blüten nach Honig; ähnlich ist Argentinischer Minzestrauch *(L. polystachya* → Seite 127*)*, dessen Blätter nach Spearmint duften, mit ihm aromatisiert man Tee.

Rosenmalve

Malva alcea

ERNTEZEIT: Mai – August
BLÜTEZEIT: Juli – Oktober
LEBENSFORM: Staude

➤ *wohltuender Tee bei Husten*

Andere Namen: Rosenpappel, Sigmarswurz, Rote Wegwarte
Familie: Malvengewächse *(Malvaceae)*
Herkunft: Südeuropa; mäßig trockene Fettwiesen, Waldsäume, Wegränder, Böschungen und Brachflächen
Wuchs: bis 1 m hoch; straff aufrecht, reich verzweigt; breite, herzförmige Blätter
Blüten: groß, violettrosa
Standort: sonnig; durchlässige, nährstoffreiche und am besten auch kalkhaltige Böden
Pflegen: nach der Blüte kräftig zurückschneiden, um eine Nachblüte anzuregen; im Herbst die Stängel bis auf untere Blätter zurückschneiden; auf Rostpilz achten, vorbeugend alle zwei Wochen mit Schachtelhalm- oder Knoblauchtee übersprühen; die Pflanze ist meist nur kurzlebig, daher rechtzeitig für Nachwuchs sorgen
Vermehren: Stecklinge im Frühjahr oder Sommer; Aussaat im Herbst in Schalen, diese ins Freie stellen (keimt ungleichmäßig); samt sich selbst aus
Ernten: junge Blätter nach Bedarf im Frühjahr ernten; blühendes Kraut sowie Blüten und junge Früchte; Wurzeln im zweiten Jahr ausgraben
Verwenden: junge Blätter, Blüten, Früchte und zarte Triebe schmecken frisch in Salaten oder zu Gemüse; frische oder getrocknete Blätter gibt man zum Badewasser gegen Hautausschläge und Geschwüre; ein Aufguss wirkt entzündungshemmend und schleimlösend, Malventee mit Honig gesüßt hilft gegen Husten; wirkungsvoll auch als Linderungsmittel bei Entzündungen im Mund und Rachen sowie bei leichten Durchfällen; die Blüten eignen sich zur Garnierung von Desserts oder Salaten; dekorativ als Zierpflanze besonders im naturnahen Bauerngarten
Hinweis: Die Pflanze ist eine wertvolle Bienenweide.
Arten/Sorten: Die Volksmedizin unterscheidet nicht zwischen den verschiedenen Malvenarten. Die nahen Verwandten der Rosenmalve, die Käsepappel oder auch Wegmalve *(M. neglecta)*, Moschusmalve *(M. moschata)* sowie die Wilde Malve *(M. sylvestris)*, werden ebenfalls als Heilpflanzen verwendet. Diese können ebenso im Garten gezogen und genutzt werden.

Alraune

Mandragora officinarum

ERNTEZEIT: September – Oktober
BLÜTEZEIT: Dezember – April
LEBENSFORM: Staude

➤ *hält den Aberglauben wach*

Andere Namen: Erdmännchen
Familie: Nachtschattengewächse *(Solanaceae)*
Herkunft: Mittelmeerraum; Gesteinsschutt, Trockenstandorte
Wuchs: stängellos; bis 25 cm hoch; Rosette aus länglich eiförmigen, gewellten, runzeligen Blättern; gelbe, kugelige Beerenfrüchte
Blüten: trüb- bis blassviolett, glockenförmig, büschelig in der Rosettenmitte
Standort: halbschattig; humusreiche, durchlässige Erde; Gefäßkultur
Pflegen: mäßig warm und dunkel im Haus überwintern
Vermehren: Aussaat im Herbst; Blattstecklinge im Winter
Ernten: Wurzel älterer Exemplare
Verwenden: getrocknete, „menschenähnliche" Wurzel als Glücksbringer, Talisman für Liebe, Schutzamulett oder Kuriosität
Hinweis: stark narkotisierend und halluzinogen; giftig, keine Selbstmedikation! Im Fachhandel wird vor allem *M. autumnalis* angeboten.

Andorn

Marrubium vulgare

ERNTEZEIT: Mai – September
BLÜTEZEIT: Juni – September
LEBENSFORM: Staude

➤ *für herben Magenbitter*

Andere Namen: Dorant, Brustkraut
Familie: Lippenblütler *(Lamiaceae)*
Herkunft: Mittelmeergebiet; auf mageren Wiesen
Wuchs: buschig; bis 60 cm hoch; filzig behaarte Stängel; Blätter eiförmig, gezähnt, flaumig; aromatischer Duft
Blüten: klein, weiß, in Scheinquirlen (ab dem zweiten Jahr)
Standort: sonnig; nährstoffarme, durchlässige Böden
Pflegen: anspruchslos; frosthart
Vermehren: Aussaat oder Teilung im Frühjahr
Ernten: blühendes Kraut, Blätter
Verwenden: frisch oder getrocknet; Blätter für Kräuterlikör und als Salatwürze; Tee bei Durchfall, appetitanregend, wirksam gegen Husten und Halsweh; Blätterauszug wird gegen Raupen gespritzt; in frischer Milch als Fliegenlockmittel geeignet
Hinweis: nicht in der Schwangerschaft anwenden; die Pflanze ist vom Aussterben bedroht und darf nicht wild gesammelt werden.

Echte Kamille

Matricaria recutita

ERNTEZEIT: Mai – Juli
BLÜTEZEIT: Mai – September
LEBENSFORM: einjährig

➤ *universelles Kraut*

Andere Namen: Mutterkraut
Familie: Korbblütler *(Asteraceae)*
Herkunft: Mittelmeerraum, Kleinasien; Wiesen, Felder, Wegrand
Wuchs: locker buschig; bis 50 cm hoch; verzweigter Stängel; Blätter fein gefiedert
Blüten: Körbchen aus gelben Röhrenblüten, umgeben von weißen Zungenblüten; hohler Blütenboden (Erkennungsmerkmal)
Standort: sonnig; humusreiche, leicht lehmige Böden
Pflegen: anspruchslos
Vermehren: Direktaussaat ab April
Ernten: Blütenköpfchen
Verwenden: frisch oder getrocknet; zu Kräuterbowlen; Tee wirkt entzündungshemmend, schmerzlindernd, beruhigend; Gesichtsdampfbad, Badezusatz, Kompressen; in Potpourris
Hinweis: Pflanze hat einen aromatischen Duft; nicht zum Dauergebrauch geeignet – kann zu Schwindel und Nervosität führen; nicht für Augenspülungen verwenden

Zitronenmelisse

Melissa officinalis

ERNTEZEIT: April – Oktober
BLÜTEZEIT: Juli – August
LEBENSFORM: Staude

➤ *Elixier des Lebens*

Andere Namen: Melisse, Zitronenkraut, Bienenkraut
Familie: Lippenblütler *(Lamiaceae)*
Herkunft: Kleinasien, östlicher Mittelmeerraum
Wuchs: dicht buschig; bis 1 m hoch; Blätter eiförmig, gleichmäßig gezähnt; starker Zitronenduft
Blüten: rosig-weiße Lippenblüten
Standort: sonnig; humusreiche, leicht feuchte Gartenböden
Pflegen: gut mit Kompost versorgen; immer wieder zurückschneiden; kann auch in Töpfen kultiviert werden
Vermehren: Teilung im Frühjahr oder Sommer; Aussaat im Frühjahr
Ernten: junge Blätter und Triebspitzen, am besten vor der Blüte
Verwenden: frisch oder getrocknet; zu Salaten, Saucen, in Obstsalat, zu vielerlei Gerichten, Fisch – nur kurz mitkochen; für Kräuteressig; als Tee oder Badezusatz zur Entspannung, gegen Kopfschmerzen und Nervosität; Melissengeist als Destillat
Hinweis: wertvolle Bienenweide

1

2

Minzen ohne Menthol

Mentha-Arten und -Sorten

ERNTEZEIT: ganzjährig
BLÜTEZEIT: April – Oktober
LEBENSFORM: Staude

➤ *erfrischend als Tee und Dessert*

Familie: Lippenblütler *(Lamiaceae)*
Herkunft: Mittelmeergebiet, Vorderasien; Gewässerufer, Gräben, feuchte Wiesen
Wuchs: je nach Art sehr unterschiedlich; niederliegend bis dicht buschig; bis 1 m hoch; Neigung zum Wuchern durch Rhizombildung; Stängel kantig; Blätter eiförmig bis elliptisch, meist gesägt, aromatisch
Blüten: weiß, rosa oder purpurn; es gibt sowohl Sorten mit ährenartigen Blütenständen, als auch welche mit achselständigen Scheinquirlen.
Standort: sonnig bis halbschattig; fruchtbare, stets leicht feuchte Böden
Pflegen: anspruchslos; zu starke Ausbreitung kann durch Beetkanten oder Gefäßkultur verhindert werden; am besten alle zwei Jahre an einen neuen Platz mit frischer, nahrhafter Erde verpflanzen; Gefäßkultur in großen Kübeln möglich; gleichmäßig feucht halten; bei Rostbefall (erkennbar durch schwarze Flecken auf den Blättern) Pflanzen bis knapp über den Boden zurückschneiden, der Neuaustrieb ist gewöhnlich wieder gesund; um zu verhindern, dass sich verschiedene Arten und Sorten miteinander kreuzen, müssen die Blüten ausgebrochen werden.
Vermehren: im Frühjahr oder Herbst teilen oder Wurzelausläufer abtrennen; Kopfstecklinge
Ernten: junge Blätter und Triebspitzen nach Bedarf pflücken; zum Trocknen das Kraut vor der Blüte (Haupterntezeit Juni, Juli) dicht über dem Boden abschneiden
Verwenden: frische oder getrocknete Blätter besonders für belebenden Tee (magenschonender als Arten und Sorten mit Menthol), der heiß oder gekühlt getrunken werden kann; zur Würze von Salaten, Saucen, Quark- und Eierspeisen, jungem Gemüse; Blätter können in Öl und Essig eingelegt werden; zu Joghurt, Süßspeisen, Obstsalat und Eis, zur Aromatisierung von Konfitüren, in Likören, Erfrischungsgetränken, Bowlen; passt gut zu Schokolade und Konfekt; für Potpourris, Duftkissen, florale Dekorationen; Badezusatz
Hinweis: Der Gattungsname ist der griechischen Mythologie entlehnt: Die Nymphe Menthe soll von der eifersüchtigen Göttin Prosperina in eine Minzpflanze verwandelt worden sein. Schon im Altertum stand die Minze in hohem Ansehen.
Arten/Sorten: Im Handel sind zahlreiche aromatische Arten und Sorten mit den verschiedensten Duftnoten, deren botanische Zuordnung oft sehr schwierig ist. Es kommt immer wieder vor, dass manche Formen unter mehreren Bezeichnungen angeboten werden. Da sich Minzen untereinander leicht kreuzen, sind die Bestände oft nicht sortenrein. Wuchs, insbesondere auch Blattgestalt sowie Duft und Geschmack hängen außerdem vom Standort und dem Witterungsverlauf ab. Beim Kauf sollte man sich am besten nach Aussehen und Duft entscheiden und von seinem ganz persönlichen Geschmack leiten lassen. Häufig angeboten werden z. B. Krause Minze oder Münze *(M. aquatica* var. *crispa)*, eine Form mit kräftigem Wuchs, zarten Blättern und einem kümmelartigen Geruch; beliebt sind auch die Rundblättrige Minze *(M. × rotundifolia)* oder die Ananasminze *(M. suaveolens* 'Variegata'*)* mit weiß-grün gefleckten Blättern und fruchtigem Duft; die Gold- oder Ingwerminze *(M. × gracilis)* hat goldfarben geflecktes Laub und riecht nach Ingwer.

3

4

5

6

Mentholfreie Minzen sind variantenreich: *M. longifolia* (1) mit langen Blütenähren, rundblättrig wie *M. × rotundifolia* (2), panaschiert wie *M. suaveolens* 'Variegata' (3), mit walzigen Blütenähren wie *M. aquatica* (4), als Krause Minze (5) und samtig wie *M. suaveolens* (6).

WEITERE ARTEN UND SORTEN

Name	Merkmale
Bananenminze *M. arvensis* 'Banana'	zartblättrig; Bananenduft
Erdbeerminze *Mentha* spec.	zierlich, kompakt; Erdbeerduft
Grapefruitminze *M. suaveolens × piperita*	wuchert kaum; Grapefruitduft
Hainminze *M. × villosa*	Blätter meist rundlich, behaart; würziges Aroma
Ingwerminze *M. gentilis* 'Variegata'	Blätter gelb gefleckt; Fruchtaroma (jedoch nicht wie Ingwer)
Kärtner Minze *M. × carinthiaca*	dichtbuschig; feinwürzig
Lavendelminze *Mentha* spec.	Blätter weich behaart; fruchtig-blumiges Aroma (nicht wie Lavendel)
Ross- oder Silberminze *M. longifolia*	Blätter schmal, weißfilzig behaart; frisches Aroma
Rote oder Raripila-Minze *M. × smithiana*	Blätter rötlich; kräftig würzig, Küchengewürz
Wasserminze *M. aquatica* var. *crispa*	Bl. purpurn überlaufen; strenger Geschmack; für Kräuterbäder
Zitronenminze *M. gentilis* var. *citrata*	zartblättrig; Zitronenduft

1

2

3

Minzen mit Menthol

Mentha-Arten und -Sorten

ERNTEZEIT: ganzjährig
BLÜTEZEIT: April – Oktober
LEBENSFORM: Staude

➤ *kühl und belebend*

Familie: Lippenblütler *(Lamiaceae)*
Herkunft: Mittelmeergebiet und Vorderasien
Wuchs: je nach Art und Sorte sehr unterschiedlich; teppichartig bis dicht buschig; bis 1 m hoch; Pflanze bildet Ausläufer und neigt zum Wuchern; Stängel kantig, oft dunkelrot überlaufen; Blätter gegenständig, eiförmig bis elliptisch, meist gesägt
Blüten: weiß, rosa oder purpurn, in ährenartigen Blütenständen oder in achselständigen Scheinquirlen
Standort: sonnig bis halbschattig; sandig-humose bis sandig-lehmige, feuchte, nährstoffreiche Böden
Pflegen: anspruchslos; eine Wurzelsperre im Beet oder Topfkultur verhindern übermäßige Ausbreitung; alle 2–3 Jahre an einen neuen Standort mit frischer, nahrhafter Erde verpflanzen (in ausreichendem Abstand, da sich die Wurzeln schnell ausbreiten); benötigen viel Wasser; frosthart
Vermehren: Teilen oder Abtrennen von Ausläufern im Frühjahr oder Herbst
Ernten: junge Blätter und Triebe nach Bedarf; zum Trocknen das Kraut vor der Blüte schneiden
Verwenden: frische oder getrocknete Blätter als erfrischender Tee; für Minzsaucen, zu Lammfleisch (englische Küche); frische Blätter zu Kartoffeln, Erbsen, Geflügel sowie Salaten; zu Joghurt, Süßspeisen, Obstsalat und Eis, mit Schokoladenüberzug als Leckerei; in Likören und für Konfekt; als Garnierung für Getränke; Tee bei Erkältungen, Blähungen, Verdauungsstörungen, Leber- und Gallenbeschwerden; für

schmerzstillende Einreibungen, Inhalationen und zur Mund- und Zahnpflege; frische Blätter kauen für guten Atem; als Badezusatz; für Duftbeete, Duftkissen, Potpourris; Minze soll Rosen vor Blattläusen schützen.

Hinweis: Seit Jahrtausenden werden die aromatischen Minzen weit verbreitet für Küche und Medizin genutzt. Die Heilwirkung beruht auf dem ätherischen Öl und dessen Hauptkomponente Menthol, das sehr charakteristisch duftet, nicht nur erfrischend und angenehm scharf im Geschmack ist – eben pfeffrig, wie es der Name besagt–, sondern auch krampflösend, desinfizierend und appetitanregend wirkt. Menthol verursacht auf Haut und Schleimhäuten ein Kältegefühl und setzt das Schmerzempfinden herab. Allein die Echte Pfefferminze, einige Sorten der Ährigen Minze sowie die Japanische Minze weisen den typischen, leicht stechenden Mentholgeruch und brennenden Mentholgeschmack auf, bei den übrigen Minzearten kommt stets ein mehr oder weniger deutliches Zusatzaroma hinzu, etwa eine fruchtige oder eine kümmelartige Note. Von Dauergebrauch mentholhaltiger Minzen ist abzuraten.

Arten/Sorten: Im Handel ist eine Vielzahl an Formen, die sich oft nicht eindeutig zuordnen oder als eigene Sorten ansprechen lassen. Viele, v. a. Echte Pfefferminze oder Edelminze *(M. × piperita)*, sind Hybriden, die keine Samen ansetzen und nur vegetativ vermehrt werden können, trotzdem neigen sie zu spontanen Veränderungen. Aussehen, Geruch und Geschmack sind stark abhängig vom Standort und den Witterungsbedingungen. Die Poleiminze *(M. pulegium)* mit leuchtend grünen Blättern und intensivem Pfefferminzaroma enthält als einzige Minzeart das sehr giftige Pulegon und darf nur zu Zierzwecken verwendet werden.

M. × gracilis 'Variegata' (1), *M. × piperita* var. *piperita* (2), M. spec. 'Chartreuse' (3), *M. pulegium* (4), *M. spicata* var. *crispa* (5) und auch die kleine *M. requienii* (6) enthalten erfrischendes Menthol.

WEITERE ARTEN UND SORTEN

Name	Merkmale
Ährige oder Grüne Minze *M. spicata* var. *spicata*	Blätter kräftig grün; starkwüchsig; feines Aroma
Argentina-Minze *M. piperita*	sehr wüchsig; besonders scharf und pfeffrig schmeckende Blätter
Chinesische Minze *M. arvensis* ssp. *haplocalyx*	dunkelgrüne Blätter; sehr scharfes Aroma
Englische Pfefferminze *M. × piperita* 'Mitcham'	Blätter dunkelgrün, glatt; rostanfällig; intensives Aroma
Japanische Minze *M. arvensis* var. *piperascens*	Blätter dunkelgrün; Blüten blassrosa; kräftiges Mentholaroma
Kentucky Spearmint *M. × cordifolia*, *M.* 'Kentucky'	Blätter oval, hell geädert; fruchtig mildes Aroma
Korsische Minze *M. requienii*	Blätter rund, blassgrün; bis 5 cm hoch, kriechend; Pfefferminzaroma
Krause Pfefferminze *M. × piperita* 'Crispa'	Blätter scharf gezähnt; Stängel rötlich; kräftiges Pfefferminzaroma
Limonenminze *M. × piperita* var. *citrata*	Blätter rotgrün; Limettenaroma;
Marokkanische Minze *M. spicata* var. *crispa*	Blätter gekraust; süßlicher, kühlender Geschmack
Multimentha-minze *M. × piperita*	Blätter groß, fein behaart; sehr wüchsig; Pfefferminzaroma
Spearmint *M. spicata*	Kaugummiminze mit dem „Doublemint"-Geschmack
Tunesische Minze *M. spicata* var. *crispa*	schmale Blätter; süßlicher Minzegeschmack
Türkische Minze od. Naneminze *M. spicata* var. *crispa*	Blätter stark gekraust, dunkelgrün; kümmelähnlicher Geschmack

Austernpflanze

Mertensia maritima

ERNTEZEIT: Juli – Oktober
BLÜTEZEIT: Juni – Oktober
LEBENSFORM: Staude

➤ *„vegetarische Auster"*

Andere Namen: Pferdezunge, Blauglöckchen
Familie: Raublattgewächse *(Boraginaceae)*
Herkunft: Küste Nordschottlands
Wuchs: bis 20 cm hoch; große Blattrosetten mit kriechenden Ausläufern; blaugrüne, leicht sukkulente Blätter (ähnlich Feldsalat)
Blüten: dunkel- bis wasserblau, in Trauben, ähnlich Borretsch
Standort: sonnig; feuchte, durchlässige, auch salzhaltige Böden, gerne in Gewässernähe
Pflegen: anspruchslos; Schneckenabwehr ratsam; frosthart
Vermehren: Aussaat (Samen keimen langsam) oder Teilung
Ernten: frische Blätter nach Bedarf
Verwenden: nur frisch; Blätter erinnern im Geschmack an Austern, Anchovis oder Pilze; passt zu allen Seefischgerichten und zu Meeresfrüchten; gut als Würze zu Salaten; auch fein gehackt aufs Butterbrot oder als Gemüse zuzubereiten

Eiskraut

Mesembryanthemum crystallinum

ERNTEZEIT: Mai – September
BLÜTEZEIT: Juli – September
LEBENSFORM: einjährig

➤ *glitzernde Blattrosetten*

Andere Namen: Kristallkraut
Familie: Mittagsblumengewächse *(Aizoaceae)*
Herkunft: Küsten des Mittelmeers, Südaustraliens und Südafrikas
Wuchs: bis 10 cm hoch; kriechende, fleischige Sprossachsen; saftige, spatelförmige Blätter mit gewelltem Rand und mit glänzenden, wassergefüllten Drüsen besetzt, durch die die Pflanze wie vereist erscheint
Blüten: große, weiße Strahlenblüten
Standort: sonnig, warm; leichte, sandige, trockene Böden
Pflegen: vor Nässe schützen; Gefäßkultur möglich
Vermehren: Direktaussaat in Reihen (25 cm Abstand) April bis August
Ernten: Blätter vor der Blüte
Verwenden: frisch, reich an Vitamin C; roh oder wie Spinat; leicht salziger Geschmack; dekorative Zierpflanze
Arten/Sorten: Nah verwandte Arten werden als reine Zierpflanzen kultiviert (z. B. die Garten-Mittagsblume, *Dorotheanthus bellidiformis*).

Bärwurz

Meum athamanticum

ERNTEZEIT: April – August
BLÜTEZEIT: Mai – August
LEBENSFORM: Staude

➤ *Wildstaude mit Fenchelgeschmack*

Andere Namen: Bärenfenchel, Bärendill
Familie: Doldenblütler *(Apiaceae)*
Herkunft: West- und Mitteleuropa; in Mittelgebirgen und Alpen
Wuchs: buschig; bis 60 cm hoch; dickes Rhizom mit Faserschopf; frosthart; Stängel hohl; Blätter grundständig, 3–4-fach gefiedert mit haarfeinen Abschnitten
Blüten: gelblich weiß in Dolden
Standort: sonnig; kalkarme, sandiglehmige, feuchte Böden
Pflegen: gleichmäßig gießen; auch für große Töpfe geeignet; frosthart
Vermehren: Aussaat im Frühjahr; Teilung
Ernten: Blätter, Samen, Wurzeln
Verwenden: Geschmack erinnert an Fenchel; zu Salaten, Gemüse, Suppen, Fisch; getrocknete Samen und Wurzeln als Aufguss bei Appetitmangel und Blasenleiden; als magenstärkender Schnaps
Hinweis: würziger Geruch; macht sich in Wildgärten besonders schön

Scharlach-Indianernessel

Monarda didyma

ERNTEZEIT: Juni – Oktober
BLÜTEZEIT: Juni – Oktober
LEBENSFORM: Staude

➤ *kulinarische Spezialität*

Andere Namen: Indianernessel, Goldmelisse, Oswego-Tee
Familie: Lippenblütler *(Lamiaceae)*
Herkunft: Nordamerika; Gebüsche
Wuchs: buschig; bis 90 cm hoch; vierkantiger Stängel; Blätter spitz-eiförmig, gezähnt
Blüten: schlanke, fedrig wirkende, rote Blüten in Quirlen, mehrere Etagen bildend, duftend
Standort: sonnig bis halbschattig; nährstoffreiche, durchlässige Böden
Pflegen: gedeiht gut in Töpfen; im Spätherbst oder Frühling oberirdische Teile knapp über dem Boden abschneiden; alle 3–4 Jahre teilen und verpflanzen; Rückschnitt nach der Blüte beugt Befall mit Mehltau vor
Vermehren: Aussaat im zeitigen Frühjahr unter Glas; Teilung
Ernten: frische Blätter nach Bedarf pflücken; Blüten und Blätter von älteren Pflanzen trocknen
Verwenden: Blüten zu Salat, als Garnierung, als Würze zu Obstsalaten, Gelees und Fruchtsäften, zur Aromatisierung von Essig, zur Herstellung von Sirup und Kräuterlimonaden; frische Blätter zur Würze von Saucen, Geflügel und Fisch sowie für Milchmixgetränke; Tee aus frischen oder getrockneten Blättern als Erfrischung; Aufguss der Blätter zum Inhalieren bei Bronchialbeschwerden; zur Parfüm- und Seifenherstellung; Zierpflanze
Hinweis: bei den Oswego-Indianern zur Teezubereitung und als Heilmittel gegen Erkältungen und Bronchitis verwendet; Pflanze ist eine wertvolle Bienenweide
Arten/Sorten: Späte Indianernessel, Rosenmelisse oder Wilde Bergamott-Monarde *(Monarda fistulosa)* mit aromatisch duftenden Blättern; aus Kreuzungen beider genannter Arten sind viele dekorative Stauden entstanden, wie etwa *Monarda* 'Kardinal' (karminrot), 'Schneewittchen' (weiß), 'Präriebrand' (lachsrot) oder 'Prärienacht' (purpurn); bei der rosarot blühenden Rosenmonarde *(Monarda fistulosa × tetraploid)* duften die Blätter sehr intensiv nach Rosen; die einjährige Zitronen-Monarde *(Monarda citriodora)* gilt als besonders heilkräftig.

Süßdolde

Myrrhis odorata

ERNTEZEIT: April – Dezember
BLÜTEZEIT: Mai – Juli
LEBENSFORM: Staude

➤ *natürliche Süße aus dem Garten*

Andere Namen: Myrrhenkerbel
Familie: Doldenblütler *(Apiaceae)*
Herkunft: Südeuropa; auf alpinen Waldwiesen
Wuchs: bis 2 m hoch; locker buschig; farnartig geteilte, große, weich behaarte Blätter
Blüten/Früchte: cremefarben, klein, in flachen Dolden; lange, sichelförmige, dunkelbraune bis schwarze Samen
Standort: halbschattig; humusreiche, durchlässige Böden
Pflegen: Am richtigen Platz ist die Pflanze anspruchslos.
Vermehren: im Herbst in Schalen aussäen und ins Freie stellen (keimt sehr ungleichmäßig und langsam); ältere Pflanzen teilen
Ernten: junge, süßlich schmeckende Blätter nach Bedarf; Blüten; Samen mit süßem, lakritzartigem Geschmack grün oder vollreif; Wurzeln bis in den Winter hinein ausgrasen
Verwenden: frische Blätter sowie Wurzeln als Gemüse oder als Gewürz zu Suppen und Eintöpfen; die Blätter kann man gut einfrieren; Samen als Würze und natürliche Süße in Müsli, Kompott und Obstsalat, vor allem zu sauren Früchten wie Johannis- oder Stachelbeeren, ausgereifte Samenkörner zur Würze von Kräuterlikören; Blätter und Samen als Zusatz zu Fruchtsäften oder zum Einkochen von Früchten; Samen bzw. Wurzelstückchen kauen für frischen Atem; grüne Samen zu Möbelpolitur zerquetschen (→ Seite 91)
Hinweis: Die Pflanze duftet und schmeckt süß nach Anis.

Brunnenkresse

Nasturtium officinale

ERNTEZEIT: ganzjährig
BLÜTEZEIT: Mai – September
LEBENSFORM: Staude

➤ *hoher Vitamin-C-Gehalt*

Andere Namen: Bach-, Wasserkresse
Familie: Kreuzblütler *(Brassicaceae)*
Herkunft: West- und Mitteleuropa; Bach- und Quellfluren
Wuchs: bis 70 cm lange Stängel; kriechend bis aufsteigend; Blätter rundlich, unpaarig gefiedert
Blüten: weiß, in Doldentrauben
Standort: halbschattig; feucht; nahrhafte Böden
Pflegen: Wasser sollte ständig etwa 1 cm über der Erde stehen; Oberfläche häufiger auflockern, um Algenbildung zu vermeiden; Rückschnitt für buschigen Wuchs
Vermehren: Aussaat, Samen dabei nass halten
Ernten: junges Kraut; die senfölhaltigen Samen
Verwenden: nur frisch; mit scharf-bitterem Geschmack zu Salaten, Quark, Eierspeisen, Kartoffeln, Fisch und aufs Butterbrot; für Frühjahrskuren, als Magenmittel sowie bei Stoffwechselstörungen; harntreibende Wirkung; Samen zum Würzen als Pfefferersatz

Gewöhnliche Katzenminze

Nepeta cataria

ERNTEZEIT: Juni – November
BLÜTEZEIT: Juli – September
LEBENSFORM: Staude

➤ *Aphrodisiakum für Katzen*

Familie: Lippenblütler *(Lamiaceae)*
Herkunft: Südosteuropa, Westasien; Äcker, Wegränder
Wuchs: aufrecht; bis 1 m hoch; winterhart; Stängel vierkantig, leicht behaart; Blätter graugrün, gezähnt, oval
Blüten: rosaweiße Röhrenblüten in dichten Scheinquirlen
Standort: sonnig bis halbschattig; durchlässige, nahrhafte Böden
Pflegen: anspruchslos; nach der ersten Blüte zurückschneiden, um eine zweite Blüte anzuregen
Vermehren: Aussaat im zeitigen Frühjahr; Teilung nach der Blüte
Ernten: junge Blätter, Triebe und Blüten
Verwenden: frisch oder getrocknet zu Suppen und Saucen; Blüten als Würze und für Tee; Tee bei Erkältungen und Husten, bei nervösen Störungen ähnliche Wirkung wie Melisse
Hinweis: beim Zerreiben intensiver Duft nach Minze; Katzen sind ganz verrückt nach der Pflanze, wälzen sich darin und fressen die Blätter

Echter Schwarzkümmel

Nigella sativa

ERNTEZEIT: Mai – September
BLÜTEZEIT: Juli – September
LEBENSFORM: einjährig

➤ *selten kultivierte Gewürzpflanze*

Andere Namen: Römischer Kümmel
Familie: Hahnenfußgewächse *(Ranunculaceae)*
Herkunft: Westasien; an steinigen Plätzen und auf Äckern
Wuchs: aufrecht; bis 30 cm hoch; zierlich; leicht behaart; Blätter dreifach fiederteilig
Blüten/Früchte: blassblau bis weiß; Balgfrüchte mit schwarzen Samen
Standort: sonnig; durchlässige, humose Gartenböden
Pflegen: anspruchslos; nicht düngen
Vermehren: Aussaat im zeitigen Frühjahr unter Glas; im Spätfrühling direkt ins Freiland
Ernten: reife Balgfrüchte zerdrücken, sieben und die Samen trocknen
Verwenden: ganz oder gemahlen für Brot, Saucen, Currys, Fleisch- und Fischgerichte; gegen Blähungen, gut für Magen und Darm
Arten/Sorten: nicht mit der Jungfer im Grünen *(Nigella damascena)* verwechseln, die man weder als Heil- noch als Würzkraut verwenden kann

1

2

Basilikum

Ocimum-Arten und -Sorten

ERNTEZEIT: April – Oktober
BLÜTEZEIT: Juli – September
LEBENSFORM: einjährig

➤ *königliche Kräuter*

Familie: Lippenblütler *(Lamiaceae)*
Herkunft: Tropen Afrikas und Asiens
Wuchs: 15–60 cm hoch; dicht buschig; stark verzweigte, kantige Stängel; Blätter je nach Klima verschiedenartig geformt, meist mittelgrün, eiförmig bis länglich zugespitzt, ganzrandig oder gesägt; es gibt auch Sorten mit roten und purpur überlaufenen Blättern.
Blüten: elfenbeinweiß bis rosa, in Scheinquirlen an den Stängelenden
Standort: sonnig, jedoch keine pralle Mittagssonne, warm, windgeschützt; fruchtbare, durchlässige, frische Böden, möglichst etwas sandig; gut für die Gefäßkultur geeignet, gedeiht auch auf der Fensterbank
Pflegen: Triebspitzen immer wieder auskneifen, damit die Pflanze buschig wächst; nur morgens gießen; Schutz vor Spätfrösten, nächtlicher Kälte und Schnecken ratsam
Vermehren: Aussaat ab März (Lichtkeimer, → Seite 61) bei 20 °C unter Glas; erst ins Freie stellen, wenn die Nachttemperatur über 13 °C bleibt; Direktsaat ins Freiland ab Ende Mai; Stecklinge bei ausdauernden Arten (spätes Frühjahr, Frühsommer)
Ernten: frische Triebspitzen nach Bedarf, am besten vor der Blüte (während und nach der Blüte werden die Blätter derber und herber)
Verwenden: vielseitig einsetzbar: möglichst frisch zu Tomaten, Kräuterbutter, Saucen, Salaten, Fleisch, Gemüse, Suppen, Fisch und Nudelgerichten; möglichst nicht oder nur kurz mitkochen, da sonst Aroma verloren geht; auch zu Süßspeisen, für Sorbet, als Garnierung; verdauungsfördernd, appetitanregend und nervenberuhigend; Blätter verlieren beim Trocknen an Geschmack; besser ist Einfrieren oder Einlegen in Öl, Essig oder Salz; Teeaufguss aus Blättern lindert Blähungen; dient als Gurgelmittel bei Halsschmerzen und zur Mundspülung; wirkt gegen Bronchitis, Erkältungen, Fieber und Stress; Basilikum soll den Blutzuckerspiegel senken; es eignet sich auch als Badezusatz; der Saft aus den Blättern wird gegen Stechmücken eingesetzt; aromatische Duftpflanze; Räuchermittel
Hinweis: intensiver, würziger Duft; im 16. Jahrhundert bei Kopfschmerzen und Schnupfen verwendet; ein Topf mit Basilikum auf der Fensterbank hilft angeblich, lästige Fliegen zu vertreiben (→ Seite 91).
Arten/Sorten: Basilikum, Basilien- oder Königskraut *(O. basilicum)* und seine Sorten werden häufig in der mediterranen Küche verwendet, etwa die Sorte 'Dark Opal' mit ihren dunkelvioletten Trieben und Blättern oder 'Genoveser' mit besonders großen Blättern; die Zwergsorte 'Minimum' (Busch- oder Bubikopfbasilikum) mit sehr kleinen Blättern ist als Weihwasserwedel in der griechisch-orthodoxen Kirche gebräuchlich; Zitronenbasilikum oder auch Fruchtbasilikum *(O. americanum)* mit kleinen Blättern und weißen Blüten und süßem Zitronenduft schmeckt gut auf Eiscreme; das Kleine Basilikum *(O. tenuiflorum, O. sanctum)*, auch Heiliges Basilikum oder Tulsi genannt, ist eine ausdauernde Art. Sie spielt bei verschiedenen Zeremonien in fernöstlichen Kulturen wie Indien, Thailand und Vietnam eine wichtige Rolle (z. B. bei hinduistischen Hochzeiten). Die Pflanze wächst im Garten vieler hinduistischer Tempel und Häuser. Aus ihr bereitet man einen erfrischenden, wohltuenden Tee.

3

4

5

6

Formenreich präsentiert sich die Basilikum-Garde mit *Ocimum basilicum* 'Purple Ruffles' (1), 'Magic White' Strauchbasilikum (2), als Rotes Basilikum (4), kleinblättrig (*O. basilicum* 'Fin vert Compact', 5), fruchtig (Zitronenbasilikum, 6) und gesellig mit Rucola und *Rumex* (3).

WEITERE ARTEN UND SORTEN

Name	Merkmale
'African Blue' *O. spec., O. kilimandschar. × basilicum*	großblättrig, dunkelgrün, rote bis purpurfarbene Adern; herb-würzig
'Cinnamon' *O. basilicum*	einjährig; aus Mexiko; eignet sich besonders für Wokgerichte
'Crispum' *O. basilicum*	besonders zarte Blätter; beliebt in Italien; ertragreich
'Fino Verde' *O. basilicum*	glatte, spitzovale Blätter; besonders für Pesto
Griechisches Strauchbasil. *O. spec.*	rötl. Stängel; blüht selten (rosa); sehr wärmebedürftig; sehr aromatisch
'Horapha Nanum' *O. basilicum*	einjährig; besonders in der südostasiatischen Küche; sehr aromatisch
Kampferbasilikum *O. kilimandscharicum*	sehr wüchsig und robust; bei Magenleiden; strenger Kampferduft
Mexikanisches Gewürz-, Zimtbasilikum *O. basilicum*	rote Stängel und rosa Blüten; robust; süßes, intensives Zimt-Aroma
Ostindisches Baum- od. Nelkenbasilikum *O. gratissimum*	gezähnte Blätter; wärmeliebend; robust; gut zu trocknen
'Rotes Krauses' *O. basilicum*	dunkelrote, gekrauste Blätter; dunkelrosa Blüten
'Siam Queen' *O. basilicum*	einjährig; Blätter mit scharfem Aroma
Thai-Basilikum *O. basilicum*	Blütenstände eher rot; süßlich-aniswürziges Aroma
Wildes Basilikum *O. canum*	viele rosa Blüten; robust; passt besonders zu warmen Speisen
Zitronenbasilikum *O. spec., O. citriodorum*	Rarität; hellrosa Blüten; Bergamott-Aroma (Earl-Grey-Tee), Melisse-Duft

Diptam-Dost

Origanum dictamnus

ERNTEZEIT: Juni – Oktober
BLÜTEZEIT: Juli – September
LEBENSFORM: Halbstrauch

➤ *sehr dekorativ*

Andere Namen: Kreta-Oregano, Kreta-Majoran, Kretischer Diptam
Familie: Lippenblütler *(Lamiaceae)*
Herkunft: Mittelmeerraum, besonders Kreta; steinige Hänge
Wuchs: 15–30 cm hoch; breitbuschig; wintergrün; Blätter silbrig behaart,
Blüten: rosa mit grünen bis violetten Tragblättern in hängenden Ähren
Standort: sonnig; durchlässige, eher trockene, am besten sandige Böden; für Gefäßkultur geeignet
Pflegen: Rückschnitt jederzeit möglich; sparsam gießen; frostfrei, aber kühl und hell überwintern
Vermehren: Aussaat im Frühjahr
Ernten: Blätter und Triebspitzen; krautige Teile in der Blütezeit sammeln und trocknen
Verwenden: Blätter wie Majoran, aber milder, zu mediterranen Speisen, für Gemüsegerichte; in Kräuterlikör; Blüten als Garnierung; krautige Teile für herben Tee; getrocknet in Duftkissen und -schalen; für Ampeln
Hinweis: aromatische Blätter

Majoran

Origanum majorana

ERNTEZEIT: Mai – Oktober
BLÜTEZEIT: Juni – September
LEBENSFORM: Staude

➤ *nervenstärkend und krampflösend*

Andere Namen: Wurstkraut, auch als *Majorana hortensis* geführt
Familie: Lippenblütler *(Lamiaceae)*
Herkunft: Mittelmeerländer
Wuchs: buschig; bis 50 cm hoch; vierkantiger Stängel; kleine, eiförmige Blättchen, leicht klebrig
Blüten: klein, weiß, lila oder rosa unter graugrünen Hochblättern
Standort: sonnig; leichte, durchlässige, nährstoffreiche Böden
Pflegen: anspruchslos
Vermehren: Aussaat mit Vorkultur ab März, Direktsaat ins Freiland ab Mai; nur dünn mit Erde bedecken; jährlich den Standort wechseln
Ernten: frische Triebspitzen; Kraut vor der Blüte trocknen; vor und während der Blüte höchste Würzkraft
Verwenden: frisch oder getrocknet in Fleisch- und Kartoffelgerichten, Eintopf und Auflauf; Teeaufguss bei Magen- und Darmbeschwerden, Blähungen, gegen Kopfschmerzen; Badezusatz bei Rheuma; in Kräuterkissen fördert Majoran den Schlaf

Französischer Majoran

Origanum onites

ERNTEZEIT: Mai – September
BLÜTEZEIT: Mai – September
LEBENSFORM: Halbstrauch

➤ *eine sehr blattreiche Oregano-Art*

Andere Namen: Blattmajoran, Spanischer Hopfen
Familie: Lippenblütler *(Lamiaceae)*
Herkunft: Sizilien, Balkan, Ägäische Inseln; trockene, felsige Standorte
Wuchs: buschig; bis 60 cm hoch; drahtige, behaarte Stängel; ovale oder herzförmige Blätter; aromatisch
Blüten: rotviolette Lippenblüten in flachen, von vielen Hochblättern umgebenen Büscheln
Standort: sonnig; gut durchlässige, eher trockene und karge Böden
Pflegen: im Frühjahr zurückschneiden; keine Staunässe
Vermehren: Stecklinge
Ernten: Blättchen nach Bedarf pflücken; krautige Teile trocknen
Verwenden: stark aromatisches, thymianähnliches Gewürz, zu Pizza und Pastasaucen oder anderen mediterranen Speisen; als Tee bei Magen- und Darmbeschwerden sowie bei Husten und Bronchitis
Arten/Sorten: 'Aureum' hat goldgrüne Blätter und rosa Blüten.

Oregano

Origanum vulgare

ERNTEZEIT: Mai – Oktober
BLÜTEZEIT: Juli – September
LEBENSFORM: Staude

➤ *darf auf keiner Pizza fehlen*

Andere Namen: Wilder Majoran, Dost, Staudenmajoran
Familie: Lippenblütler *(Lamiaceae)*
Herkunft: Südeuropa, Nordafrika, Teile Asiens; trockene, warme Lagen
Wuchs: bis 50 cm hoch; dicht buschig; neigt zum Wuchern; eiförmige, behaarte Blättchen
Blüten: rosa oder weiß in Trugdolden
Standort: sonnig; trockene, durchlässige Böden
Pflegen: Rückschnitt im Frühling; in rauen Lagen Winterschutz
Vermehren: teilen; Aussaat ab April
Ernten: frische Blätter und Triebspitzen nach Bedarf; krautige Teile zur Zeit der Blüte trocknen
Verwenden: für Nudelgerichte und Pizza; zu Tomaten und Käse; Blüten zur Garnierung; Tee bei Magen-Darm-Störungen
Hinweis: sehr gute Bienenweide
Arten/Sorten: 'Compactum' bleibt niedrig; Griechischer Oregano *(O. vulgare* ssp. *hirtum, O. heracleoticum)* schmeckt wie Thymian.

Meerzwiebel

Ornithogalum longibracteatum

ERNTEZEIT: ganzjährig
BLÜTEZEIT: Juni – August
LEBENSFORM: Zwiebelpflanze

➤ *Heilzwiebel gegen Warzen*

Andere Namen: *O. caudatum*
Familie: Hyazinthengewächse *(Hyacinthaceae)*
Herkunft: Südafrika; Grasländer
Wuchs: große Zwiebel; aufrecht; 50–70 cm hoch; Blätter schmal, überhängend
Blüten: weiß-grün gestreift, sternförmig, in Trauben
Standort: sonnig bis halbschattig; gut wasserdurchlässige Böden; Topfkultur
Pflegen: Zwiebeln nur bis zur Hälfte in Substrat pflanzen; im Sommer reichlich gießen, gelegentlich düngen, im Winter sparsam gießen; kühl (10 °C) und hell überwintern
Vermehren: Horste teilen
Ernten: Blätter nach Bedarf bzw. Zwiebelstücke herausschneiden
Verwenden: wie *Aloe vera* anwenden (→ Seite 102); zerstampfte Blätter in ein Tuch einwickeln und auf Warzen oder Hornhaut auflegen; soll auch bei Rheuma und Gicht helfen
Hinweis: Nicht auf offenen Wunden! Saft kann Hautreizungen hervorrufen.

Indischer Nierentee

Orthosiphon aristatus

ERNTEZEIT: Juni – Juli
BLÜTEZEIT: Juli – August
LEBENSFORM: Staude

➤ *Heiltee bei Nierenleiden*

Andere Namen: Katzenbart, Javatee
Familie: Lippenblütler *(Lamiaceae)*
Herkunft: Südostasien bis Australien sowie tropisches Amerika
Wuchs: locker buschig; 40–80 cm hoch; vierkantiger Stängel; Blätter länglich, gezähnt, unterseits graugrün
Blüten: hellblau bis violett, lange, weit hervorragende Staubgefäße
Standort: sonnig bis halbschattig; durchlässige, nahrhafte Böden; Gefäßkultur
Pflegen: Rückschnitt nach Bedarf; im Sommer düngen; hell und mäßig warm überwintern
Vermehren: Stecklinge
Ernten: Blätter und Stängelspitzen kurz vor der Blüte
Verwenden: getrocknet als Kaltauszug; zur Entwässerung, bei verschiedenen Blasen- und Nierenerkrankungen; leicht krampflösende Wirkung
Hinweis: aromatischer Duft; in Schwangerschaft und Stillzeit nur nach Rücksprache mit dem Arzt verwenden; Überdosierungen vermeiden

1

2

3

Duftpelargonie

Pelargonium-Arten und -Sorten

ERNTEZEIT: Mai – September
BLÜTEZEIT: Juni – September
LEBENSFORM: Sträucher

➤ *Blätter mit Wohlgeruch*

Andere Namen: Duftblattgeranie
Familie: Storchschnabelgewächse *(Geraniaceae)*
Herkunft: aus den Küstenregionen Südafrikas
Wuchs: bis 1 m hoch; meist strauchig, teils halbstrauchig, dicht bis locker buschig, auch überhängend; frostempfindlich; Stängel kräftig, dicht verzweigt, behaart; Blätter meist gelappt oder eingeschnitten, oft stark behaart
Blüten: weiß, rosa oder violett, auch mehrfarbig, in Dolden
Standort: sonnig (Pfefferminzgeranien auch im Halbschatten); luftig; gut durchlässige, leichte Böden; Gefäßkultur in nahrhaftem Substrat empfohlen
Pflegen: im Frühling kräftig stutzen und in sandiges, humusreiches Substrat pflanzen; um die Pflanze buschig zu halten, Triebspitzen abkneifen; vom zeitigen Frühjahr bis zum Frühherbst ein- bis zweimal im Monat mit Beinwellextrakt gießen oder Brennnesseljauche bzw. sparsam dosierten Volldünger ins Gießwasser geben; reichlich gießen, aber Staunässe vermeiden; sehr hell und mäßig warm oder hell und sehr kühl (um 10 °C) überwintern, dabei nur sehr sparsam gießen
Vermehren: Aussaat im Frühjahr bei 18 °C unter Glas (Dauer ca. 2–3 Wochen; Keimung erfolgt unregelmäßig); Stecklinge aus jungen Trieben schneiden (unter Glas bilden sich in 2–3 Wochen Wurzeln)
Ernten: einzelne Blätter im Frühjahr und Sommer pflücken und frisch oder getrocknet verwenden; beim Rückschnitt anfallende Zweige; Blüten

Verwenden: sehr intensive Würzkraft, daher sparsam verwenden; zum Aromatisieren von Pudding, Gelee, Konfitüre, Früchten sowie Apfel- und Birnenkompott, Sirup, Tee, Bowle sowie zu Saucen; zum Kandieren; Blüten in Salaten, als Garnierung; für Potpourris, Duftkissen, florale Dekorationen; als Gesichtsdampfbad, Badezusatz; verbessert die Raumluft

Hinweis: Pelargonien enthalten ätherische Öle, die blumig, fruchtig, minzen-, moschusartig oder balsamisch riechen. Der Duft entfaltet sich, wenn man darüber streicht oder Pflanzenteile zerreibt. Aus verschiedenen Arten, etwa Balsamduftpelargonie *(P. radens)*, Apfelduftpelargonie *(P. odoratissimum)* und Rosenpelargonie *(P. graveolens)* gewinnt man Geraniol, das in vielen Parfüms das teurere Rosenöl ersetzt.

Arten/Sorten: Das Sortiment ist überaus reichhaltig, die Formen unterscheiden sich vor allem in Laubform und -farbe, der Duft ist meistens zitronenartig würzig. Beliebt und weit verbreitet sind u. a. Rosenduftpelargonie *(P. capitatum)* mit gezähnten, fünflappigen Blättern und feinem Rosenduft; Zitronenduftpelargonie *(P. crispum)* mit kleinen, gelappten Blättern; die kräftig zitronen- bis apfelartig duftende Apfelduftpelargonie *(P. odoratissimum)* mit herzförmigen, gelappten, graugrünen Blättern und weißen, teils rot geäderten Blüten; die Eichenblattpelargonie *(P. quercifolium)* weist einen markanten Weihrauchduft auf; die Balsamduftpelargonie *(P. radens)* duftet nach Rosen; die Pfefferminzpelargonie *(P. tomentosum)* hat große, ovale, behaarte Blätter und Pfefferminzaroma; *P. × citrosum* mit Zitronenaroma; *P. × fragrans* mit Muskataroma; die Rosenpelargonie *(P. × graveolens)* hat tief gelappte, pelzig behaarte Blätter und einen würzigen Rosenduft.

Aromen, Farben- und Formenvielfalt repräsentieren hier *P. tomentosum* (1), *P. capitatum* 'Pink' (2), *P.* 'Sweet Mimosa' (3), *Pelargonium graveolens* (4) sowie diverse Pelargonien-Arten (5) und *P. crispum* 'Variegatum' (6).

WEITERE ARTEN UND SORTEN

Name	Merkmale
'Attar of Roses' *P. capitatum*	starker Wuchs; dunkelgrüne Blätter, behaart, geteilt; Rosenduft
'Chocolate Peppermint' *P. tomentosum* Chocolate	rundl., grün-braun gemust., samtige, gelappte Blätter; Pfefferminzduft
'Lady Plymouth'-Hybride	graugrün-cremefarben marmorierte, tief eingeschn. Blätter; Minzeduft
'Lemon Fancy'-Hybride	gezackte Bl.; weißrosa Blüten mit dunkelrosa Auge; Zitronenaroma
P. citronellum	eingeschnittene, große Blätter, rau behaart; rosa Blüten; Zitronenduft
'Prince of Oranges' *P. citrosum*	kompakt, aufrecht; kl., gezackte, dunkelgr. Bl.; rosa Blüten; Orangenduft
'Rober's Lemon Rose' *P. graveolens*	starkwüchsig, aufrecht; Blätter wie b. Tomaten; frischfruchtig. Rosenduft
'Variegatum' *P. crispum*	cremefarben umrandete Blätter; Zitronenduft
Wildgeranie *P. papilionaceum*	große Bl. mit Zitronenduft; filigrane schmale Blüten mit rosa Zeichnung

Roter Shiso

Perilla frutescens var. *frutescens*

ERNTEZEIT: Mai – September
BLÜTEZEIT: September
LEBENSFORM: einjährig

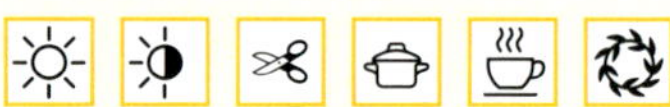

➤ *für die asiatische Küche*

Andere Namen: Beefsteak Plant, Akashiso, Chiso, Schwarznessel
Familie: Lippenblütler *(Lamiaceae)*
Herkunft: Himalaja bis Ostasien
Wuchs: buschig; bis 1,5 m hoch; große, rote Blätter, gewellt, tief gesägt
Blüten: ährenartige Blütenstände mit kleinen, rötlichen oder weißen Blüten
Standort: sonnig oder halbschattig; feuchter, durchlässiger Boden
Pflegen: anspruchslos
Vermehren: Aussaat ab März unter Glas bei 20 °C, Ende Mai nach draußen pflanzen
Ernten: junge Blätter, Blütenstände, Samen
Verwenden: ganze Blätter oder Blattstücke wie Blüten zum Würzen von Fischgerichten (Sushi), zu Nudelsuppen und Frühlingsrollen; bei Erkältungen, Magenverstimmungen; gesalzene Samen als Snack; zum Färben (Rosa bis Dunkelrot)
Arten/Sorten: Ähnlich wird auch Grüner Shiso *(Perilla frutescens* var. *nankinensis)* verwendet.

Petersilie

Petroselinum crispum

ERNTEZEIT: März – Oktober
BLÜTEZEIT: Juni – Juli
LEBENSFORM: zweijährig

➤ *Star im Kräuterreich*

Andere Namen: Peterling, Suppenkraut, Federselli
Familie: Doldenblütler *(Apiaceae)*
Herkunft: südöstlicher Mittelmeerraum
Wuchs: buschig; bis 50 cm hoch; mit heller Pfahlwurzel; kantige, verzweigte Stängel; dunkelgrüne Blättchen, verschiedenartig gefiedert
Blüten: grünlich gelb, in Doppeldolden (erst im zweiten Jahr)
Standort: halbschattig; humusreicher, feuchter Boden
Pflegen: braucht viel Wasser; lässt sich gut in Töpfen kultivieren; Petersilie ist anfällig für den Befall der Möhrenfliege, daher ist Mischkultur (z. B. mit Zwiebeln) ratsam.
Vermehren: Aussaat im März in Reihen (10–15 cm Abstand), Keimung erfolgt erst nach 3–4 Wochen; Pflanze ist mit sich selbst unverträglich, daher im nächsten Jahr nicht wieder am gleichen Standort aussäen
Ernten: würzige Blätter nach Bedarf frisch abschneiden (Herzblätter stehen lassen, dann erscheinen immer neue Triebe); wenn das Kraut im zweiten Jahr blüht, werden die Blätter ungenießbar, nun kann man die Wurzel ernten.
Verwenden: frisch, sehr vielseitig in der Küche verwendbar; zu Saucen, Salaten, Quark, Kräuterbutter, Suppen und Eierspeisen, Gemüsegerichten, Fleisch und Fisch; zum Garnieren; in der Volksmedizin zur Blutreinigung und zur Behandlung von Erkrankungen der Harnwege wegen der wassertreibenden Wirkung; Heilanwendungen nicht in der Schwangerschaft durchführen; gegen Knoblauchausdünstungen frische Blätter kauen; die Blätter verlieren beim Trocknen an Geschmack; besser ist es, sie einzufrieren.
Hinweis: Petersilie wird seit etwa 2000 Jahren genutzt und galt in der Antike als Symbol der Wiedergeburt. Sie ist reich an Vitamin A und C und sollte daher nicht erhitzt, sondern erst zum Schluss über die Gerichte gestreut werden; die ganze Pflanze hat einen herbwürzigen Duft.
Arten/Sorten: Glattblättrige Petersilie, z. B. die Sorte 'Gigante d´Italia', hat einen intensiveren Geschmack als Krausblättrige Petersilie. Eine mild-aromatische, krausblättrige Sorte ist z. B. 'Mooskrause'.

Anis

Pimpinella anisum

ERNTEZEIT: Juli – September
BLÜTEZEIT: Juli – August
LEBENSFORM: einjährig

➤ *Gewürz der griechischen Küche*

Andere Namen: Süßer Kümmel, Brotsamen, Runder Fenchel
Familie: Doldenblütler *(Apiaceae)*
Herkunft: östlicher Mittelmeerraum
Wuchs: aufrecht; bis 50 cm hoch; Stängel hohl, gerillt; Grundblätter ungeteilt, mittlere Blätter gefiedert, obere 3-teilig und tief eingeschnitten
Blüten/Früchte: weiße Blütendolden; zweiteilige Spaltfrucht
Standort: sonnig und windgeschützt; sandig-lehmige Böden
Pflegen: leicht mit Algenkalk düngen
Vermehren: Aussaat ab Ende März ins Freiland (Dunkelkeimer, → Seite 61)
Ernten: junge Blätter; Blüten; Früchte, wenn sie sich braun färben
Verwenden: Blätter zu Salaten; Blüten zur Garnierung; Früchte zum Backen; zu Suppen, Saucen, Currygerichten; die Samen verleihen Likör ein markantes Anisaroma und werden als Gewürz genutzt, Anistee hilft bei Blähungen und gegen Husten.
Hinweis: häufiges Gewürz der griechischen und römischen Küche

Mexikanischer Blattpfeffer

Piper auritum

ERNTEZEIT: ganzjährig
BLÜTEZEIT: Juni – September
LEBENSFORM: Strauch

➤ *pfeffrige Würze aus Mexiko*

Andere Namen: Hoja Santa („heiliges Blatt")
Familie: Pfeffergewächse *(Piperaceae)*
Herkunft: tropisches Mittelamerika; Wälder
Wuchs: locker buschig bis sparrig; Pflanze wird bis 3 m hoch; nicht frosthart (Kultur bei mindestens 10 °C); bis 25 cm lange, große, herzförmige Blätter mit leicht behaarter Unterseite
Blüten: winzige, cremeweiße Blüten in Ähren in den Blattachseln
Standort: sonnig bis halbschattig; feuchte, humusreiche Böden; Pflanze immer ausreichend warm halten (Topfkultur erforderlich)
Pflegen: kräftiger Rückschnitt; mäßig warm und hell überwintern
Vermehren: Ableger
Ernten: die aromatischen Blätter
Verwenden: Blätter zu Saucen und Salat, zum Füllen von Fleisch und Fisch; Würze in Kakaogetränken
Arten/Sorten: Thailändischer Blattpfeffer *(Piper sarmentosum)* mit ähnlicher Anwendung

Spitzwegerich

Plantago lanceolata

ERNTEZEIT: März – September
BLÜTEZEIT: Mai – September
LEBENSFORM: Staude

➤ *heilsames Wildgemüse*

Andere Namen: Heilwegerich, Schafzunge, Siebenrippe
Familie: Wegerichgewächse *(Plantaginaceae)*
Herkunft: auf der gesamten Nordhalbkugel; Wiesen, Weiden, Wegränder, Schuttplätze
Wuchs: bis 20 cm hoch; Rosette aus lanzettförmigen, schmalen, markant geäderten Blättern
Blüten: bräunliche Ähren
Standort: sonnig bis halbschattig; leichte bis schwere Böden
Pflegen: anspruchslos
Vermehren: Teilung, Tochterrosetten
Ernten: junge Blätter nach Bedarf; Blütenknospen von Mai bis Juni
Verwenden: frisch; Blätter zu Salaten und Suppen; Blütenknospen als Würze (schmecken wie Pilze) oder zum Einlegen; Hustenmittel (wegen des Schleimgehalts); zerdrückte Blätter helfen bei Insektenstichen; fördert Wundheilung
Arten/Sorten: Hirschhornwegerich *(P. coronopus)*; Breitwegerich *(P. major)*; Indischer Flohsame *(P. ovata)*

Jamaika-Thymian

Plectranthus amboinicus

ERNTEZEIT: ganzjährig
BLÜTEZEIT: Juli – August
LEBENSFORM: Strauch

➤ *karibisches wie asiatisches Flair*

Andere Namen: Spanischer Thymian, Mexikanischer Oregano, *Coleus amboinicus*
Familie: Lippenblütler *(Lamiaceae)*
Herkunft: tropisches Asien
Wuchs: bis 40 cm hoch; aufrecht buschig; immergrün; Blätter fleischig, sukkulent, eiförmig, behaart, glänzend, gekerbter Rand
Blüten: rosa Blüten in langen Ähren
Standort: sonnig; durchlässige, humose, kalkhaltige Böden
Pflegen: Haupttriebe für gute Verzweigung entspitzen; Topfkultur ratsam; hell überwintern bei 15–20 °C
Vermehren: Stecklinge
Ernten: Blätter mit mildem Thymianaroma nach Bedarf
Verwenden: nur frisch; zu Salaten; zum Würzen von Fisch, Gemüse und Getränken; zum Garnieren; wird zur Parfümherstellung genutzt; hübsche Zierpflanze für Balkonkästen
Arten/Sorten: 'Tansania' bildet größere, besonders zarte Blätter, 'Variegatus' trägt weißbuntes Laub.

Gänsefingerkraut

Potentilla anserina

ERNTEZEIT: Mai – August
BLÜTEZEIT: Mai – August
LEBENSFORM: Staude

➤ *Hilfe bei Monatsbeschwerden*

Andere Namen: Gänserich, Krampfkraut, Silberkraut
Familie: Rosengewächse *(Rosaceae)*
Herkunft: nördliche Hemisphäre; Wegränder, Schutt, Sanddünen
Wuchs: bis 20 cm hoch, kriechend, bis 50 cm lange Triebe; Fiederblätter, Blättchen scharf gesägt, Unterseite weißseidig behaart
Blüten: goldgelb
Standort: sonnig; durchlässige, auch steinige Böden
Pflegen: anspruchslos
Vermehren: Aussaat im Herbst; Teilung im Frühjahr
Ernten: Blüten und Blätter zur Blütezeit sammeln und trocknen; Wurzeln im Herbst ausgraben
Verwenden: die zarten Blätter roh zu Salaten und Gemüsegerichten; krampflösender Tee bei Monatsblutungen
Arten/Sorten: Die Blätter und Blüten des Aufrechten Fingerkrauts *(P. erecta)*, auch Blutwurz oder Tormentill genannt, eignen sich gut als Zutat für Salate und passen zu Spinatgerichten.

Hohe Schlüsselblume

Primula elatior ssp. elatior

ERNTEZEIT: März – April
BLÜTEZEIT: März –April
LEBENSFORM: Staude

➤ *geschützter Frühjahrsblüher*

Andere Namen: Waldprimel, Himmelsschlüsselchen
Familie: Primelgewächse *(Primulaceae)*
Herkunft: Europa; feuchte Stellen
Wuchs: bis 20 cm hoch; Blätter in Rosette, runzelig, länglich eiförmig
Blüten: hellgelb, in einer Dolde
Standort: sonnig bis halbschattig; feuchte, durchlässige Böden
Pflegen: anspruchslos; benötigt viel Wasser; frosthart
Vermehren: Aussaat (Frostkeimer, → Seite 61); Teilung
Ernten: Wurzelstock im Winter ausgraben und trocknen; Blüten und Blätter von März bis April
Verwenden: frische Blätter und Blüten zu Salat oder Spinat; Tee aus Wurzelstock bei Husten
Hinweis: Primeln stehen unter Artenschutz und dürfen nicht wild gesammelt werden.
Arten/Sorten: Ähnlich ist die Echte Schlüsselblume (*P. veris* ssp. *veris*); die Blüten der Kissenprimel *(P. vulgaris)* sind essbar.

Scharbockskraut

Ranunculus ficaria

ERNTEZEIT: März – Mai
BLÜTEZEIT: März – Mai
LEBENSFORM: Staude

➤ *altes Mittel gegen Vitaminmangel*

Andere Namen: Butterblume
Familie: Hahnenfußgewächse *(Ranunculaceae)*
Herkunft: Europa, Südwestasien, Nordwestafrika; feuchte Stellen
Wuchs: niederliegend; bis 30 cm hoch; Blätter fleischig, breit herznierenförmig, gesägter oder gezähnter Rand; häufig Brutknöllchen in den Achseln der untersten Blätter
Blüten: leuchtend goldgelb
Standort: schattig; feuchte Böden
Pflegen: anspruchslos
Vermehren: über Brutknöllchen
Ernten: Blütenknospen, Stängel und junge Blätter vor der Blüte; Brutknöllchen nach der Blüte
Verwenden: junge Blätter zu Frühlingssalaten, Kräutersuppen, zu Gemüse; Brutknöllchen (schmecken wie rohe Kartoffeln) in kleinen Mengen gekocht als Gemüsebeigabe
Hinweis: Blätter früher als Mittel gegen Skorbut (Scharbock); nur in geringen Mengen genießen, Blätter nur vor der Blüte verzehren.

SPINATKRÄUTER

Deutscher Name ***Botanischer Name***	**Pflanzenteile/Erntezeit**	**Bemerkungen**
Gewöhnlicher Geißfuß, Giersch *Aegopodium podagraria*	junge Blätter von März bis Juni ernten	Wildpflanze, Unkraut; Staude
Knoblauchsrauke *Alliaria petiolata*	Blätter und junge Triebe von April bis Juni	Wildpflanze; zweijährig
Gemüse-Amaranth, Chines. Spinat *Amaranthus tricolor*	Blätter von April bis Juni	Kulturpflanze; einjährig
Gartenmelde, Spanischer Salat *Atriplex hortensis*	Blätter und Stängel von April bis Juni	Kulturpflanze; einjährig
Malabar-Spinat, Indischer Spinat *Basella alba*	Blätter von April bis Juli	Kulturpflanze; einjährig
Schlangen-Knöterich *Bistorta officinalis*	junge Blätter und Stängel im Frühjahr	Wildpflanze, Zierpflanze; Staude
Guter Heinrich *Chenopodium bonus-henricus*	junge Blätter und Sprosse von April bis Juni	Wildpflanze; einjährig bis ausdauernd
Echter Erdbeerspinat *Chenopodium foliosum*	frische Stängel und Blätter von April bis Juni	Kulturpflanze, Zierpflanze; einjährig
Besenrauke *Descurainia sophia*	Blätter von April bis Mai	Wildpflanze; ein- bis zweijährig
Gewöhnlicher Natternkopf *Echium vulgare*	Stängelspitzen und Blätter von April bis Juli	Wildpflanze, Zierpflanze; zweijährig
Baumspinat *Fagopyrum cymosum*	junge Blätter von März bis August (auch ganzjährig)	Kulturpflanze; einjährig
Hohlzahn *Galeopsis tetrahit*	Blätter von Mai bis Oktober	Wildpflanze, Unkraut; einjährig
Franzosenkraut *Galinsoga parviflora*	ganze Pflanze oder Blätter von Mai bis September	Wildpflanze, Unkraut; einjährig
Gundermann *Glechoma hederacea*	junge Blätter und Schösslinge von März bis Mai	Wildpflanze, Unkraut, Zierpflanze; Staude
Wasserspinat, Sumpfkohl *Ipomoea aquatica*	Blätter und Stiele von April bis September	Kulturpflanze; einjährig
Rainkohl *Lapsana communis*	Blätter von April bis Juni	Wildpflanze, Unkraut; einjährig
Gemüsemalve, Kohlmalve *Malva verticillata* var. *crispa*	junge Blätter von April bis August	Kulturpflanze; einjährig
Hederich *Raphanus raphanistrum*	Blätter von April bis Juni, junge Blätter schmecken scharf	Wildpflanze, Unkraut; einjährig
Kleiner Wiesenknopf *Sanguisorba minor*	Blätter und aufblühende Köpfchen von April bis August	Wildpflanze, Kulturpflanze; Staude
Wiesenbocksbart *Tragopogon pratensis*	Blätter und Stängel von April bis Juni	Wildpflanze; zweijährig
Wiesenklee, Rotklee *Trifolium pratense*	junge Triebe und Blätter von April bis Mai	Wildpflanze; Staude
Große Brennnessel *Urtica dioica*	Blätter und junge Sprosse von April bis Juni	Wildpflanze, Unkraut; Staude

Rosmarin

Rosmarinus officinalis

ERNTEZEIT: ganzjährig
BLÜTEZEIT: März – Juni
LEBENSFORM: Halbstrauch

➤ *Aphrodite geweiht*

Andere Namen: Brautkraut, Marienkraut, Meertau
Familie: Lippenblütler *(Lamiaceae)*
Herkunft: Mittelmeerländer; an trockenen Hängen
Wuchs: dicht buschig; bis 2 m hoch; immergrün; frostempfindlich; stark verzweigt; nadelartige Blätter, ledrig, Oberseite glatt, dunkelgrün, Unterseite graufilzig, aromatisch
Blüten: blassblau in Scheinquirlen, auch zartrosa bei Sorten wie 'Majorcan Pink' (→ Abb. re. unten)
Standort: sonnig; karge, durchlässige, humose Böden; Topfkultur ratsam
Pflegen: bei Topfkultur sandiges, humoses Substrat; regelmäßiger Rückschnitt für kompakten Wuchs; im Haus hell und kühl überwintern
Vermehren: Stecklinge im Frühjahr
Ernten: Zweigspitzen und Blätter nach Bedarf; Blüten
Verwenden: stark würzend; zu mediterranen Gerichten, Geflügel, Schweinebraten, Fisch, Gemüsesuppen, Käse und pikanten Saucen; zum Grillen, für Würzöle; Blüten als Garnierung; für gewürzten Zucker; Rosmarinbad wirkt kreislaufanregend und ausgleichend auf das Nervensystem; Rosmarinwein bei Rheuma, Gicht oder Blähungen; Zweige machen sich gut in Dekorationen, Kräutersträußen und -kränzen
Hinweis: Rosmarinbad nicht am Abend, da es den Schlaf beeinträchtigen kann; keine Anwendungen während der Schwangerschaft
Arten/Sorten: Hängende Formen wie 'Haiffa' oder 'Capri' (→ Abb. li. unten) für Ampeln und Balkonkästen.

Großer Sauerampfer

Rumex acetosa

ERNTEZEIT: März – August
BLÜTEZEIT: Mai – Juli
LEBENSFORM: Staude

➤ *säuerliche Blätter zu Salaten*

Andere Namen: Wiesen-Sauerampfer
Familie: Knöterichgewächse *(Polygonaceae)*
Herkunft: nördliche Halbkugel; feuchte Wiesen und Gebüsche
Wuchs: buschig; bis 1 m hoch; Stängel aufrecht, kantig; Blätter lang gestielt, breit-oval, pfeilförmig
Blüten: unscheinbar, rot bis blassgrün in langen, schlanken, rispenartigen Blütenständen
Standort: sonnig; nahrhafte, durchlässige Böden
Pflegen: anspruchslos; junge Pflanzen vor Schnecken schützen; frosthart; für Gefäßkultur geeignet
Vermehren: Aussaat im Frühjahr oder Teilung im Herbst; samt sich auch von selbst aus
Ernten: junge Blätter und Sprossspitzen vor der Blüte; Blütenstände; das ganze Kraut
Verwenden: die säuerlichen Blätter zu Salaten oder wie Spinat als Gemüse zubereiten; als Suppengemüse; als Würze zu Kräuterquark, Kräuterbutter und Saucen; Blütenstände zu Salat; als Blutreinigungsmittel; Sauerampfer regt den Appetit an.
Hinweis: Der saure Geschmack rührt vom Gehalt an Oxalsäure her, die in hohen Dosen schlecht vertragen wird und bei Daueranwendung die Nieren schädigen kann.
Arten/Sorten: Eine vergleichbare Verwendung haben auch die anderen Sauerampfer-Arten, die sich alle mehr oder weniger ähnlich sehen. Der Kleine Sauerampfer *(R. acetosella* ssp. *acetosella* var. *acetosella,* → Abb.*)* hat spießförmige Blätter und ein feines Aroma; vom Englischen Spinat oder Garten-Ampfer *(R. patientia)* erntet man die Blätter von April bis Mai und verwendet sie für Gemüsegerichte; vom Römischen Ampfer oder Schild-Sauerampfer *(R. scutatus)* gibt man die kleinen, herz- oder schildförmigen Blätter von März bis Mai zu Kräuter- und Gemüsesuppen. Garten-Sauerampfer *(R. rugosus)* ist auch als Salatampfer bekannt und wird als Gemüse verwendet. Blutampfer *(R. sanguineus)* fällt durch rot geäderte Blätter auf, ist weniger sauer im Geschmack und eignet sich vorzüglich als Blattschmuckpflanze. Der Krause Ampfer *(R. crispus)* hat große, gewellte Blätter.

Weinraute

Ruta graveolens

ERNTEZEIT: Juni – Juli
BLÜTEZEIT: Juni – August
LEBENSFORM: Strauch

➤ *klassisches Bitterkraut*

Andere Namen: Augenraute, Edelraute
Familie: Rautengewächse *(Rutaceae)*
Herkunft: östliche Mittelmeerländer; an trockenen Hängen
Wuchs: aufrecht buschig; bis 60 cm hoch; immergrün; Blätter graugrün, 2–3-fach gefiedert
Blüten: gelbgrün, in Trugdolden
Standort: sonnig; durchlässige Böden
Pflegen: Rückschnitt nach der Blüte sorgt für kompakten Wuchs.
Vermehren: Teilung, Stecklinge
Ernten: Blätter vor der Blüte
Verwenden: frisch oder getrocknet; als Gewürz, stets sparsam verwenden; zu Salaten, Fleisch, Fisch; als Aroma für Liköre; Umschlag bei Venenentzündungen, Verstauchungen, Hautausschlägen
Hinweis: Der Pflanze haftet ein streng aromatischer Geruch an; wegen der enthaltenen scharfen ätherischen Öle nicht in großen Mengen oder während der Schwangerschaft verwenden; die Einnahme kann zu erhöhter Lichtempfindlichkeit der Augen und der Haut führen (Sonnenbrandgefahr).

Fruchtsalbei

Salvia-Arten und -Sorten

ERNTEZEIT: ganzjährig
BLÜTEZEIT: August – Oktober
LEBENSFORM: Halbsträucher

➤ *fruchtig-frische Schönheiten*

Familie: Lippenblütler *(Lamiaceae)*
Herkunft: vorwiegend Tropen und Subtropen Mittel- und Südamerikas
Wuchs: bis 2 m hoch; dicht buschig bis sparrig; oft im Alter verholzend; vierkantige Stängel, filzig behaart; meist graugrüne Blätter, länglich oder eiförmig, gekerbt bis ganzrandig; je nach Art und Sorte fruchtiger, aber auch würziger bis balsamischer Duft
Blüten: rot, rosa, blau oder violett, meist sehr schlanke Lippenblüten in lockeren, rispen- oder ährenartigen Blütenständen; Blütezeit oft sehr spät im Sommer und Herbst, bisweilen im Winter, je nach Art und Kultur
Standort: sonnig, manche Arten wie Fruchtsalbei *(S. dorisiana)* gedeihen auch im Halbschatten; warm und geschützt; durchlässige Böden; da gewöhnlich nicht winterhart, ist Gefäßkultur ratsam; können gut auf der Fensterbank sowie im warmen Wintergarten gezogen werden
Pflegen: wegen Frostgefahr erst Ende Mai ins Freie stellen; im Sommer regelmäßig gießen und sparsam düngen; mäßiger Rückschnitt nach der Blüte; hell und kühl überwintern, im zeitigen Frühjahr umtopfen; manche Arten, wie der Aztekensalbei *(S. divinorum)*, benötigen hohe Luftfeuchtigkeit.
Vermehren: Kopfstecklinge im Frühsommer, in sandigem Substrat bei viel Bodenwärme und hoher Luftfeuchtigkeit zur Bewurzelung bringen
Ernten: junge Blätter und Blüten nach Bedarf; Triebspitzen zum Trocknen vor der Blüte schneiden; vor dem Einfrieren

sollte man Salbeiblätter zwischen dick mit Olivenöl bestrichenes Wachspapier oder Alufolie legen.
Verwenden: in kleinen Mengen zu Joghurt, Quark und Obstsalaten; zur Aromatisierung von Konfitüren, für Salatsaucen sowie für süßsaure Gerichte im asiatischen Stil; für erfrischende Getränke und als Tee, zur Herstellung von Aromazucker und Sirup; Blätter wie Blüten bieten sich als essbare Garnierung an; Blätter und Blüten zur Dekoration, für Potpourris und Kräutersträuße; Blätter eignen sich zum Räuchern (v. a. die des Aztekensalbeis, *S. divinorum*); Duftpflanzen für Terrasse, Balkon und Fensterbank
Arten/Sorten: Der wüchsige Frucht- oder Zimmerlindensalbei *(S. dorisiana)* stammt aus Honduras und hat große lindgrüne, herzförmige, samtig behaarte Blätter mit Guavenduft und einen intensiv fruchtigen Geschmack. Seine rosaroten Blüten öffnen sich im späten Winter. Der Honigmelonensalbei *(S. elegans)* ist ein bis 2 m hoher Strauch aus Mexiko, dessen zartgrüne Blätter zwar nach Ananas duften, aber nur entfernt danach schmecken. Seine kleinen, leuchtend roten Blüten erscheinen von Spätsommer bis Herbst. Die Blätter des Ananassalbeis *(S. rutilans)* haben ein täuschend echtes Ananasaroma und einen fruchtigen Geschmack. Die karminroten Blüten zeigen sich ab Spätherbst; der Peruanische Salbei *(S. discolor)* ist eine bis 90 cm hohe Staude aus Peru mit tiefvioletten Blüten, deren Triebe und Blätter weißfilzig behaart sind und Eukalyptusduft verströmen. Der Aztekensalbei *(S. divinorum)* ist auch als Wahrsagesalbei oder Zaubersalbei bekannt und wird seit Jahrtausenden als Schamanenpflanze in Mexiko kultiviert. Seine großen, lindgrünen Blätter werden vor allem für Räucherzeremonien verwendet.

Fruchtsalbeisorten gibt es in vielen Blütenfarben und Blattformen: *S. buchanani* (1), *S. verticillata* 'Purple Rain' (2), *S. dorisiana* (3), *S. gregii* 'Maraschino' (4), *S. elegans* (5) und *S. rutilans* (6).

WEITERE ARTEN UND SORTEN

Name	Merkmale
Ananassalbei *S. elegans* 'Scarlet Pineapple'	bis 80 cm; hellgrüne Blätter; karminrote Blüten; Ananasduft
Griechischer oder Dreilappiger Salbei *S. triloba*	bis 70 cm; dicke, graufilzige Blätter; tiefblaue Blüten
Guavensalbei *S. darcyi*	bis 70 cm; harzige Blätter mit Guavenaroma; rote Blüten
Herbst- oder Texas-Salbei *S. greggii*	bis 1 m; kleine, aromat. Bl.; Blüten rot, orange, rosa, blassgelb, weiß
Johannisbeer- o. Myrtensalbei *S. microphylla, (S. grahamii)*	bis 60 cm; kleine Blätter, rote Blüten; herber Geruch
Limonensalbei *S. microphylla* var. *wislizenii, (S. lemonii)*	bis 40 cm; dunkelrosa Blüten; zitronig-harziger Duft
Marzipan- oder San-Diego-Salbei *S. clevelandii*	bis 1,5 m; ovale, krause, blaugraue Blätter; hellblaue Blüten
Orangen- od. Mandarinensalbei *S. elegans* 'Tangerine'	bis 60 cm; breitherzförmige Blätter; karminrote Blüten
Pfirsichsalbei *S. gregii* 'Variegata'	bis 70 cm mit weißbuntem Laub; hellrote Blüten; Pfirsicharoma
Quirlblütiger Salbei *S. verticillata*	bis 50 cm, Staude; weiß behaarte Blätter; violette Blüten
S. disermas	bis 70 cm; weiße Blüten; Aroma nach Zitrus und Pinien
Serbischer Salbei *S. juriscii*	bis 30 cm, bildet Polster; Bl. silbrig grau, farnähnlich; Blüte violett, weiß

1

2

Gewürzsalbei

Salvia officinalis

ERNTEZEIT: April – Oktober
BLÜTEZEIT: Juni – August
LEBENSFORM: Halbsträucher

➤ *zeigt viele Qualitäten*

Andere Namen: Echter Salbei, Gartensalbei
Familie: Lippenblütler *(Lamiaceae)*
Herkunft: Mittelmeerraum; auf trockenen, kalkhaltigen Felsenhängen
Wuchs: bis 50 cm hoch; breitbuschig; mit zunehmendem Alter verholzend; überwiegend winterhart; vierkantige Stängel, filzig behaart; Blätter derb, schmal-elliptisch, länglich oder eiförmig, gekerbt bis ganzrandig; meist graugrün, bei manchen Sorten mehrfarbig gemustert
Blüten: blau oder violett, in Scheinquirlen an Triebspitzen
Standort: sonnig; trockene, kalkhaltige, durchlässige Böden
Pflegen: Rückschnitt im Frühjahr, um Austrieb aus dem alten Holz zu fördern; in Gegenden mit rauem Klima ist ein Winterschutz ratsam
Vermehren: Kopfstecklinge im Frühsommer; Ableger; Aussaat mit Vorkultur ab April (schwierig)
Ernten: junge, aromatische, zarte Blätter über den Sommer pflücken (die größte Würzkraft entfaltet Salbei kurz vor der Blüte); Triebspitzen vor der Blüte abschneiden, trocknen; an der Pflanze nicht zu viel Blattmasse entfernen, da die Blätter als Winterschutz für die Triebe dienen.
Verwenden: leicht bitterer und kampferartiger, dominanter Geschmack; als Würze zu Fleisch, gegrilltem Fisch, Geflügel, Eintöpfen, Suppen, zu Schinken und Käse; zum Spicken oder Belegen von Kalbsschnitzel (Saltimbocca), Schweine- und Lammbraten; in Ausbackteig, in Butter gebraten; Blüten auch als Garnierung; Salbeitee aus frischen oder getrockneten Blättern bei Halsentzündungen; zur Regulierung der Schweißproduktion, Fußbäder wirken desodorierend gegen Schweißfüße; als Gurgelmittel bei Entzündungen in Mund und Rachen und bei Zahnfleischbluten; als Gesichtsdampfbad zur Hautklärung; als Spülung für graue Haare; für Schmuckkränze, Duftschalen, Kräutersträuße; zur Abwehr von Insekten; für Räucherzeremonien
Hinweis: Der botanische Gattungsname leitet sich vom lateinischen Verb „salvare“ ab, was „heilen“ bedeutet. Wegen des ätherischen Öls nicht überdosieren, um den Magen nicht zu reizen; in der Schwangerschaft sollte man auf die innerliche Anwendung möglichst verzichten.
Arten/Sorten: Vom Echten Salbei *(S. officinalis)* gibt es viele Varietäten (→ nebenstehende Tabelle), die ebenfalls als Heil- und Gewürzpflanzen in Gebrauch sind. Eine ähnliche Heilwirkung zeigt der Griechische oder Dreilappige Salbei *(S. triloba)* mit würzig frischem, leicht bitterem Aroma. Der bis zu 1 m hohe, kurzlebige Muskatellersalbei *(S. sclarea)*, auch Römischer Salbei oder Stinkender Salbei genannt, hat große, eiförmige Blätter und weinrote bis violette Hochblätter, in deren Achseln hell-lila bis rosa Blüten mit blasser Unterlippe stehen. Er wird ebenso wie Gewürzsalbei verwendet, zudem zum Aromatisieren von Wein sowie als Fixativ für Potpourris. Keine medizinische Bedeutung kommt dagegen dem Wiesen- oder Wilden Salbei *(S. pratensis)* zu, den man in ganz Europa findet. Die frischen oder getrockneten Blätter können jedoch als Gewürz für Fleisch und Fisch verwendet werden. Vom Klebrigen Salbei *(S. glutinosa)* mit gelben Blüten dienen die Blätter als Würze und zum Räuchern, die Blüten zur Aromatisierung und Garnierung von Speisen.

In würziger Fülle und diversen Blattfarben zeigen sich *S. sclarea* (1), *S. officinalis* 'Berggarten' (2), *S. officinalis* (3), S. *officinalis* 'Purpurascens' (4), *S. officinalis* 'Icterina' (5) und *S. pratensis* (6).

WEITERE ARTEN UND SORTEN

Name	Merkmale
Breitblättriger Salbei *S. off.* 'Broad Leaf'	gute Gewürz- und Heilpflanze; blüht im kühlen Klima allerdings selten
Buntscheckiger Purpurs. *S. off.* 'Purpurascens Variegata'	sehr aromatische Blätter; wirksamer Heiltee
Dalmatinischer Salbei *S. off.* ssp. *major*	große, runde Blätter; ertragreich; bevorzugtes Küchenkraut
Dreifarbiger Salbei *S. off.* 'Tricolor'	Blätter weißrandig mit lila Tupfen; mild im Aroma; nicht frosthart
Flaumiger Salbei *S. off.* 'Crispa'	seltene Sorte; weich behaarte Blätter und gesägter Blattrand
Gelbbunter Salbei *S. off.* 'Aureovariegata'	goldgelb bis graugrün gefleckte Blätter; frostempfindlich
Goldsalbei *S. off.* 'Aurea'	besonders robust; goldgelb marmorierte Blätter mit frischem Aroma
Krauser Gewürzsalbei *S. officinalis* 'Crispa'	breite, samtigflauschige, gekräuselte Blätter; intensives Aroma
Purpursalbei *S. off.* 'Purpurascens'	eher niedrig; purpurrote Blätter; kräftiges Aroma; Tee bei Halsweh
Salbei *S. off.* 'Berggarten'	kompakter Wuchs; sehr große Blätter; blüht nur sparsam
Salbei 'Creme de la Creme' *S. officinalis*	weißbunte Form des Echten Salbei; wie Dreifarbiger S. ohne Rosatöne
Spanischer Salbei *S. lavandulifolia*	kriechend; kleinblättrig; Balsamaroma; als Tee oder Räuchersalbei
Zwergsalbei *S. officinalis* 'Nana'	gedrungen, kleine Blätter, üppige Blüte; fein. Aroma; für Einfassungen

Essbare Blüten

Kräuter haben nicht allein würzige Blätter zu bieten. Augenweide wie Gaumenschmaus sind vor allem auch ihre Blüten. In der Regel schmecken sie ebenso typisch wie das Kraut selbst, nur zarter und feiner.

LEUCHTEND ROTE FEDERN
Indianernessel-Blüten erinnern an den Kopfputz eines Häuptlings. Ausgezupft sind sie eine zart-duftende und fein-würzige Garnierung.

DEKORATIVE EISBLUMEN
In Eiswürfelbehältern mit Wasser eingefrorene Kräuterblüten sind in sommerlichen Drinks einfach zum Dahinschmelzen.

BUNTER BLÜTENMIX
Mit frisch gezupften Blüten aus dem Kräutergarten wird ein schlichter Blattsalat zum kulinarischen Highlight auf jeder Tafel.

HUT AB!
Die Blütenköpfe vom Spitzwegerich erinnern im Geschmack an Champignons. Sie können frisch oder kurz in etwas Butter gebraten serviert werden.

VIOLAS TRÄUME
Kandierte Veilchen gelten seit alters her als Delikatesse. Mit ihrem Duft und ihrem unvergleichlichen Geschmack zieren sie Kuchen, Torten und Desserts.

Kleiner Wiesenknopf

Sanguisorba minor ssp. *minor*

ERNTEZEIT: April – Juli
BLÜTEZEIT: Mai – Juni
LEBENSFORM: Staude

➤ *klassisch in der Grünen Sauce*

Andere Namen: Pimpinelle
Familie: Rosengewächse *(Rosaceae)*
Herkunft: Europa, Westasien, Nordafrika; trockene Wiesen
Wuchs: buschig; bis 70 cm hoch; Stängel kantig, rötlich überlaufen; Blätter unpaarig gefiedert, mit eiförmigen, gezähnten Fiederblättchen
Blüten: klein, grünlich bis purpurfarben, in endständigen, lang gestielten Blütenköpfchen
Standort: sonnig bis halbschattig; magere, durchlässige Böden
Pflegen: anspruchslos
Vermehren: Aussaat oder Teilung
Ernten: junge Triebe und Blätter frisch oder getrocknet
Verwenden: Triebe und Blätter als Würze für Salate, Suppen, Saucen (v. a. Frankfurter Grüne Sauce), Limonaden; getrocknet als Tee
Arten/Sorten: Der Große Wiesenknopf *(S. officinalis)*, der auf Feuchtwiesen wächst, wirkt adstringierend und wird als Heilpflanze bei Entzündungen in Mund und Rachen verwendet.

Graues Heiligenkraut

Santolina chamaecyparissus

ERNTEZEIT: Juli – September
BLÜTEZEIT: Juni – August
LEBENSFORM: Strauch

➤ *zum Schutz der Garderobe*

Andere Namen: Zypressenkraut
Familie: Korbblütler *(Asteraceae)*
Herkunft: Mittelmeerraum; trockene Hügel, felsige Hänge
Wuchs: dicht buschig; bis 50 cm hoch und doppelt so breit; frostempfindlich; flaumig behaarte Zweige; graufilzige Blätter, schmal-linealisch, fiederschnittig; aromatischer Duft
Blüten: einzelne, gelbe Köpfchen
Standort: sonnig; durchlässige, trockene, warme Böden
Pflegen: vor Nässe schützen; Winterschutz ratsam; Rückschnitt im Frühjahr vor dem Neuaustrieb
Vermehren: Stecklinge
Ernten: das ganze Kraut
Verwenden: frische oder getrocknete Zweige eignen sich zur Abwehr von Motten und anderen Insekten; für Kräutersträuße, Potpourris; zum Räuchern; für kleine Hecken, ornamentale Beete, Rosenbegleiter
Hinweis: In Frankreich heißt die Pflanze „Garde-robe", da sie die Kleidung vor Motten schützen soll.

Echtes Seifenkraut

Saponaria officinalis

ERNTEZEIT: Mai – Oktober
BLÜTEZEIT: Juni – September
LEBENSFORM: Staude

➤ *zum Wäschewaschen*

Andere Namen: Waschlaugenkraut
Familie: Nelkengewächse *(Caryophyllaceae)*
Herkunft: Europa; Auwälder, Wegränder, Feldraine
Wuchs: bis 70 cm hoch; straff aufrecht; große, lanzettliche Blätter
Blüten: blassrosa, in Rispen
Standort: sonnig und warm; durchlässige Böden
Pflegen: anspruchslos; frosthart
Vermehren: Direktaussaat; Teilung
Ernten: Blüten; Blätter vor der Blüte; Wurzeln im Frühjahr oder Herbst ausgraben, spalten und trocknen
Verwenden: herb-bitterer Geschmack; Blüten zur Garnierung, für Duftschalen; Wurzelabsud bei Ekzemen, unreiner Haut, innerlich bei Husten- und Bronchialleiden; Auszug oder Aufguss der Blätter, Wurzeln als Waschlauge, zur Haarpflege
Hinweis: duftet angenehm nach Himbeeren und Gewürznelke; mit Seifenkrautlauge werden z. B. alte Leinentischdecken wieder wie neu

Indianische Minze

Satureja douglasii

ERNTEZEIT: ganzjährig
BLÜTEZEIT: Juni – August
LEBENSFORM: Staude

➤ *Blätter mit Minzaroma*

Andere Namen: Yerba Buena, Hängeminze, Hängebohnenkraut, Kaugummipflanze
Familie: Lippenblütler *(Lamiaceae)*
Herkunft: Kalifornien bis Kanada
Wuchs: etwa 30 cm hoch; kriechend, bis 1,5 m lange Triebe; Blätter rundlich, herzförmig, glänzend
Blüten: weiß bis violett in Blattachseln
Standort: halbschattig; durchlässige, humose Böden
Pflegen: mäßig gießen und düngen; gelegentlich entspitzen; kann als Ampelpflanze gezogen werden; Überwinterung kühl und hell im Haus
Vermehren: Aussaat mit Vorkultur; Stecklinge im Sommer; Teilung
Ernten: Blätter nach Bedarf
Verwenden: Blätter frisch oder getrocknet als Tee, der Kopfschmerzen lindern soll; gibt Getränken und Desserts Aroma
Hinweis: aromatischer Duft nach Minze; guter Bodendecker
Arten/Sorten: Angeboten wird v. a. die Sorte 'Indian Mint'.

Sommerbohnenkraut

Satureja hortensis

ERNTEZEIT: Juni – September
BLÜTEZEIT: Juli – September
LEBENSFORM: einjährig

➤ *mit pfeffrig-würzigem Geschmack*

Andere Namen: Pfefferkraut, Josefskraut, Sommersaturei
Familie: Lippenblütler *(Lamiaceae)*
Herkunft: Mittelmeerraum
Wuchs: buschig; bis 40 cm hoch; stark verzweigt; Blätter schmal lanzettlich, stark würziger Duft
Blüten: weiß bis lila, mit kurzer Röhre und einer dreilappigen Unterlippe, in lockeren, meist einseitswendigen Scheinähren (→ Abb. links)
Standort: sonnig und warm; leichte, durchlässige Böden; für Steingärten und Gefäßkultur geeignet
Pflegen: am richtigen Standort anspruchslos; wenig düngen; eher trocken halten; Rückschnitt im Frühjahr vor dem Neuaustrieb
Vermehren: Aussaat, Vorkultur ab Anfang April, Direktsaat nach den letzten Spätfrösten ab Mai (Lichtkeimer, → Seite 61)
Ernten: frische Blättchen, das ganze Kraut; beste Würzkraft zur Zeit der Blüte; Blätter verlieren kaum Würzkraft beim Trocknen
Verwenden: pfeffrige Würze zu Hülsenfrüchten, Lamm- und Kartoffelgerichten, Eintöpfen, Wurst- und Fischsalaten; bei warmen Speisen ganze Zweige lange mitkochen, damit sich das Aroma entfaltet; frische Blätter zu Rohkost und Salaten, ganze Triebe zur Aromatisierung von Essig und Öl; zur Förderung der Verdauung; aus dem getrockneten Kraut Tee bei Magenkrämpfen und Blähungen sowie lösend bei Husten; blühende Triebspitzen für Gesichtsdampfbad bei fettiger Haut
Arten/Sorten: Das Winterbohnenkraut *(S. montana* ssp. *montana)* wächst als Halbstrauch, ist robuster und hat ein kräftigeres Aroma als das Sommerbohnenkraut, ist in Wirkung und Anwendung aber vergleichbar – ebenso wie das Kriechende oder Serbische Bohnenkraut *(S. spicigera)*, das einen hübschen Bodendecker abgibt, und das Bergbohnenkraut *(S. montana*, → Abb. rechts*)*. Das Winterbohnenkraut eignet sich zudem für Einfassungen oder kleine Hecken. Vom Bergbohnenkraut gibt es die Varietät *citriodora* mit herbem Zitronenaroma. Die derberen Blätter der ausdauernd wachsenden Arten eignen sich besser als würzende Beigabe zum Braten und Grillen.

Tripmadam

Sedum reflexum

ERNTEZEIT: ganzjährig
BLÜTEZEIT: Juni – August
LEBENSFORM: Staude

➤ *bringt säuerliche Würze*

Andere Namen: Felsenfetthenne, Steinkraut, Felsenpfeffer
Familie: Dickblattgewächse *(Crassulaceae)*
Herkunft: Mitteleuropa; auf sandigen, felsigen Böden
Wuchs: bis 10 cm hoch; immergrün; kriechend bis niederliegend; bläulich grüne, am Grund gespornte und zugespitzte Blättchen, sukkulent
Blüten: sternförmig, goldgelb
Standort: sonnig; magere, durchlässige Böden, Steinbeete, Pflasterritzen
Pflegen: anspruchslos; vor allzu großer Nässe schützen
Vermehren: Stecklinge
Ernten: die fleischigen Blätter und Triebspitzen
Verwenden: gehackt und/oder zerquetscht als Würze für Salate und Suppen; Zweige erst zum Schluss mitgaren und vor dem Servieren entfernen; in Essig einlegen
Hinweis: zu verwechseln mit giftigem Scharfem Mauerpfeffer *(Sedum acre)* mit ungespornten Blättchen

Griechischer Bergtee

Sideritis syriaca

ERNTEZEIT: ganzjährig
BLÜTEZEIT: Juni – August
LEBENSFORM: Staude

➤ *milder Tee mit Zimtaroma*

Andere Namen: Gliedkraut
Familie: Lippenblütler *(Lamiaceae)*
Herkunft: östliches Mittelmeergebiet; auf trockenen, steinigen Bergwiesen
Wuchs: buschig; bis 40 cm hoch; filzige, grau behaarte Blätter
Blüten: gelbgrüne Blütenkerzen
Standort: sonnig; durchlässige, fruchtbare Böden; vor einer Südmauer, im Steingarten
Pflegen: anspruchslos
Vermehren: Teilung im Frühjahr
Ernten: Blätter und Blütenkerzen
Verwenden: als Tee mit einem milden, zimtartigen Geschmack (sollte etwa 10 Minuten köcheln); regt Magen und Darm an; soll gegen Erkältungen helfen; wirkt entzündungshemmend
Hinweis: In der Antike war die Pflanze als „Sideritis von Dioskuros“ dafür bekannt, angeblich Wunden heilen zu können, die mit eisernen Waffen zugefügt worden waren.
Arten/Sorten: *S. scardica* und viele weitere Arten aus dem Mittelmeerraum haben ähnliche Eigenschaften.

Mariendistel

Silybum marianum

ERNTEZEIT: April – August
BLÜTEZEIT: Juli – August
LEBENSFORM: ein- bis zweijährig

➤ *Schutz für die Leber*

Andere Namen: Frauendistel, Färberdistel, Krone Christi
Familie: Korbblütler *(Asteraceae)*
Herkunft: Südeuropa und Vorderasien; Wegränder, Ödland
Wuchs: aufrecht bis sparrig; bis 2 m hoch; frostempfindlich; bräunlich glänzender Stängel; dunkelgrüne, weiß marmorierte Blätter, gelappt, an den Rändern mit langen, kräftigen Dornen besetzt
Blüten: rote Blütenköpfe
Standort: sonnig; durchlässige, magere Böden
Pflegen: anspruchslos; für Frostschutz sorgen
Vermehren: Aussaat im Freien ab Ende April (Abstand 30–40 cm)
Ernten: Samen (Blütenköpfe von August bis September); junge Blätter von April bis Juni; Stängel; die Knospen von Blüten
Verwenden: Blätter; Samen haben, als Tee zubereitet, eine leberschützende Wirkung; Stängel wie Spargel; Blüten ähnlich wie Artischocken

Weißer Senf

Sinapis alba

ERNTEZEIT: Juli – August
BLÜTEZEIT: Juni – September
LEBENSFORM: einjährig

➤ *schmackhafte Verdauungshilfe*

Andere Namen: Gelber Senf
Familie: Kreuzblütler *(Brassicaceae)*
Herkunft: Europa, Teile Nordafrikas; Schuttplätze, Ödland, Ackerraine
Wuchs: aufrecht; bis 1,2 m hoch; Stängel kantig, verzweigt; Blätter länglich, eiförmig, rau behaart
Blüten/Früchte: gelb, in Doldentrauben; Samen in länglichen Schoten
Standort: sonnig; humose Lehm- oder Sandböden
Pflegen: anspruchslos; gleichmäßig feucht halten
Vermehren: Aussaat Mitte März bis Ende Mai in Reihen (25 cm Abstand); keimt schnell
Ernten: junge Blättchen; Schoten mit den Samen; Samen trocknen, ggf. pulverisieren
Verwenden: die Blättchen zu Salat, Saucen; Samen zum Einlegen, z. B. von Gurken; zur Senfbereitung; zur Gründüngung im Gemüsegarten
Arten/Sorten: Der Ackersenf *(S. arvensis)* wächst wild und findet eine ähnliche Verwendung.

Süßwurzel

Sium sisarum

ERNTEZEIT: Mai – Oktober
BLÜTEZEIT: Juni – Oktober
LEBENSFORM: Staude

➤ *schon im Mittelalter gebräuchlich*

Andere Namen: Zuckermerk, Zuckerwurzel
Familie: Doldenblütler *(Apiaceae)*
Herkunft: Südosteuropa, Asien
Wuchs: aufrecht; bis 1 m hoch; winterhart; 5–8 fingerlange Wurzeln; gefurchter, hohler Stängel, mehrfach verzweigt; Blätter unpaarig gefiedert, lanzettlich, fein gezähnt
Blüten: weiß, in Dolden
Standort: sonnig bis halbschattig; nahrhafte Böden
Pflegen: anspruchslos; im Frühjahr Kompost geben
Vermehren: Teilung; Aussaat im April (langsame Keimung)
Ernten: frische Triebe; zarte Blätter im Frühjahr; Wurzeln ausgraben
Verwenden: die jungen Triebe dünsten oder braten; die Blätter ähnlich wie Petersilie verwenden; die süßen Wurzeln dünsten oder kochen und mit Butter servieren, für Eintöpfe
Arten/Sorten: Der Große Merk *(S. latifolium)* ist geschützt und darf nicht wild gepflückt werden.

Echter Ziest

Stachys officinalis

ERNTEZEIT: Juni – September
BLÜTEZEIT: Juni – September
LEBENSFORM: Staude

➤ *Allheilmittel des Altertums*

Andere Namen: Heilziest, Betonie, Zahnkraut
Familie: Lippenblütler *(Lamiaceae)*
Herkunft: Europa; auf Magerwiesen
Wuchs: buschig; bis 1 m hoch; frosthart; Blätter gegenständig, länglich bis herzförmig, gekerbt
Blüten: rotviolett, in lang gestielten Scheinähren
Standort: sonnig; durchlässige, mäßig fruchtbare Böden
Pflegen: anspruchslos
Vermehren: durch Teilung
Ernten: Blätter, blühendes Kraut
Verwenden: Tee aus den Blättern als Mittel zur Blutreinigung, bei Migräne, Verdauungsstörungen; Umschlag aus frischen Blättern soll Wundheilung fördern; Absud aus dem Kraut zum Gurgeln bei Zahnfleisch-, Mund- und Rachenentzündungen
Hinweis: Ziest wurde im Altertum als „Allheilpflanze" gegen nahezu jede Krankheit angewendet. Es gibt auch noch andere Farb-Varietäten (z. B. 'Alba' mit weißen Blüten).

Süßkraut

Stevia rebaudiana

ERNTEZEIT: April – Oktober
BLÜTEZEIT: Juli – August
LEBENSFORM: Staude

➤ *kalorienfreies Süßungsmittel*

Andere Namen: Stevie, Honigkraut
Familie: Korbblütler *(Asteraceae)*
Herkunft: Südamerika
Wuchs: buschig; bis 1 m hoch; nicht frosthart; Blätter eiförmig bis elliptisch
Blüten: unscheinbar, weiß
Standort: sonnig; durchlässige Erde
Pflegen: Gafäßkultur ratsam; im Sommer als Kübelpflanze ins Freie stellen; Spitzen immer wieder auskneifen, damit die Pflanze buschiger wird; bei 15–20 °C hell überwintern
Vermehren: Stecklinge oder Teilung
Ernten: frische Blätter nach Bedarf pflücken; Triebspitzen
Verwenden: frisch oder getrocknet, sehr sparsam einsetzen; zum Süßen verschiedenster Gerichte und Getränke; wird traditionell für Matetee verwendet; Konservierung als Saft oder Auszug; Süßkraut soll auch gegen Zahnfleischbluten und Karies helfen.
Hinweis: Innerhalb der EU darf *Stevia* nicht als Nahrungsmittel gehandelt werden; es gibt widersprüchliche Studien zum Gesundheitsaspekt.

KRÄUTERSPEZIALITÄTEN

Deutscher Name ***Botanischer Name***	**Pflanzenteile/ Verwendung**	**Lebensform/ Kultur**
Kalmegh, Chiretta *Andrographis paniculata*	stark bittere Blätter; antibakteriell, gegen grippale Infekte	Staude; sonnig, mäßig feucht bis trocken
Epazote, Pasote *Chenopodium ambrosioides*	Blüten mit herb-süßem Zitrusduft, Blätter als Gewürz in mex. Küche	Staude; sonnig, warm, mäßig feucht
Zatar Corido, Schopfthymian *Coridothymus capitatus*	nadelförmige Blätter mit strengem Oregano-Geschmack als Gewürz	Strauch; sonnig, trocken; für Topfkultur
Meerfenchel *Crithmum maritimum*	Blätter mit salzigem Geschmack; Gewürz für Salate, Gemüse	Sukkulente; sonnig, trocken; Topfkultur
Kammminze *Elsholtzia ciliata*	Blätter mit Aroma nach Dill und Gurken; Würze für asiatische Gerichte	einjähr.; sonnig, leicht feucht; Lichtkeimer
Vietnamesische Melisse *Elsholtzia spec.*	Blätter mit Zitronen-Aroma; für Asia-Küche, Gemüse, Fleisch, Eierspeisen	immergrün; sonnig, mäßig feucht; im Topf
Afrikanischer Rosmarin *Eriocephalus africanus*	Blätter zu Fleisch und Gemüse, als Tee bei Erkältungen und Blähungen	immergrün; sonnig, trocken; Topfkultur
Chinesischer Flügelknöterich *Fallopia multiflora*	Wurzelauszüge zur Revitalisierung von Leber, Nieren und Blut	kletternd; sonnig-halbschattig, mäßig feucht
Jiaogulan *Gynostemma pentaphyllum*	Blätter für Tee, als Süßungsmittel; „Kraut der Unsterblichkeit"	kletternd; sonnig, mäßig feucht; gut düngen
Sumpffreund, Rau Om *Limnophila aromatica*	süßliche Blätter; Gewürz in thailändischer, vietnamesischer Küche	kriechend; sonnig, feucht; Topfkultur
Mexikanischer Oregano *Poliomintha longiflora*	frische Blätter u. Blüten; kräft. Oregano-Geschmack, getrocknet wie Pfeffer	sonnig, trocken; gut düngen; Topfkultur
Virginische Bergminze *Pycnanthemum pilosum*	Blätter und Knospen mit starkem Minzearoma; als Gewürz und für Tee	Halbstrauch; sonnig, trockene Böden
Arabischer Ampfer *Rumex tingitanus*	saure Blätter in der arabischen Küche als Gemüse, für Fischsuppen	Staude; sonnig, trocken, auch salzhaltig
Mexik. Riesen-Gewürztagetes *Tagetes minuta*	Laub mit würzigem Zitrusaroma; in der mexikanischen Küche für Suppen	einjährig; sonnig, leicht feuchte Böden
Damiana *Turnera diffusa var. aphrodisiaca*	Blätter für Tee, zur Würze; mild abführende Wirkung, aphrodisierend	sonnig, mäßig feucht; Topfkultur
Wasabi, Japanischer Meerrettich *Wasabia japonica*	Blätter, Stängel, Wurzeln in japanischer Küche für Salate, Saucen, Sushi	halbschattig-schattig, feucht; Topfkultur

Arznei-Beinwell

Symphytum officinale ssp. officinale

ERNTEZEIT: März – April, Sept. – Okt.
BLÜTEZEIT: Mai – September
LEBENSFORM: Staude

➤ *heilsam und lindernd*

Andere Namen: Schwarzwurz
Familie: Borretschgewächse *(Boraginaceae)*
Herkunft: Europa, Westasien; Bachufer, feuchte Wiesen
Wuchs: buschig; bis 1 m hoch; ganze Pflanze rau behaart; kräftige, fleischige Stängel; Blätter lanzettlich
Blüten: weiß-violett, glockig, Trauben
Standort: lichter Schatten; feuchte, nährstoffreiche Böden
Pflegen: regelmäßige Kompostgaben
Vermehren: durch Teilung
Ernten: Wurzelstöcke ausgraben (Frühjahr, Herbst); frische Blätter
Verwenden: Blätter nur in kleinen Mengen als Gemüse; Umschläge aus der Wurzel bei Zerrungen, Verstauchungen, Hautausschlägen; als Brühe oder Jauche zum Düngen sowie zum Mulchen
Hinweis: Nicht während der Schwangerschaft anwenden, innerlich nur in geringen Mengen gekocht als Gemüse.
Arten/Sorten: Futterbeinwell oder Russischer Comfrey *(S. × uplandicum);* Schottischer Beinwell *(S. tuberosum)*

Gewürztagetes

Tagetes lucida

ERNTEZEIT: ganzjährig
BLÜTEZEIT: Juni – Oktober
LEBENSFORM: einjährig

➤ *aztekische Heil- und Kultpflanze*

Andere Namen: Glänzende Studentenblume, Winterestragon, Mexikanischer Estragon, Yauthli
Familie: Korbblütler *(Asteraceae)*
Herkunft: Mexiko, südliche USA
Wuchs: bis 60 cm hoch; Stängel aufrecht, wenig verzweigt; Blätter lanzettlich, gesägt
Blüten: goldgelbe Blütenköpfchen
Standort: sonnig; fruchtbare, gut durchlässige Böden
Pflegen: Ausputzen verlängert die Blühdauer; verträgt Rückschnitt; Schneckenschutz; Gefäßkultur
Vermehren: Aussaat, Vorkultur ab Mitte März, ins Freie ab Mitte Mai
Ernten: frische Blätter und Blüten
Verwenden: frisch oder getrocknet als aromatische, scharfe Würze; für Kräuterbutter und -essig; Blüten zur Garnierung; getrocknet als Tee
Hinweis: anisartiger Geruch
Arten/Sorten: *T. tenuifolia* (→ Abb.) in diversen Sorten z. B. mit fruchtiger Note bei 'Orange Gem' und 'Lemon Gem'; Lakritz-Tagetes *(T. micrantha)*

Balsamkraut

Tanacetum balsamita

ERNTEZEIT: Mai – Oktober
BLÜTEZEIT: August – Oktober
LEBENSFORM: Staude

➤ *beliebtes Kraut in England*

Andere Namen: Frauenminze, Marienblatt, *Chrysanthemum majus*
Familie: Korbblütler *(Asteraceae)*
Herkunft: Kleinasien und Nordiran; auf Schuttunkrautfluren
Wuchs: locker buschig; bis 1,5 m hoch; fein behaart; Rhizom, neigt zum Wuchern; winterhart; Blätter länglich-eiförmig, am Rand gezähnt
Blüten: weiß mit gelber Mitte
Standort: sonnig; trockene, gut durchlässige Böden
Pflegen: Schneckenschutz
Vermehren: durch Teilung
Ernten: Blüten von August bis Oktober sammeln; Blätter vor der Blüte ernten und trocknen
Verwenden: Blüten überbrüht zu Salaten und Gemüsesuppen; frische Blätter zu Salaten, Saucen, als Fleischwürze; Blätter zum Aromatisieren in Öl einlegen; Tee bei Menstruationsbeschwerden; Duftschalen, Potpourris; vertreibt Insekten
Hinweis: aromatischer Duft nach Minze beim Zerreiben

Dalmatiner Insektenblume

Tanacetum cinerariifolium

ERNTEZEIT: Mai – Juni
BLÜTEZEIT: Mai – Juni
LEBENSFORM: Staude

➤ *wirksames Insektizid*

Andere Namen: Pyrethrum, *Chrysanthemum cinerariifolium*
Familie: Korbblütler *(Asteraceae)*
Herkunft: Dalmatien; trockene Hänge
Wuchs: buschig; bis 80 cm hoch; winterhart; graue, behaarte Stängel; graugrüne, fein gefiederte Blätter
Blüten: weiß bis rosa, ähnlich wie Margeriten
Standort: sonnig; gut durchlässige, nicht zu feuchte Böden
Pflegen: nur mäßig gießen
Vermehren: durch Teilung
Ernten: Blüten
Verwenden: getrocknete, zerstoßene Blüten gegen Lebensmittelschädlinge verstreuen, in Duftschalen zur Vertreibung von Stechmücken, in Schränken gegen Motten; alkoholische Auszüge als Spritzmittel zum Pflanzenschutz
Hinweis: Pflanze entwickelt einen herben Geruch; Pyrethrum-Präparate gelten für Säugetiere als unbedenklich, synthetisch hergestellte Pyrethrine (Pyrethrum ähnliche Substanzen) sind dagegen giftig.

Mutterkraut

Tanacetum parthenium

ERNTEZEIT: Juni – August
BLÜTEZEIT: Juni – August
LEBENSFORM: Staude

➤ *Hoffnung gegen Migräne*

Andere Namen: Fieberkraut, Mutterkamille, Frauenminze, *Chrysanthemum parthenium*
Familie: Korbblütler *(Asteraceae)*
Herkunft: nördliche Hemisphäre; auf nährstoffreichen Krautfluren
Wuchs: aufrecht; bis 60 cm hoch; gelbgrüne, gefiederte Blätter
Blüten: gelb, kamillenartiger Geruch
Standort: sonnig; durchlässige Böden
Pflegen: anspruchslos; Rückschnitt nach erster Blüte fördert Nachblüte
Vermehren: Teilung im Frühjahr
Ernten: Blüten, frische Blätter
Verwenden: überbrühte Blüten zu Salaten; täglich 3 frische Blätter aufs Butterbrot zur Vorbeugung gegen Migräne; Tee aus Blättern und Blüten wirkt gegen Verdauungsstörungen
Hinweis: Nicht in der Schwangerschaft verwenden; kann bei empfindlichen Personen Allergien verursachen
Arten/Sorten: Ein Sud aus Rainfarn *(T. vulgare)* hilft gegen lästige Fliegen und Ameisen. Rainfarn gilt als giftig und kann Allergien auslösen.

Gewöhnlicher Löwenzahn

Taraxacum sect. *Ruderale*

ERNTEZEIT: März – April
BLÜTEZEIT: März – Mai
LEBENSFORM: Staude

➤ *Heilpflanze für Niere und Leber*

Andere Namen: Kuh- oder Pusteblume, *Taraxacum officinale*
Familie: Korbblütler *(Asteraceae)*
Herkunft: nördliche Erdhalbkugel; auf Fettwiesen, an Wegrändern
Wuchs: bis 30 cm hoch; hohle, blattlose Stängel; gezähnte Blätter in Rosette; lange Pfahlwurzel
Blüten: goldgelb
Standort: sonnig; nährstoffreiche Ton- und Lehmböden
Pflegen: anspruchslos
Vermehren: sät sich selbst aus
Ernten: junge Blätter; Wurzel vor der Blüte (2-jährige sind weniger bitter)
Verwenden: junge, bitter-aromatische Blätter für Frühlingssalate oder -suppen; Wurzel mit süßlichem Geschmack als Gemüse und Kaffee-Ersatz; Tee aus getrockneten Blättern und Wurzeln; wirkt harntreibend, blutreinigend und entwässernd
Hinweis: enthält giftigen, weißen Milchsaft, der Kontaktallergien auslösen kann und braune Flecken auf Kleidung und Haut hinterlässt

Thymian

Thymus-Arten und -Sorten

ERNTEZEIT: Mai – September
BLÜTEZEIT: Juni – Oktober
LEBENSFORM: Halbsträucher

➤ *unverzichtbare Würze*

Familie: Lippenblütler *(Lamiaceae)*
Herkunft: Südeuropa, Asien; trockene Hänge, Matten, Heiden
Wuchs: niederliegend, rasig; bis 20 cm hoch; immergrün; je nach Art teilweise oder völlig frosthart, aber empfindlich gegen Nässe im Winter; winzige Blätter, linealisch, elliptisch oder eiförmig, Unterseite teils behaart
Blüten: weiße, rosa oder blaurote Lippenblütchen, meist in Ähren
Standort: sonnig; gut durchlässige, kalkige, eher trockene Böden; für Steingärten, als Polsterpflanze in Pflasterfugen und für Tröge
Pflegen: mäßig gießen; abgeblühte Sprosse sollte man bis ins alte Holz zurückschneiden.
Vermehren: Aussaat im Frühjahr; Stecklinge im Frühsommer
Ernten: Blätter und Triebspitzen nach Bedarf pflücken; Kraut vor der Blüte trocknen, dadurch oft intensiver im Geschmack
Verwenden: zum Würzen von Fleisch- und Gemüsegerichten; Bestandteil der „Herbes de Provence"; zu Salaten, Süßspeisen; Blüten zur Garnierung; Tee hilft bei Verdauungsstörungen und Husten; antiseptische und konservierende Eigenschaften; für Duftmischungen
Hinweis: entwickeln würzigen Duft; Bienenweide
Arten/Sorten: viele Varianten mit verschiedensten Aromen, z. B. gilt Echter Thymian oder Gartenthymian *(T. vulgaris)* als die aromatischste Art mit vielen weiteren Spielarten; Orangenthymian *(T. fragrantissimus)* mit grauen Blättern eignet sich besonders für fruchtigen Tee; Kümmelthymian *(T. herba-barona)* wächst kriechend; Arzneithymian, Feldthymian oder Quendel *(T. pulegioides* ssp. *pulegioides)* ist v. a. ein Heilkraut gegen Husten und Darmbeschwerden, var. *montanus* (Bergthymian) gibt pfeffrige Würze; Sandthymian *(T. serpyllum)* eignet sich bestens als winterharter Bodendecker; der Zitronenthymian *(T. × citriodorus)* hat je nach Sorte hellgrüne, gelbgrüne oder silbergrüne Blätter mit ausgeprägtem Zitronenduft und eignet sich gut für Kräutertee; Kaskadenthymian *(T. longicaulis)* liefert besonders schöne Blütenstände.

Griechischer Bockshornklee

Trigonella foenum-graecum

ERNTEZEIT: Juli – September
BLÜTEZEIT: April – August
LEBENSFORM: einjährig

➤ *duftet nach „Griechischem Heu"*

Andere Namen: Fenugreek
Familie: Schmetterlingsblütler *(Fabaceae)*
Herkunft: Südwestasien sowie östlicher Mittelmeerraum
Wuchs: bis 60 cm hoch; runder Stängel, aufrecht oder liegend; dreizählige Blätter, leicht gezähnt
Blüten: gelbe Schmetterlingsblüten, zu 1–2 fast sitzend in Blattachseln
Standort: sonnig; eher magere, gut durchlässige Böden
Pflegen: anspruchslos; nicht düngen
Vermehren: Aussaat in Reihen (Abstand 20 cm)
Ernten: junge Blätter; reife Samen sammeln und trocknen; Keimlinge
Verwenden: pulverisierte Samen zu Currygerichten, als Tee verdauungsfördernd; Keimlinge zu Salaten; Blätter zu Gemüse, Saucen und Lamm; äußerlich bei Abszessen
Hinweis: Vom getrockneten Kraut geht ein süßlicher Heuduft nach Kumarin aus – daher der Name „Griechisches Heu" *(foenum-graecum)*.

Kapuzinerkresse

Tropaeolum majus

ERNTEZEIT: Mai – Oktober
BLÜTEZEIT: Mai – Oktober
LEBENSFORM: einjährig

➤ *Gewürzblume aus den Tropen*

Andere Namen: Salatblume, Blume der Liebe
Familie: Kapuzinerkressegewächse *(Tropaeolaceae)*
Herkunft: Chile und Mexiko
Wuchs: buschig; niederliegend, kletternd mit bis zu 3 m langen Ranken; bis 50 cm hoch, frostempfindlich; schildförmige Blätter mit radiär ausgerichteten Adern, wachsartige Oberfläche an fleischigen, runden Stängeln
Blüten: groß, gelb, orange oder rot, fünfzählig, gespornt, trompetenförmig, je nach Sorte auch an einer Pflanze mehrfarbig
Standort: sonnig und windgeschützt; humose, leicht lehmhaltige, gut durchlässige Böden
Pflegen: anspruchslos; anfällig für Blattläuse; für Gefäßkultur geeignet
Vermehren: Aussaat ab Mitte Mai ins Freiland oder Vorkultur ab März bei etwa 18 °C unter Glas
Ernten: Blätter und Blüten frisch pflücken; geschlossene Blütenknospen und weiche Samen
Verwenden: Blüten und Blätter in kleinen Mengen zu Salaten, klein geschnitten zu Quark oder aufs Butterbrot; kresseähnliches Aroma; wirkt blutreinigend und aktiviert die Abwehrkräfte; die Blütenknospen und weichen Samen in Essig zusammen mit Gewürzen als Kapernersatz einlegen; Blüten als essbare Garnierung für verschiedenste Speisen
Hinweis: süßer Duft; Kapuzinerkresse ist reich an Schwefel und Vitaminen sowie antibiotischen Substanzen. Die Indianer Perus nutzten die Pflanze traditionell, um damit infizierte Wunden zu behandeln. Die Art wurde im 17. Jahrhundert nach Europa gebracht und seitdem vor allem als Gartenzierpflanze kultiviert.
Arten/Sorten: Im Handel sind viele Sorten, darunter hoch kletternde oder mehr buschig wachsende, z. B. 'Brilliant' (dunkelrote Blüten), 'Luteum' (gelbe Blüten), 'Schwarzer Prinz' (dunkelrote Blüten, dunkle Blätter), 'Alaska' (grünweiß gefleckte Blätter), 'Kaiserin von Indien' (dunkelrote Blüten), 'Vesuvius' (rosa Blüten, dunkle Blättter). Die Blätter und Blüten der Kleinen Kapuzinerkresse *(Tropaeolum minus)* sind ebenfalls essbar.

Knoblauchs-Kaplilie

Tulbaghia violacea

ERNTEZEIT: Januar – Dezember
BLÜTEZEIT: Mai – Oktober
LEBENSFORM: Knollenpflanze

➤ *Blüten so scharf wie Knoblauch*

Andere Namen: Zimmerknoblauch, Südseeknoblauch, „Knobiflirt"
Familie: Lauchgewächse *(Alliaceae)*
Herkunft: Südafrika
Wuchs: aufrecht; bis 50 cm hoch; immergrün, horstbildend; nicht winterhart; graugrüne Blätter, grasartig schmal; starkes Knoblaucharoma
Blüten: weiß bis hellviolett in endständigen, lang gestielten Dolden
Standort: sonnig und windgeschützt; gut durchlässige, humusreiche Böden; Gefäßkultur ratsam
Pflegen: sparsam gießen; hell überwintern bei 5–10 °C
Vermehren: durch Teilung
Ernten: Blätter und Blüten; Knollen im Winter
Verwenden: Blätter wie Schnittknoblauch (→ Seite 101) verwenden; klein gehackt in Salate, Saucen; Blüten als Würze und Garnierung; Knollen ähnlich wie Knoblauch
Hinweis: Anders als Knoblauch verursacht diese Pflanze keine unangenehmen Ausdünstungen.

Huflattich

Tussilago farfara

ERNTEZEIT: Februar – Juni
BLÜTEZEIT: Februar – Mai
LEBENSFORM: Staude

➤ *Blüten mit Honigduft*

Andere Namen: Märzblume
Familie: Korbblütler *(Asteraceae)*
Herkunft: Europa, Asien, Nordafrika; Weg- und Ackerränder
Wuchs: aufrecht; bis 30 cm hoch; winterhart; Blattstiele wachsen direkt aus dem Boden, Blätter handtellergroß, hufeisenförmig, Rand flach ausgebuchtet und grob gezähnt, Unterseite grauwollig behaart
Blüten: gelbe Körbchen auf schuppigen, behaarten Stängeln meist vor dem Laubaustrieb
Standort: sonnig; feuchte, lehmige Böden
Pflegen: anspruchslos
Vermehren: Aussaat im Frühjahr; im Herbst teilen
Ernten: Blätter frisch oder getrocknet; Blüten getrocknet
Verwenden: frische, junge Blätter zu Frühlingssalaten und abgebrüht als Gemüse; Blätter und Blüten wirken schleimlösend, in Hustentee
Hinweis: Blüten duften nach Honig; Daueranwendung ist nicht ratsam.

Brennnessel

Urtica dioica

ERNTEZEIT: Mai – August
BLÜTEZEIT: Juli – September
LEBENSFORM: Staude

➤ *zu Unrecht geschmäht*

Andere Namen: Donnernessel
Familie: Brennnesselgewächse *(Urticaceae)*
Herkunft: Europa, Asien, Nordafrika; Schutt, Wegränder, Unkrautfluren
Wuchs: aufrecht buschig; bis 1,5 m hoch; Brennhaare an Stängeln und Blättern; vierkantiger Stängel; Blätter länglich eiförmig, grob gesägt
Blüten: unscheinbar, grünlich in Rispen in den Blattachseln
Standort: sonnig bis halbschattig; humus- und stickstoffreiche Böden
Pflegen: anspruchslos
Vermehren: durch Teilung
Ernten: junge Blätter; das ganze Kraut trocknen
Verwenden: frische Blätter (als Salat oder wie Spinat); gut für Stoffwechsel, blutreinigend; Tee (bei Rheuma, Gicht, Blasenleiden); Badezusatz (Neuralgien); Jauche zum Düngen, Brühe als Schädlingsabwehr
Hinweis: Futterpflanze für Raupen
Arten/Sorten: Ähnlich ist die Kleine Brennnessel *(Urtica urens)*.

Himmlische Düfte

In ihrem Duft öffnet sich die Seele der Pflanze, so heißt es. Und erfasst man Kräuter nicht tatsächlich erst an ihrem intensiven Wohlgeruch? Damit streicheln Kräuterparfums dann auch unser Innerstes.

ACH, WIE WOHL IST MIR ... Allein der Anblick von Lavendel und anderen Kräutern mit unverkennbarem Aroma ruft in uns schöne Erinnerungen wach.

AROMA-MIX
Ein Potpourri ist ein buntes Allerlei aus Blüten, Blättern, Hölzern und Früchten mit unwiderstehlichem Wohlgeruch.

BETÖREND
Bescheiden im Moose und doch weiß jeder, wo es blüht: Veilchen verraten sich durch ihren intensiven und unverwechselbaren Blütenduft.

SCHLÜSSEL ZUR NASE
Schlüsselblumen schließen der Sage nach die Tür zum Himmel auf. In jedem Fall öffnen sie mit ihrem herrlichen Duft die Herzen.

GÖTTLICHER ATEM
Beim Räuchern steigt die zarte Rauchfahne wie ein Band zum Himmel empor. So schlagen Kräuter eine Brücke vom Diesseits zum Überirdischen.

DUFTENDER TEPPICH
Fast wie im Märchen entführt einen dieser Duftteppich auf angenehme Weise in die Welt der Kräuter und verzaubert den Weg zur ersehnten Ruhebank.

Echter Baldrian

Valeriana officinalis

ERNTEZEIT: März – Oktober
BLÜTEZEIT: Mai – August
LEBENSFORM: Staude

➤ *sanftes Beruhigungsmittel*

Andere Namen: Katzenkraut
Familie: Baldriangewächse *(Valerianaceae)*
Herkunft: Europa, Asien; Wälder, Wiesen, Wegränder und Ufer
Wuchs: aufrecht; bis 1,5 m hoch; Stängel gefurcht, hohl, behaart; Blätter mit schmal-lanzettlichen Fiedern
Blüten: rosa bis weiß, in schirmförmigen Blütenständen
Standort: sonnig bis halbschattig; feuchte, nährstoffreiche Böden
Pflegen: reichlich Kompost geben
Vermehren: Aussaat oder Teilung
Ernten: Wurzeln im 2. Jahr nach dem Absterben der Blätter im Herbst; Blätter von April bis Mai; Blüten von Mai bis Juni
Verwenden: frisch oder getrocknet; Blätter zu Salaten; Blüten zu Fruchtsalat, Getränken; Wurzel als bittersüßes Gewürz, als Tee beruhigend, antidepressiv, bei nervösem Magen und Darm; entspannender Badezusatz
Hinweis: Nicht überdosieren, nicht länger als zwei Wochen einnehmen!

Großblütige Königskerze

Verbascum densiflorum

ERNTEZEIT: Juni – August
BLÜTEZEIT: Juli – September
LEBENSFORM: zweijährig

➤ *schleimlösend bei Husten*

Andere Namen: Großblütige Wollblume, Donnerkerze
Familie: Braunwurzgewächse *(Scrophulariaceae)*
Herkunft: Europa, Asien; an Schuttplätzen, Bahndämmen
Wuchs: Solitärstaude, wird bis 2 m hoch; im 1. Jahr nur eine grundständige Rosette, dann straff aufrechter Stängel; gelbgrüne, länglich-elliptische Blätter, wollig behaart
Blüten: gelb, schalenförmig, in langen, unten verzweigten Ähren
Standort: sonnig, warm; durchlässige, sandige, trockene, auch steinige Böden
Pflegen: anspruchslos; keinesfalls düngen, besser den Boden noch mit Sand oder Kies abmagern
Vermehren: Aussaat im Juni oder Juli ins Frühbeet; im Herbst an vorgesehenen Platz verpflanzen; Pflanze samt sich selbst aus
Ernten: die Blüten am späten Vormittag sammeln und aus den Kelchen zupfen, verwendet werden nur die gelben Kronblätter; Blätter
Verwenden: frisch oder sehr schonend getrocknet, damit Blütenblätter nicht braun werden (→ Seite 82/83), in einem Schraubglas dunkel aufbewahren; Öl- oder Alkoholauszüge aus den Blüten; als Würze und Beilage in Suppen, Saucen, als Aroma für Getränke und Spirituosen; als essbare Garnierung; die frischen oder getrockneten Blüten mit heißem Wasser überbrühen und mit Honig süßen, Sud ergibt ein schleimlösendes Hustenmittel; frische Blüten in Alkohol zum Einreiben bei rheumatischen Muskelschmerzen; als Badezusatz für Sitzbäder bei Hämorrhoiden; getrocknete Blätter eignen sich gut als Anzündmaterial für Grill- oder Räucherkohle
Hinweis: sehr gute Bienenweide
Arten/Sorten: Gelb blühende Arten wie die Kleinblütige Königskerze *(V. thapsus* ssp. *thapsus)*, Windblumen-Königskerze *(V. phlomoides)* oder Kandelaber-Königskerze *(V. olympicum)* werden ähnlich verwendet. Ihre getrockneten Blüten setzt man Kräutertees und Hustenmitteln zu. Die violett blühende *V. phoeniceum* sowie die meist ausdauernden Hybriden eignen sich eher zu Zierzwecken, ihre Blüten sind aber auch essbar.

Eisenkraut

Verbena officinalis

ERNTEZEIT: April – September
BLÜTEZEIT: Juni – September
LEBENSFORM: Staude

➤ *Zauberpflanze mit Liebeskraft*

Andere Namen: Druidenkraut, Eisenhart, Taubenkraut
Familie: Eisenkrautgewächse *(Verbenaceae)*
Herkunft: Mittelmeerraum; an Hecken, Wegrändern
Wuchs: aufrecht sparrig; bis 60 cm hoch; vierkantiger, verzweigter Stängel; Stängelblätter ungeteilt, dreispaltig oder fiederlappig, gesägte Zipfel
Blüten: violette Blütchen in Ähren
Standort: sonnig; Boden feucht, tiefgründig, durchlässig, nährstoffreich
Pflegen: anspruchslos; frosthart
Vermehren: Aussaat Herbst und Frühjahr; Selbstaussaat; Teilung
Ernten: Blätter von April bis Juli; Blüten von Juli bis September; das ganze Kraut zur Blütezeit
Verwenden: frisch oder getrocknet; Blätter für Tee, Kräuterlimonaden; blanchierte Blätter zu Salaten; Blüten zur Garnierung; Tee bei Erkältungen, zur Beruhigung
Hinweis: Eisenkraut soll Männern besondere Liebeskraft verleihen.

BADEKRÄUTER

Deutscher Name ***Botanischer Name***	**Wirkung**	**Pflanzenteile/ Erntezeit**
Schafgarbe *Achillea millefolium*	krampf- und entzündungslindernd	Kraut; wild oder im Garten; Juli – Sept.
Frauenmantel *Alchemilla xanthochlora*	heilend, hautreinigend	Kraut; im Garten; Juni – Aug.
Echter Eibisch *Althaea officinalis*	beruhigend, hautpflegend	Blätter, Wurzeln; wild od. Garten; Juni – Okt.
Echte Engelwurz *Angelica archangelica*	leicht krampflösend, gegen Rheuma	Blätter; im Garten; Mai – Juli
Hafer *Avena sativa*	hautpflegend, gegen Rheuma	Stroh; im Garten oder vom Feld; Juli – Sept.
Schwarzer Senf *Brassica nigra*	wärmend, gegen Muskelschmerzen	Kraut, Samen; im Garten; April – Okt.
Ringelblume *Calendula officinalis*	heilend bei gereizter Haut	Blütenblätter; im Garten; Juni – Okt.
Blaugummibaum *Eucalyptus globulus*	anregend, bei Erkältungen	Blätter; im Garten; Topfkultur
Echtes Mädesüß *Filipendula ulmaria*	entspannend	Blüten; wild od. im Garten; Juni – Aug.
Fenchel *Foeniculum vulgare*	stimulierend	Kraut, Samen; im Garten; Juli – Okt.
Hopfen *Humulus lupulus*	entspannend	Blüten; im Garten; Aug. – Sept.
Lavendel *Lavandula*-Arten	beruhigend und entspannend	Blüten, Kraut; im Garten; Juni – Sept.
Kamille *Matricaria recutita*	entspannend, heilend	Blüt., Kraut; wild od. im Garten; Juli – Sept.
Honigklee *Melilotus officinalis*	entspannend, stimmungsaufhellend	Kraut; wild oder im Garten; Mai – Sept.
Melisse *Melissa officinalis*	beruhigend, fördert das Einschlafen	Kraut; im Garten; April – Sept.
Minze *Mentha*-Arten	stimulierend, erfrischend, heilend	Kraut; wild oder im Garten; April – Sept.
Basilikum *Ocimum basilicum*	stimulierend	Kraut; im Garten; Mai – Sept.
Rosmarin *Rosmarinus officinalis*	anregend, stärkend	Kraut; im Garten; April – Sept.
Salbei *Salvia officinalis*	wärmend, schweißregulierend	Kraut; im Garten; März – Sept.
Beinwell *Symphytum officinale*	heilend	Kraut; wild oder im Garten; Apr. – Aug.
Balsamkraut *Tanacetum balsamita*	krampflösend	Kraut; im Garten; Mai – Sept.
Baldrian *Valeriana officinalis*	beruhigend, schlaffördernd	Wurzeln; wild oder im Garten; Sept. – Okt.

Duftveilchen

Viola odorata

ERNTEZEIT: März – April
BLÜTEZEIT: März – April
LEBENSFORM: Staude

➤ *Kranz gegen Kopfschmerzen*

Andere Namen: Märzveilchen, Wohlriechendes Veilchen
Familie: Veilchengewächse *(Violaceae)*
Herkunft: Südeuropa; in Gebüschen, an Waldrändern
Wuchs: bis 10 cm hoch; grundständige Blattrosette; Blätter herz-eiförmig bis nierenförmig
Blüten: dunkelviolette Krone und gerader Sporn, angenehmer Duft
Standort: halbschattig unter Gehölzen; kühl und feucht; auf normalen, humosen Gartenböden
Pflegen: anspruchslos
Vermehren: Teilung, Stecklinge
Ernten: Blüten; Blätter und junge Triebe zur Blütezeit
Verwenden: Blüten sehr hübsch zum Garnieren, Kandieren, für Desserts, Sirup, in Duftschalen, für Potpourris, gepresst als Dekoration; Triebe roh (Salat) oder gegart (Gemüse); getrocknetes Kraut, Blätter als Tee mit schleimlösender Wirkung (Bronchitis), blutreinigend, gegen Kopfschmerz, Schlaflosigkeit

Wildes Stiefmütterchen

Viola tricolor

ERNTEZEIT: Mai – August
BLÜTEZEIT: Mai – Oktober
LEBENSFORM: ein- bis zweijährig

➤ *Hilfe bei hartnäckiger Akne*

Andere Namen: Ackerstiefmütterchen
Familie: Veilchengewächse *(Violaceae)*
Herkunft: Europa, Asien, Nordafrika; auf Feldern, trockenen Wiesen
Wuchs: bis 30 cm hoch; aufrechter Stängel; Blätter herz-eiförmig bis lanzettlich, am Rand gesägt, mit großen, fiederteiligen Nebenblättern
Blüten: häufig dreifarbig (gelb, cremefarben, violett)
Standort: sonnig; durchlässige Böden
Pflegen: anspruchslos
Vermehren: Aussaat; Selbstaussaat
Ernten: Blüten, blühendes Kraut; junge Triebe von März bis Juni
Verwenden: Blüten wie beim Duftveilchen zum Kandieren und Verzieren, für Potpourris und andere Anwendungen; Triebe roh zu Salaten oder als Gemüse; Tee aus dem Kraut wirkt blutreinigend; ein Absud hilft bei Hautausschlag und hartnäckiger Akne
Arten/Sorten: Von Großblumigem Gartenstiefmütterchen *(V. × wittrockiana)* und Hornveilchen *(V. cornuta)* sind die Blüten ebenso verwendbar.

Mönchspfeffer

Vitex agnus-castus

ERNTEZEIT: Oktober – November
BLÜTEZEIT: Juli – August
LEBENSFORM: Strauch

➤ *zur Zügelung der Triebe*

Andere Namen: Keuschlamm
Familie: Eisenkrautgewächse *(Verbenaceae)*
Herkunft: Mittelmeergebiet, Zentralasien; Flussufer, feuchte Plätze
Wuchs: bis 6 m hoch; sommergrün; aufrecht, verzweigt; Blätter 5–7-fach handförmig geteilt, Unterseite weiß-filzig, gegenständig, aromatisch
Blüten/Früchte: hellviolette, zweilippige Krone; endständige ährenartige Blütenstände; kleine, rotviolette Früchte
Standort: sonnig und geschützt; fruchtbare, durchlässige Böden
Pflegen: braucht viel Feuchtigkeit im Sommer; nur mäßig frosthart
Vermehren: Teilung oder Stecklinge
Ernten: die reifen, dunkelbraunen Früchte sammeln und trocknen
Verwenden: die scharf schmeckenden Früchte als Pfefferersatz; in der Homöopathie gegen Impotenz, Depressionen und Nervenschwäche
Hinweis: Mönchspfeffer ist seit alters zur Zügelung des Geschlechtstriebes gebräuchlich.

Kronenwucherblume

Xanthophthalmum coronarium

ERNTEZEIT: September – Dezember
BLÜTEZEIT: Mai – Oktober
LEBENSFORM: einjährig

› *asiatische Blume zum Verspeisen*

Andere Namen: wird oft noch unter dem alten Namen *Chrysanthemum coronarium* geführt; auch Shungi-ku, Salatchrysantheme, Goldblume
Familie: Korbblütler *(Asteraceae)*
Herkunft: Mittelmeerraum; Wiesen, Ackerränder, Unkrautfluren
Wuchs: aufrecht; bis 1 m hoch; hellgrüne Blätter, fiederschnittig
Blüten: gelbe Blütenkörbe, einfach oder gefüllt
Standort: sonnig und warm; auf gut durchlässigen, nährstoffreichen, leicht sauren Böden
Pflegen: kaliumbetont düngen, wenn sich die Blütenknospen bilden; Triebspitzen bei einer Länge von 30 cm abknipsen, um die Bildung von Seitentrieben und buschigen Wuchs anzuregen; für Gefäßkultur geeignet
Vermehren: Aussaat unter Glas ab April; Direktaussaat vom Frühjahr bis zum Spätsommer, breitwürfig oder in Reihen mit 30–40 cm Abstand
Ernten: Triebspitzen abbrechen (die Pflanze regeneriert sich wieder, sodass mehrmals geerntet werden kann); Blätter, Blüten
Verwenden: Blätter (schmecken ähnlich wie Petersilie) und Blütenknospen mit pikant herbem Geschmack roh in Salaten, besonders gut zu Tomatensalat; zu Tofu; als Blattgemüse zu Fisch; Blüte in ganzen Köpfen oder nur die ausgezupften Blütenblätter als Gewürz oder für Chop Suey; auch als dekorative Schnittblume in der Vase
Hinweis: Kurzes Überbrühen der Blüten mit kochendem Wasser vertreibt das Bittere, dadurch kommt ein eher süßlicher Geschmack zur Entfaltung.
Arten/Sorten: 'Tiger Ear' hat besonders breite, fleischige Blütenblätter. Die Saatwucherblume oder auch Ackerwucherblume (*X. segetum*, auch als *Chrysanthemum segetum* geführt) stammt ursprünglich aus der östlichen Mittelmeerregion und Nordafrika, hat sich mittlerweile aber in allen gemäßigten Regionen ausgebreitet. Sie kommt in nährstoffreichen Acker- und Gartenunkrautfluren vor. Ihre goldgelben Blüten erscheinen von Mai bis in den Oktober hinein. Die überbrühten Blütenblättchen kann man z. B. gut als Beigabe zu Salaten und zu Kräuter- und Gemüsesuppen nutzen.

Ingwer

Zingiber officinale

ERNTEZEIT: ganzjährig
BLÜTEZEIT: April – August
LEBENSFORM: Staude

› *gesunde, asiatische Würze*

Familie: Ingwergewächse *(Zingiberaceae)*
Herkunft: Südasien; feuchtwarmer tropischer Dschungel
Wuchs: horizontal kriechender Wurzelstock; bis über 1 m hohe, aufrechte Scheinstängel; lange, schmal-lanzettliche Blätter
Blüten: gelb mit purpurfarbenem Rand in endständiger, zapfenartiger Ähre, große, grüne Deckblätter
Standort: halbschattig, warm, hohe Luftfeuchtigkeit
Pflegen: im Winter hell und warm; Topfkultur (Substrat nährstoffreich)
Vermehren: Rhizomteilung
Ernten: fleischiges Rhizom nach 8–10 Monaten Kulturzeit herausnehmen
Verwenden: frisch oder getrocknet; in der Asia-Küche unverzichtbar; in Suppen, Saucen, Geflügel, für eingekochte Früchte (Kürbis), Süßspeisen und Kuchen; zum Kandieren, Einlegen; verdauungsfördernd und kreislaufanregend; gegen Magenbeschwerden und Reisekrankheit

Arbeitskalender

Arbeiten mit der Natur

- Richten Sie sich bei Pflegearbeiten nach den aktuellen Klima- und Witterungsverhältnissen im Garten, und folgen Sie den Zeichen der Natur.
- Verbreitete Zeigerpflanzen signalisieren den Verlauf der natürlichen Jahreszeiten.
- Gemäß der Phänologie, die periodisch auftretende in Abhängigkeit von Klima und Witterung untersucht, gliedert sich das Jahr in 10 Jahreszeiten.

Die 10 phänologischen Jahreszeiten:

- **Winter** (in der Regel Dezember – Februar)
- **Vorfrühling** (Februar – Ende März)
- **Erstfrühling** (Ende März – Mitte April)
- **Vollfrühling** (Mitte April – Ende Mai
- **Frühsommer** (Ende Mai – Ende Juni)
- **Hochsommer** (Ende Juni – Ende Juli)
- **Spätsommer** (Anfang – Ende August)
- **Frühherbst** (Anfang – Mitte September)
- **Vollherbst** (Mitte September – Ende Oktober)
- **Spätherbst** (Ende Oktober – Ende November)

Winter: Wenn die Vegetation ruht

- Frostschutz regelmäßig kontrollieren; immergrüne Arten in milden Witterungsperioden gießen
- Winterkräuter wie Barbarakraut ernten, Küchenkräuter wie Schnittlauch und Petersilie zum Antreiben auf die Fensterbank holen und gießen
- Kräuter im Winterquartier regelmäßig kontrollieren, sparsam gießen; Quartier an milden Tagen ab und zu lüften
- aktuelle Kataloge von Kräutergärtnereien und Samenhandlungen bestellen

Vorfrühling: Wenn die Schneeglöckchen blühen

- Neuanlage und Umgestaltung des Kräutergartens planen; Bedarfsliste erstellen; Zubehör besorgen
- Samenkataloge studieren; Saatgut kaufen, Saatgut bestellen
- Erste Kräuter für die Vorkultur auf der hellen, warmen Fensterbank oder im geheizten Gewächshaus aussäen
- Kräuterbeete vorbereiten, eventuell Kompost ausbringen, Gründüngungspflanzen einarbeiten, Boden lockern und mit Folie oder Vlies abdecken

Erstfrühling: Wenn die Forsythien blühen

- Kräuterpflanzware im Versandhandel bestellen
- Vorkultur auf der Fensterbank, im Gewächshaus oder im Frühbeet aussäen; erste Sämlinge pikieren; robuste Kräuter im Freiland aussäen
- Überwinterte Kräuter zurückschneiden und umtopfen; an milden Tagen zur Abhärtung ins Freie
- Bei Freilandkräutern abgestorbene Teile zurückschneiden; eventuell mit reifem Kompost düngen

Vollfrühling: Wenn die Apfelbäume blühen

- Kräuter, insbesondere sehr wärmebedüftige Arten, jetzt auch direkt ins Freiland säen
- Vorgezogene Kräuter ins Freie pflanzen; Beete und Gefäße mit fertig vorgezogener Ware aus dem Fachhandel bepflanzen
- Überwinterte Kräuter ins Freie stellen; in kalten Nächten mit Vlies abdecken
- Stecklinge gewinnen; dichte Kräuterhorste teilen

Frühsommer: Wenn der Schwarze Holunder blüht

- Beginn der Haupterntezeit, Kräuter zum Trocknen ernten
- Kräuter durch Absenker vermehren
- Kräuterstauden wie Melisse, Majoran und Minze vor der Blüte zurückschneiden, beste Zeit für Formschnitt von Kräutern
- Offene Bodenflächen zwischen Kräutern mulchen; Unkraut jäten, Boden lockern

Hochsommer: Wenn die Linden blühen

- Haupterntezeit für Heilkräuter, Kräuterfrüchte und -samen, Kräuterblüten, zur Konservierung
- Bei anhaltender Trockenheit und großer Hitze wässern; bei Bedarf düngen
- Sommerstecklinge schneiden und Wurzeln schlagen lassen
- Halbstrauchartige Kräuter nach der Blüte zurückschneiden

Spätsommer: Wenn die Ebereschen reifen

- weiterhin Erntezeit für Frischverbrauch und zum Konservieren
- Ernte von Früchten und Samen, Samen zur Neuaussaat einlagern
- Erneuter Zeitpunkt für Formschnitt von Kräutern, die als niedrige Hecken, Einfassungen oder im Formschnitt (Topiary) gezogen werden
- Düngung einstellen, vor allem bei Topfkulturen vor der Überwinterung

Frühherbst: Wenn der Schwarze Holunder reift

- Ernte von Salat- und Suppenkräutern zur anschließenden Konservierung
- Stecklinge von frostempfindlichen Arten gewinnen und eintopfen zur Überwinterung im Haus
- Ausläufer abtrennen und separat pflanzen
- Mulchdecken ergänzen bzw. erneuern

Vollherbst: Wenn das Laub bunt wird

- Haupterntezeit für Zwiebeln, Knollen und Wurzeln, z. B. von Knoblauch, Meerrettich, Eibisch oder Lakritzpflanze
- Kräuter durch Teilung vermehren
- Kälteempfindliche Kräuter bei Bedarf mit Vlies oder Folie schützen
- Winterkräuter wie Löffelkraut aussäen

Spätherbst: Wenn das bunte Herbstlaub fällt

- Empfindliche Kräuter ins frostgeschützte Winterquartier bringen
- Kräuter wie Schnittlauch, Kerbel und Petersilie für das Antreiben im Beet ausgraben, in Töpfe setzen und lagern
- Winterschutz bei empfindlichen Arten anbringen, Gefäße dick einpacken und an eine geschützte Stelle (z. B. Hauswand) rücken

Historische Kräutergärten

Kloster Michaelstein im Harz
38881 Blankenburg
www.kloster-michaelstein.de

Kloster Lorsch
64653 Lorsch
www.kloster-lorsch.de

Klostergarten Reichenau
Insel Reichenau im Bodensee
78479 Reichenau
www.reichenau.de

Burg Pappenheim im Altmühltal
Kräutergarten und Arboretum
91788 Pappenheim
www.grafschaft-pappenheim.de

Kräuter-Gärtnereien mit Versand

Artemisia
Hopfen 29
88167 Stiefenhofen im Allgäu
www.artemisia.de

Artemisia GbR
Heil- und Duftpflanzen,
Kräuter und Stauden
Vorderer Moosweg 1
79350 Sexau
www.artemisiagarten.de

Blauetikett Bornträger GmbH
In den Aspen
67591 Offstein
www.blauetikett.de

Blumenschule im Schongau
Augsburger Str. 62
86956 Schongau
www.blumenschule.de

Die Kräuterei
Alexanderstr. 29
26121 Oldenburg
www.kraeuterei.de

Gärtnerei Gaissmayer
Jungviehweide 3
89257 Illertissen
www.staudengaissmayer.de

herb's Bioland Gärtnerei
Stedinger Weg 16
27801 Dötlingen OT Nuttel
www.herb-s.de

Plantasia – Kräuter- und Staudengärtnerei Mann
Schönbacher Str. 25
02708 Lawalde
www.pflanzenreich.com

Rachlinger, Hermann
Am Anger 25
A-4560 Kirchdorf
www.minzen.com

Raritätengärtnerei Treml
Eckerstr. 32
93471 Arnbruck
www.pflanzen-treml.de

Rühlemann's Kräuter und Duftpflanzen
Auf dem Berg 2
27367 Horstedt
www.ruehlemanns.de

Saatkontor Ole Schoener
Gut Weilen 9a
28759 Bremen
www.saatkontor.de

Syringa – Duft und Würzkräuter
Bachstr. 7
78247 Hilzingen-Binningen
www.syringa-samen.de

Zubehör

Die Gartengalerie
Wössinger Str. 15
75045 Walzbachtal
www.gartengalerie.de

Gärtner Pötschke GmbH
Beuthener Str.
41564 Kaarst
www.poetschke.de

Hesperiden
In der Schmalau 4
90427 Nürnberg
www.hesperiden.de

Nützlinge

W. Neudorff GmbH KG
An der Mühle 3
31860 Emmerthal
www.neudorff.de

Bodenuntersuchung

Landwirtschaftliche Untersuchungs- und Forschungsanstalten der Bundesländer – LUFA
Adressen unter: www.vdlufa.de

Weiterführende Literatur

Bodensteiner, Susanne / Hess, Reinhardt / Westermann, Jan-Peter / Buroh, Nikolai:
Kräuter einfach besonders – besonders einfach.
Gräfe und Unzer Verlag, München

Bremness, Lesley:
Duft & Sinnlichkeit.
BLV-Verlag, München

Fleischhauer, Steffen Guido:
Enzyklopädie der essbaren Wildpflanzen.
AT-Verlag, Aarau und München

Dr. Grünwald, Jörg / Jänicke, Christoph:
Grüne Apotheke.
Gräfe und Unzer Verlag, München

Hiener, Ralf / Schnelle, Olaf / Freidanck, Anne:
Wildkräuter.
Hädecke-Verlag, Weil der Stadt

Hudak, Renate:
Kräuter.
Gräfe und Unzer Verlag, München

Halbfett gesetzte Seitenzahlen verweisen auf Abbildungen.

D

E

F

G

H

N

O

P

Q

R

S

T

U

V

W

X

Y

Z

Dank

Die Autorinnen danken Konstanze Neubauer für ihre wertvollen Hinweise und die Unterstützung bei der Erstellung des Buchs.
Der Verlag und die Fotografen Manfred Jahreiß und Eva Wunderlich danken für die freundliche Unterstützung bei der Fotoproduktion:
Charlotte Grzeszkiewicz, Selb
Jochen Herbst, Rehau
Fam. Jahreiß, Selb
Fam. Wunderlich, Marktredwitz-Lorenzreuth
Günter und Brigitte Wunderlich, Selb

Bildnachweis

Blickwinkel/König: 151 mi.; Böswirth & Thinschmidt: 159 li., 179; Bornemann: 71 o., 73 u. li.; Borstell: U1 o., 2/3, 4, 5 o., 5 u., 6, 8, 9, 10, 24 re. o., 26, 27, 33 re., 42 li. u., 44, 48, 52, 54, 55 re. u., 64, 81, 94, 97, 103 li., 103 re., 107 mi., 118 mi., 120 re., 122 mi., 128 li., 130 mi., 136 re., 137 mi., 145, 148 re., 149 o., 160 o. re., 184, 189, 190; Ernst: 117 re., 123 re., 150 li., 150 re., 151 re.; Flora Press: 100 li., 124 mi., 126 mi.; GBA/Didillon: 117 mi.; GBA/GPL: 11, 14, 23, 40, 55 re. o.; GBA/Nichols: 13; GBA/ Noun: 60 (1-2), 65, 148 li., 149 mi. re., 174 re.; GBA/Wothe: 80 o. li.; Gaissmayer: 158 u. re., 168 mi.; Hempfling: 56 (1-2), 57 (3-5); Hoernisch: U1 u.; Jahreiß: 53, 59 (1-4), 61 (3-5), 63, 67 (1-3), 68 (1-2), 69 (3-4), 70 (1-2), 71 u., 73 o li., 73 o. re, 73 u. re., 74 li., 75, 79, 83 (1-3), 90 (1-3), 91 (1-3), 92; Kress: 130 li.; Krieg: 77, 85 o. re., 88, 89, 134 u., 176, 188; Laux: 99 mi., 102 li., 104 li., 108 re., 110 li., 111 mi., 119 li., 137 li., 138 re., 141 mi. li., 141 u., 142 o. re., 143 (1-3), 144 mi., 144 re., 147 mi., 156 mi., 161 o. re., 163 o., 166 re., 172 li., 180 li., 181 re.; Nickig: 55 li. o., 72, 187; Okapia: 154 li.; Papouschek & Thinschmidt: 124 li., 152 o. re., 181 li.; Pforr: 33 li. o., 74 re., 80 o. re., 98 re., 101, 102 re., 105, 107 re., 108 li., 109 li., 109 re., 113 (1-2), 115 li., 119 mi., 119 re., 125 li., 129 mi., 129 re., 130 re., 133 mi., 136 li., 137 re., 138 li., 141 o., 142 o. li., 147 re., 151 li., 152 o. li., 154 li., 162 li., 163 u., 164 li., 165 u. re., 166 li., 166 mi., 167 re., 168 li., 168 re., 171 li., 175 mi., 175 re.; Photopress/Geduldig: 180 mi.; Photopress/Rose: 80 u. li.; Photopress /Sil: 115 re.; PlantaPhile: 118 re., Redeleit: U4 re., 12, 18, 21, 34 li., 71 mi., 78, 85 u. li., 93, 109 mi., 114 mi., 144 li., 164 re., 177 re. o., 177 re. u.; Reinhard: 25 re., 28, 31, 47, 50, 55 li. u., 80 u. re., 98 mi., 99 li., 99 re., 106 (1-2), 111 li., 112 li., 114 li., 114 re., 118 li., 122 li., 123 li., 123 mi., 124 re., 125 re., 126 re., 127, 132, 133 re., 135 o. li., 135 u., 140 re., 142 u., 147 li., 149 u., 153 o. li., 153 u., 154 re., 155 li., 155 mi., 158 o., 158 u. li., 159 re., 163 mi. re., 169 li., 169 mi., 170, 171 re., 172 mi., 172 re., 173, 174 li., 178 re., 186; Schneider/Will: 16, 19, 24 li., 35 re., 37, 41, 42 li. o., 42 re. o., 46, 100 re., 139 mi., 141 mi. re., 150 mi., 153 o. re., 157, 160 o. li., 161 o. li., 165 o., 171 mi., 177 li., 177 mi. o., 177 mi. u., 183, 185, 192; Silvestris/ Hecker: 42 re. u., 112 re., 129 li., 135 o. re., 146, 178 li.; Silvestris/Kuch: 167 mi.; Silvestris/Partsch: 117 li.; Silvestris/-Ruckszio: 139 re.; Stockfood/ Bender: 149 mi. li.; Stockfood/Bischof: 85 o. li., 121 u. re.; Stockfood/Bonisolli: 121 u. li.; Stockfood/Borelli: 39; Stockfood/Diez: 87 re.; Stockfood/ Eising: 76, 120 li.; Stockfood/Gabula Art-Foto: 35 li. u.; Stockfood/Gousset: 121 o. li.; Stockfood/Gille: 107 li.; Stockfood/Krieg: U4 mi., 45, 62, 86 (1-2), 87 li., 182; Stockfood/ Leser: 122 re.; Stockfood/ Loftus: 85 u. re.; Stockfood/Mewes: 121 o. re., 165 u. li.; Stockfood/Stock: 15, 38; Stockfood/Viennaslide/Richter: 84; Stork: U4 li., 24 re. u., 25 li. o., 25 li. u.; Strauß: 17, 20, 22, 30, 33 li. u., 34 re. o., 34 re. u., 35 li. o., 36, 43, 51, 96, 104 re., 116, 131 (1-2), 134 o. li, 134 o. re., 152 u., 160 u., 161 u., 162 re., 163 mi. li., 167 li., 175 li., 180 re.; Top Tropicals, LLC: 126 li.; Wothe: 98 li., 108 mi., 110 mi., 110 re., 111 re., 112 mi., 128 re., 133 li., 136 mi., 139 li., 140 li., 155 re., 156 re., 169 re.
Illustrationen von Heidi Janiček, München. **Fotos auf dem Umschlag und im Innenteil:** Umschlagvorderseite: mediterranes Kräuterbeet (o.), Pfefferminze (u.); S. 2/3: Ensemble aus Borretsch, Lavendel und Jungfer im Grünen; Umschlagrückseite: Hochbeet (li.), Kräuterernte (mi.), Oregano (re.).

Die Autorinnen

Dipl. Biol. Karin Greiner und Dr. rer. nat. Dipl. Biol. Angelika Weber leiten seit 1984 das Institut für Botanisch-ökologische Beratung in München. Neben ihrer Tätigkeit als Autorinnen betreuen sie Projekte mit botanisch-ökologischer Zielsetzung in verschiedensten Medien und halten Vorträge und Seminare über Pflanzen und ihre Verwendung. Mit Kräutern beschäftigen sie sich seit vielen Jahren aus wissenschaftlichem Interesse und kulinarischem Vergnügen.

Wichtige Hinweise

- ➤ Die meisten der hier vorgestellten Arten und Sorten sollten nicht im Übermaß verzehrt werden.
- ➤ Auf Heilwirkungen der Pflanzen kann hier nur hingewiesen werden. Bei gesundheitlichen Problemen sollten Sie stets einen Arzt oder Homöopathen zu Rate ziehen.
- ➤ Bewahren Sie Dünge- und Pflanzenschutzmittel für Kinder und Haustiere unerreichbar auf.
- ➤ Suchen Sie bei Verletzungen umgehend einen Arzt auf. Eventuell ist eine Impfung gegen Tetanus erforderlich.

Impressum

Ein Unternehmen der GANSKE VERLAGSGRUPPE

Leitende Redaktion: Anita Zellner
Redaktion: Angelika Holdau
Lektorat: Christina Freiberg
Umschlaggestaltung und Layout: independent Medien-Design, München
Produktion: Susanne Mühldorfer
Satz: Cordula Schaaf, München
Reproduktion: Fotolitho Longo, Bozen
Druck: Appl, Wemding
Bindung: Conzella, Pfarrkirchen
Printed in Germany

ISBN 978-3-8338-0046-7

2. Auflage 2007

Wir sind für Sie da!
Montag – Donnerstag: 8.00 – 18.00 Uhr;
Freitag: 8.00 – 16.00 Uhr
Tel.: 0180-5 00 50 54*
Fax: 0180-5 01 20 54*
*(0,14 €/Min. aus dem dt. Festnetz)
E-Mail:
leserservice@graefe-und-unzer.de

GRÄFE UND UNZER VERLAG
Leserservice
Postfach 86 03 13
81630 München